中晚唐艳体诗歌研究

刘艳萍 著

河南大学出版社
·郑州·

图书在版编目(CIP)数据

中晚唐艳体诗歌研究/刘艳萍著. —郑州:河南大学出版社,2011.8
ISBN 978-7-5649-0488-3

Ⅰ. ①中… Ⅱ. ①刘… Ⅲ. ①唐诗—诗歌研究 Ⅳ. ①I207.22

中国版本图书馆 CIP 数据核字(2011)第 159839 号

责任编辑　程新晓
责任校对　张自然
封面设计　马　龙

出版发行　河南大学出版社
　　　　　地址:郑州市郑东新区商务外环中华大厦 2401 号
　　　　　邮编:450046
　　　　　电话:0371-86059761(职业教育出版分社)
　　　　　　　　0371-86059701(营销部)
　　　　　网址:www.hupress.com
排　　版　郑州市今日文教印制有限公司
印　　刷　郑州市今日文教印制有限公司
版　　次　2011 年 8 月第 1 版
印　　次　2011 年 8 月第 1 次印刷
开　　本　690mm×960mm　1/16
印　　张　15.75
字　　数　219 千字
定　　价　32.00 元

(本书如有印装质量问题,请与河南大学出版社营销部联系调换)

目 录

前　言 …………………………………………………………（ 1 ）
绪　论 …………………………………………………………（ 1 ）
第一章　中唐以前艳诗概论 …………………………………（ 21 ）
　　第一节　中国古代文学中描写女性的传统 ………………（ 21 ）
　　第二节　初盛唐艳诗概述 …………………………………（ 35 ）
第二章　中唐艳诗 ……………………………………………（ 46 ）
　　第一节　大历、贞元时代的艳诗 …………………………（ 49 ）
　　第二节　狎游的追忆与艳情的抒写
　　　　　　——元稹、白居易的艳诗 …………………………（ 55 ）
　　第三节　深隐幽艳的爱情想象
　　　　　　——李贺的艳诗 …………………………………（ 73 ）
　　第四节　痴情怨女的内心哀歌
　　　　　　——张籍、王建等人的艳诗 ………………………（ 84 ）
　　第五节　艳诗的兴盛与多种艳诗范式的确立
　　　　　　——中唐艳诗小结 ………………………………（ 89 ）
第三章　晚唐艳诗 ……………………………………………（ 92 ）
　　第一节　放浪才子的风流吟唱
　　　　　　——杜牧、张祜等人的艳诗 ………………………（ 95 ）
　　第二节　唯美的世界与绮怨的情怀
　　　　　　——温庭筠的艳诗 ………………………………（108）

第三节　深挚缠绵的爱情绝唱
　　　　　——李商隐的艳诗……………………………（121）
　　第四节　艳诗创作的高潮
　　　　　——晚唐艳诗小结…………………………（136）

第四章　唐末艳诗……………………………………（138）
　　第一节　绮靡香艳的末世狂吟
　　　　　——咸通、乾符年间的艳诗………………（140）
　　第二节　不胜情绪两风流
　　　　　——韩偓的艳诗……………………………（150）
　　第三节　艳诗的泛滥
　　　　　——唐末艳诗小结…………………………（162）

第五章　中晚唐艳诗与诗学观念之变化……………（166）
　　第一节　中晚唐的审美趣味……………………………（166）
　　第二节　言情诗学观的强化……………………………（173）

第六章　中晚唐艳诗与道教…………………………（180）
　　第一节　中晚唐艳诗兴盛的道教文化背景……………（180）
　　第二节　中晚唐艳诗中的仙道蕴涵……………………（185）

第七章　中晚唐艳诗与士人风尚……………………（192）
　　第一节　中晚唐的士人风尚……………………………（192）
　　第二节　士人风尚对艳诗创作的影响…………………（201）

第八章　中晚唐艳诗与词……………………………（211）
　　第一节　中晚唐艳诗题材对词的影响…………………（211）
　　第二节　中晚唐艳诗的艺术特点对词的影响…………（216）

余　论………………………………………………………（226）
　　中晚唐艳诗对后代文人诗的影响………………………（226）

参考文献……………………………………………………（232）

后　记………………………………………………………（245）

前　　言

艳诗,或曰艳体诗,是中国古代诗歌的一个类别。中晚唐时期出现了艳诗创作的兴盛局面,当时许多著名诗人如元稹、白居易、李贺、温庭筠、杜牧、张祜、李商隐、唐彦谦、韩偓等,都创作了大量的此类作品,甚至在咸通、乾符年间一度在京城形成艳诗唱和的风气。这些作品在某种程度上体现出文人的个性、情感和文学价值观念的转变,并在一定程度上表现了文人内心深处对艳情的真实体验。有时,这种体验与人生忧患交织在一起,沉痛、优美、缠绵,带给人丰富的想象和联想。这些诗歌充实和拓展了文人诗歌创作领域及诗歌类型,其本身便很值得深入研究一番。同时,任何一种文学现象的产生和发展,必然有其内部和外部的诸多因素,必然和当时的社会文化密切相关。艳诗在经历了盛唐的相对沉寂后在中晚唐时期重新勃兴,并对当时的一种新的诗体——词产生了重要影响,这些文学现象更是值得深入探讨的。

可是,很长一段时间以来,艳体诗歌作为一种诗歌类别却往往被研究者所忽略,甚至被简单地与色情文学等而视之。20世纪90年代以来对它的研究有所增多,也取得了一定的研究成果,但仍有很多问题有待深入探讨。诸如:对艳诗动态的发展脉络的梳理,对一些诗人如李贺、温庭筠等人的艳诗进行客观深入的认识和评价,对与艳诗相关的社会文化背景、文人心理因素、文学观念变革、诗体与词体的交融互渗及不同作家艳诗风格的延续传承等问题进行研究……所有这些存在的问题也正给本书留下了探索的空间。

本书绪论部分主要包括三方面的内容。首先是对艳诗概念的考论和文本界定,"艳诗"最初是从音乐方面来指称的,但是在它的发展过程中逐渐摆脱了音乐方面的含义,而成为描写女性和表现男女艳情的作品的统称。其次是对中晚唐艳诗研究现状的综述。再者是对本书基本思路和方法的说明。

　　第一至第四章主要从文学史的角度对中唐以前及中晚唐时期的艳诗创作进行梳理,重点分析中唐、晚唐、唐末三个不同阶段的艳诗创作情况,梳理出各个时期之间传承与演变的脉络,并运用知人论世、比较等方法对一些重要诗人的艳诗作品进行深入分析。中唐时期艳诗创作重新开始兴盛,并形成了多种艳诗创作的路数。元稹、白居易的艳诗多实写自身的艳情经历和冶游狎邪的生活,表现男性抒情主人公的复杂恋爱心理,诗人摘下了封建士大夫的道德面具,抒发了作为平凡个体的真实性情。李贺的艳诗则在继承楚辞和汉魏乐府艳诗传统的基础上形成了自己的特色,以通过环境景物烘托等抒情方式表现了诗人内心幽艳的爱情幻想,具有深隐浓丽的风格,对晚唐温庭筠、李商隐等人的艳诗产生了重要影响。张籍、王建等人的艳诗则在传统的题目和主题中增加了新的时代内涵,增强了艳诗的写实色彩和个性特征。晚唐时期是艳诗创作的高潮,艳诗数量多,晚唐三大诗家杜牧、温庭筠、李商隐的艳诗大体上沿着中唐以来的创作路数而有所发展。杜牧虽对元、白艳诗进行了激烈的批评,但其艳诗和元、白一样多表现自身的艳情经历,且具有强烈的主体性,体现出文人的风流情调,而在艺术表现手法上则具有更多的"雅"化色彩。温庭筠艳诗在内容、风格、抒情方式、艺术手法等方面与李贺艳诗一脉相承,具有绮丽唯美的风格,诗中创造了一个充满温馨甜美、香艳、颓废气息的美的世界,并表现了女子的绮怨情怀。李商隐的艳诗则继承了中唐元、白实写和追忆自己艳情经历的写法,同时增强了其情感蕴涵,将抒情主人公对爱情的深刻感受与复杂难言的人生体验融而为一,拓展了艳诗的境界;在表现手法上,则较多地受到了李贺艳诗的影响。唐末时期,艳诗创作泛滥,呈现出群体性、大规模的创作态势,更加放诞无忌,具有更多香艳色彩和市井俗趣,体现出更多的词化趋向。唐彦谦、韩偓等人的艳诗虽追摹温、李,但在气格和情感蕴涵方面实已相差甚远。五代时期"艳"的题材则逐渐转入了词中。

第五至第八章主要将艳诗纳入广阔的社会文化背景中来进行考察。中晚唐艳体诗风是中唐以来诗歌观念的变化在创作上的反映。这种诗歌观念的变化首先表现为对齐梁诗态度的转变,同时也表现为诗人的审美情趣更多受到市井民间的影响,体现出世俗化倾向,而且,在传统的言志、教化的诗歌观念之外,文人对诗歌娱心遣兴、抒写情性的功能亦更加重视。这些诗歌观念的变化使大量艳体诗歌的创作变得合理化。中晚唐艳诗的兴盛还与道教密切相关。唐代崇道风气盛行,且道教的世俗化色彩日益浓厚,文人对仙凡恋爱的幻想及女道士的活跃等均成为艳诗兴盛的重要文化因素。同时,这些因素又给中晚唐艳诗刻上了鲜明的烙印,使艳诗中显示出丰富的道教蕴涵,诸如人间恋情的仙化、仙人恋情的世俗化、赠女道士的诗充满了香艳色彩等等,艳情与游仙的内容时常复杂地融合在一起。中晚唐时期的艳诗创作也是当时士人风尚的一种体现。这一时期声色享乐之风盛行,听歌观舞、蓄养家妓、狎妓冶游成为文人生活中的重要内容。这样的生活为文人们提供了更多的情感体验,使他们对歌妓有了更多的接触和了解,也使他们有了更多写作艳诗的场景和空间。而艳诗的写作又赋予了其声色享乐生活以更多的诗意和风流情调。此外,中晚唐艳诗对词产生了重要影响。晚唐时期是文人词创作初期,艳诗与词的创作体现出"诗词一体"的趋向。艳诗在其消遣娱乐功能、与音乐的融合、写作技巧、表现方式、情感、意境等方面都影响了词的创作。

刘艳萍
2011 年 7 月

绪 论

一、艳诗的概念溯源与文本界定

艳诗,或曰艳体诗,是中国古典诗歌的一个类别。那么,它的内涵及外延是什么?它与"艳情诗"及"爱情诗"的关系又是怎样?我们首先有必要对此进行一下辨析和界定。

古代的诗歌,大都起源于具有浓厚地方色彩的民歌,且与音乐、舞蹈密切联系在一起。古代的诗歌往往是可以配乐演唱的。"艳歌"最初是指一种楚地的歌曲,左思《吴都赋》中有"荆艳楚舞,吴愉越吟"①,这种"荆艳"便是指楚歌。梁元帝萧绎《纂要》也说:"楚歌曰艳。"②楚国地处中国南方,民间音乐十分丰富,且多与巫音有密切联系,楚俗"信鬼而好祀,其祀必使巫觋作乐,歌舞以娱神"③。可以想见,娱神的歌舞具有摇荡情性、放纵靡艳的色彩,与正统的庄重典雅的雅乐大相径庭。

郭璞在注《上林赋》"荆、吴、郑、卫"之声时说:"皆淫哇也。"④就将楚歌与被斥为"亡国之音"的郑、卫之声这种所谓的靡靡之音相提并论,认为它们都是淫靡轻荡、妖艳惑人的不合儒家礼教的歌曲。显然,这里主要是从音乐的角度而非歌词的内容着眼,这也就意味着,

---

① (西晋)左思:《吴都赋》,见(清)严可均辑《全上古三代秦汉三国六朝文》之《全晋文》卷七四,北京:中华书局,1958年版,第1886页。

② (唐)徐坚等编:《初学记》卷一五,北京:中华书局,2004年版,第376页。

③ (宋)朱熹集注:《楚辞集注》卷二,上海:上海古籍出版社,1979年版,第29页。

④ (梁)萧统编,(唐)李善注:《文选》卷五,上海:上海古籍出版社,1986年版,第231页。

"艳歌"最初是从音乐方面来指称的。与它相近的称谓是"艳曲",梁元帝《纂要》曰:"古艳曲有《北里》、《靡靡》、《激楚》、《结风》、《阳阿》之曲。"①其中的《激楚》、《阳阿》二曲,楚辞《招魂》中就曾经提到:

> 肴羞未通,女乐罗些。陈钟按鼓,造新歌些。《涉江》、《采菱》,发《扬荷》些。美人既醉,朱颜酡些。娭光眇视,目曾波些。被文服纤,丽而不奇些。长发曼鬋,艳陆离些。二八齐容,起郑舞些。衽若交竿,抚案下些。竽瑟狂会,搷鸣鼓些。宫庭震惊,发《激楚》些。吴歈蔡讴,奏大吕些。士女杂坐,乱而不分些。放陈组缨,班其相纷些。郑、卫妖玩,来杂陈些。《激楚》之结,独秀先些。

作者在这一段中铺陈人间之乐,渲染了豪华场面,这里的《涉江》、《采菱》、《扬荷》(即《阳阿》)、《激楚》都是楚歌的名称,《阳阿》、《激楚》之曲就是梁元帝所提到的"古艳曲"。从《招魂》中所写可见,与这种音乐相伴的是两颊娇红、艳妆浓抹的美人翩翩的舞姿,美人身披罗裳,衣襟飘忽,眼波顾盼。那么,《激楚》、《阳阿》这种艳曲的曲调旋律之感发人心,荡人心魄的力量也就可见了,惜这种荆艳(楚歌)的歌词内容如今已难已确考。

汉朝建立以后,其初期统治者,从高祖刘邦而下,多为楚人,楚地的风物和音乐自然受到他们的欢迎。汉朝设立乐府机构,楚地民歌被大量采入乐府,据《汉书·礼乐志》记载:"至武帝定郊祀之礼……乃立乐府,采诗夜诵,有赵、代、秦、楚之讴。"②《汉书·艺文志》也说:"自孝武立乐府而采歌谣,于是有代赵之讴、秦楚之风,皆感于哀乐,

---

① (唐)徐坚等撰:《初学记》卷一五,北京:中华书局,2004年版,第372页。

② (汉)班固撰,(唐)颜师古注:《汉书》卷二二,北京:中华书局,1962年版,第1045页。

缘事而发。亦可以观风俗,知薄厚云。"①"楚之讴"、"楚之风"都是楚地民歌,即荆艳,可见它们当时被大量采入了乐府,并得到了广泛的传播。

现存的汉乐府民歌中,有一些作品直接以"艳歌"为题,如《艳歌行》、《艳歌罗敷行》、《艳歌何尝行》等,正如宋代郭茂倩在《乐府诗集》中注释相和歌辞《艳歌行》时所说:"《古今乐录》曰:'《艳歌行》非一,有直云《艳歌》,即《艳歌行》是也。若《罗敷》、《何尝》、《双鸿》、《福钟》等行,亦皆《艳歌》。'"②那么,这些"艳歌"名称据什么而定?它们与"荆艳"(楚歌)之间是否有什么联系呢?这仍需要从音乐曲调和歌词内容两方面来辨析。《乐府诗集》卷二六载:"又诸调曲皆有辞、有声,而'大曲'又有艳,有趋,有乱。辞者其歌诗也,声者若羊吾伊那何之类也,艳在曲之前,趋与乱在曲之后。"③可见,"艳"是一种乐曲的形式,是大曲前面相当于"引子"的部分。《乐府诗集》卷四三说:"其《罗敷》、《何尝》、《夏门》三曲,前有艳,后有趋。《碣石》一篇,有艳。《白鹄》、《为乐》、《王者布大化》三曲,有趋。《白头吟》一曲有乱。"④《罗敷》在乐府中又名《艳歌罗敷行》,《何尝》在乐府中又名《艳歌何尝行》,可见,其被称为"艳歌"是因为曲子前面有"艳"。至于"艳"的曲调特征,正如杨荫浏在《中国古代音乐史稿》一书中说:"艳往往是抒情比较宛转的部分,趋往往是感情比较紧张的部分。"⑤而就《艳歌行》整个曲子的曲调来看,据《乐府诗集》引《古今乐录》说:"《陌上桑》

---

① (汉)班固撰,(唐)颜师古注:《汉书》卷三〇,北京:中华书局,1962年版,第1756页。
② (宋)郭茂倩编:《乐府诗集》卷三九,北京:中华书局,1979年版,第579页。
③ (宋)郭茂倩编:《乐府诗集》卷二六,北京:中华书局,1979年版,第377页。
④ (宋)郭茂倩编:《乐府诗集》卷四三,北京:中华书局,1979年版,第635页。
⑤ 杨荫浏著:《中国古代音乐史稿》,北京:人民音乐出版社,1981年版,第115页。

歌瑟调。"①瑟调是清商三调之一，属于清商乐。这种清商乐在先秦时就有，据《韩非子·十过》所记，卫国的师涓在晋国演奏清商乐，曲未终而被师旷抚止之。张衡《西京赋》云："嚼清商而却转，增婵娟以此豸。"薛综注曰："清商，郑音。婵娟、此豸，姿态妖蛊也"②。东汉末年，曹操将清商纳入铜雀宴乐以供其声色之娱。可见，这种清商乐历来被人们视为凄清哀婉、摇荡人心的郑音。那么，属于这种清商乐的瑟调《艳歌行》在音乐方面也该具有这一特征。由此可见，这些被称为艳歌的乐府，与被称作古艳曲的《激楚》、《阳阿》等楚歌之间在音乐方面的共同性是其抒情色彩和哀凄宛转、感发人心的力量。

而从歌词内容来看，汉乐府中被冠以"艳歌"的几首作品，多与女性相关：《艳歌罗敷行》(《陌上桑》)写罗敷的美貌和拒绝使君的调戏；《艳歌何尝行》以双白鹄起兴，表现夫妇之间的生离死别；《艳歌行》(翩翩堂前燕)写兄弟漂荡在他乡，主妇为其补衣服而遭夫婿猜疑，同样也是与女性相关的题材。

再从"艳"一词的含义来考察，《说文解字》对"艳"的解说是："好而长也。从丰，丰，大也，盇声。《春秋传》曰：'美而艳。'"③清段玉裁注云："好而长也，《〈小雅〉毛传》曰：'美色曰艳。'"④可见"艳"的含义是指美丽的容貌。《楚辞·招魂》中有"长发曼鬋，艳陆离些"之句，王逸注曰："艳，好貌也。"⑤具有这一含义的"艳"在古代文人的作品中也经常出现，如司马相如《美人赋》："臣之东邻，有一女子，云发丰艳，

---

① (宋)郭茂倩编：《乐府诗集》卷二八，北京：中华书局，1979年版，第410页。
② (梁)萧统编，(唐)李善注：《文选》卷二，上海：上海古籍出版社，1986年版，第78页。
③ (汉)许慎著：《说文解字》，北京：中华书局，1963年版，第103页。
④ (清)段玉裁注：《说文解字注》，北京：商务印书馆，据万有文库版本印行，第80页。
⑤ (宋)洪兴祖撰，白化文等点校：《楚辞补注》，北京：中华书局，1983年版，第210页。

蛾眉皓齿。"①曹植《洛神赋》:"彼何人斯,若此之艳也!"②这些文中的"艳"均指人的容色的美丽姣好,且多用来形容女子。后来,"艳"一词也逐渐由指容色之美好发展为指美丽的女子,如沈约《日出东南隅行》中说:"中有倾国艳,顾影织罗纨。"③唐代诗人李白则有诗句:"吴娃与越艳,窈窕夸铅红。"(《经乱离后,天恩流夜郎,忆旧游书怀赠江夏韦太守良宰》)"艳"字最初用于文学评论方面则指文辞的华美艳丽,晋范宁《春秋谷梁传序》说:"《左氏》艳而富。"④《三国志·吴书·吴主权传》中说:"信言不艳,实居于好。"⑤陆机在著名的《文赋》中说:"阙大羹之遗味,同朱弦之清汜。虽一唱而三叹,故既雅而不艳。"方竑《文赋绎意》引杨铸秋语曰:"雅而必艳,斯能华妙。"⑥刘勰在《文心雕龙》中则称颂屈原的作品"气往轹古,辞采切今,惊采绝艳,难于并能。""金相玉式,艳溢锱毫。"⑦在这些句子中,"艳"均是指形式辞藻的华丽艳美。

因为"艳"一词本来就用以指代美丽的女子,又有文辞华美之意,这与汉乐府艳诗中所写内容多与女性相关恰好相一致,"这样一来,音乐上的艳曲与诗歌上的艳词便在'艳'的多重含义上取得了同

---

① (汉)司马相如撰,金国永校注:《司马相如集校注》,上海:上海古籍出版社,1993年版,第127页。
② (三国魏)曹植撰,赵幼文校注:《曹植集校注》卷二,北京:人民文学出版社,1984年版,第283页。
③ (齐)沈约:《日出东南隅行》,见逯钦立辑《先秦汉魏晋南北朝诗》之《梁诗》卷六,北京:中华书局,1983年版,第1613页。
④ (晋)范宁集解,(唐)杨士勋疏,夏先培整理,杨向奎审定:《春秋谷梁传注疏》卷一,北京:北京大学出版社,2000年版,第11页。
⑤ (晋)陈寿撰:《三国志》卷四七,北京:中华书局,1959年版,第1135页。
⑥ (晋)陆机撰,张少康集释:《文赋集释》,北京:人民文学出版社,2002年版,第187页。
⑦ (梁)刘勰撰,周振甫注释:《文心雕龙注释》,北京:人民文学出版社,1981年版,第36、37页。

一"①。

魏晋六朝时代，吴歌和西曲盛行于南方，前者以建业为中心，后者则流行于湖北荆楚地区，它们同属于清商新声，也是乐府民歌中的俗乐。如《古今乐录》所说："凡歌曲终，皆有送声。《子夜》以持子送曲，《凤将雏》以泽雉送曲。"②西曲又分舞歌和倚歌，舞歌末尾常有一段较长的送声或送和声，倚歌则属于一般的歌曲。吴歌、西曲这种一曲中每节的前面加引子、末尾加个尾声的形式，与《乐府诗集》中相和大曲如《艳歌罗敷行》等前面有"艳"、后面有"趋"的形式十分相像。正如《乐府诗集》相和歌词小序中所说的前有艳，后有趋、乱，"亦犹吴声、西曲，前有和，后有送也"③。汉乐府中相和三调经过发展演变，与吴歌、西曲一起被称为清商乐，旋律上都较为凄清哀婉，加之吴歌、西曲在歌词内容上多为与女性相关的情爱题材，与乐府"艳歌"属同一题材类型，所以吴歌、西曲也往往被习惯地称为艳歌、艳曲。"从政教音乐学的角度看，艳曲或艳歌就是郑声的同义词，或者说，一切淫靡的乐曲和歌诗都可以泛称为艳曲或艳歌。"④刘勰也曾说过："艳歌婉娈，怨志诀绝，淫辞在曲，正响焉生？"⑤

整个南朝时代，是"艳曲"兴盛的时代，如郭茂倩在《乐府诗集》卷六一"杂曲歌辞"序中所说的那样：

> 艳曲兴于南朝，胡音生于北俗。哀淫靡曼之辞，迭作并起，

---

① 康正果著：《风骚与艳情》，上海：上海文艺出版社，2001年版，第142页。

② (宋)郭茂倩编：《乐府诗集》卷四四，北京：中华书局，1979年版，第641页。

③ (宋)郭茂倩编：《乐府诗集》卷二六，北京：中华书局，1979年版，第377页。

④ 康正果著：《风骚与艳情》，上海：上海文艺出版社，2001年版，第141页。

⑤ (梁)刘勰撰，周振甫注释：《文心雕龙注释》，北京：人民文学出版社，1981年版，第65页。

流而忘反,以至陵夷。原其所由,盖不能制雅乐以相变,大抵多溺于郑、卫,由是新声炽而雅音废矣。①

可见这时的艳曲与古艳曲即"荆艳"一样,被视为与郑、卫之音同调。这种多描写女性情思或男女恋情的民间艳歌、艳曲得到了南朝帝王宗室的喜爱,君臣和贵族们纷纷仿作,自制新词,另造新曲,创作了大量描写女性的艳诗,并在其中有意增加和强调了对女性赏玩的艳情趣味,与汉乐府中表现质朴的夫妇爱情已经大异其趣。由此,艳歌已渐渐失去了它最初特定的音乐含义,但其概念仍是比较宽泛和笼统的,人们往往把吟咏女性、表现男女恋情等与女性相关题材的诗歌都笼统地称为艳诗。这一点在徐陵所编的"艳歌"的集大成之作《玉台新咏》中也得到了体现。在《玉台新咏序》中,徐陵在前一部分列举了诸多"其佳丽也如彼,其才情也如此"的佳人之后说:

> 往世名篇,当今巧制,分诸麟阁,散在鸿都。不籍篇章,无由披览。于是燃脂暝写,弄笔晨书,撰录艳歌,凡为十卷。②

翻阅《玉台新咏》的十卷"艳歌",其中有描写男女情爱的作品,也收入了一些描写女子容饰姿态和表现女子相思怨悱、惆怅伤感等情绪的诗及借咏物来咏叹女性或相思之情的作品,描写爱情悲剧的《古诗为焦仲卿妻作》也被收入其中。可以说,《玉台新咏》所选诗作是与女性相关的各类题材,正如明代胡应麟在《诗薮》中所说的"《玉台》但辑闺房一体"③。

---

① (宋)郭茂倩编:《乐府诗集》卷六一,北京:中华书局,1979年版,第884页。
② (陈)徐陵编,(清)吴兆宜注,程琰删补,穆克宏点校:《玉台新咏笺注》,北京:中华书局,1985年版,第13页。
③ (明)胡应麟撰:《诗薮》外编卷二,上海:上海古籍出版社,1979年版,第146页。

唐代以后,对"艳诗"的理解往往偏重于指艳情和描写女性的妖艳方面,有时用于指称宫体诗,如刘肃《大唐新语》云:"梁简文帝为太子,好作艳诗,境内化之,浸以成俗,谓之宫体。"①杜确《岑嘉州诗序》说:"梁简文帝及庾肩吾之属,始为轻浮绮靡之词,名曰'宫体'。自后沿袭,务于妖艳。"②清代的袁枚在《再与沈大宗伯书》中说:"艳诗宫体,自是诗家一格。"③有时也用来指一些描写妇女容饰装扮的诗,元稹在《叙诗寄乐天书》中说:"不幸少有伉俪之悲,抚存感往,成数十诗,取潘子悼亡为题。又有以干教化者,近世妇人晕淡眉目,绾约头鬟,衣服修广之度,及匹配色泽,尤剧怪艳,因为艳诗百余首。"④其时,"艳诗"与"艳情诗"的概念也逐渐混同为一,即细致描写女性和表现男女艳情的诗歌。而"艳情"一词,本是指男女爱情的。初唐诗人骆宾王有一首《艳情代郭氏赠卢照邻》,诗中用代言体的形式,以女性口吻讲述郭氏与卢照邻的缠绵婉恋以及卢走后独守空闺的孤寂凄凉与相思哀怨。可见,"艳情"即是指男女之间的爱情。但由于封建社会里婚姻往往要有父母之命、媒妁之言,所以爱情往往不是发生于夫妻之间,而是在婚姻关系之外。这样,艳诗便往往不包括寄内诗和悼亡诗。元稹就把他的悼亡诗单独划分出来,没有归入艳诗一类。这一点与徐陵在《玉台新咏》中选入了潘岳的《悼亡诗》有所不同。在徐陵看来,悼亡诗亦是"艳歌",因为它是与女性相关的;而在元稹看来,悼亡之作表现的是"伉俪之悲",是"抚存感往"之作,是一种庄重而严肃的感情,而非"艳情",故不宜以"艳诗"视之。

这样,"艳诗"概念与一般意义上所说的"爱情诗"的概念既有交

---

① (唐)刘肃撰,许德楠、李鼎霞点校:《大唐新语》卷三,北京:中华书局,1984年版,第42页。

② (唐)岑参撰,廖立笺注:《岑嘉州诗笺注》,北京:中华书局,2004年版,第1页。

③ (清)袁枚撰,周本淳标校:《小仓山房诗文集》卷一七,上海:上海古籍出版社,1988年版,第1505页。

④ (唐)元稹著,冀勤点校:《元稹集》卷三〇,北京:中华书局,1982年版,第353页。

叉重合,也有相异之处,因为"爱情"是指"在传宗接代的本能基础上产生于男女之间、使人能获得特别强烈的肉体和精神享受的这种综合的(既是生物的,又是社会的)互相倾慕和交往之情"①。应该说,"爱情诗"是"艳诗"中更为注重情感、抒情更为真挚的一部分诗作。

二、中晚唐艳诗的研究现状

中晚唐时期出现了艳诗创作的兴盛局面,当时许多著名诗人都染指其间,创作了大量艳诗作品,如元稹、白居易、李贺、温庭筠、杜牧、张祜、李商隐、唐彦谦、韩偓、韦庄等,甚至在咸通、乾符年间一度在京城形成艳诗唱和的风气。在这些诗人的艳诗作品中往往呈现出不同的审美倾向和个性特征。

任何一种文学现象的产生和发展,都不是一个简单孤立的现象,它必然有其内部和外部的诸多因素,我们在面对它的时候,正确的态度不应是简单武断地褒扬或批判,而应该从社会政治、经济、文化等诸多方面进行深入分析。

古代诗论家往往以儒家诗教观作为论诗的依据,无视人的个性和情感,因此,描写男女之情的艳诗(包括爱情诗)常常被斥为"淫诗",遭受指责,或者一概被视为"香草美人"的政治寓托而被歪曲和比附,在这种情况下,艳诗自然很难得到客观公正的评价。李商隐的爱情诗便曾被贬为"淫诗",如黄子云在《野鸿诗的》中说:"至义山专求有娀皇英之喻而推广之,倡为妖淫靡曼之词,动以美人香草为护身符帖。末学无知,又因之而变为香奁体。世道人心,欲以复古,难矣!……噫,如义山者,谓之为《三百篇》之罪人可也!"②而一些为之辩护者则把李商隐和韩偓的爱情诗一概视为"香草美人"的政治寓托。如清代赵衡在为吴汝纶《评注韩翰林集》所作序中说:"公(韩偓)

---

① [保]瓦西列夫著,赵永穆、范国恩、陈行慧译:《情爱论》,北京:北京三联书店,1984年版,引言第5～6页。

② (清)黄子云撰:《野鸿诗的》,见(清)丁福保辑《清诗话》,上海:上海古籍出版社,1963年版,第853页。

与义山所遇之时略同,默尔不可,语又不能,不得已而假物寓兴,主文谲谏,甚至下乃托于男女媟亵之事。"①这种歪曲抑或轻视的现象在其他作家的艳诗作品中也同样存在。

新中国建立后的文学研究中,由于很长一段时间沿袭传统的文学价值观和采用简单化的分析方法,艳诗没有得到应有的关注和正确的评价,在很长一段时间内被研究者所忽略,甚至被简单地与色情文学等而视之,许多文学史著作对它仅一笔带过。20世纪90年代以来,对它的研究才有所增多。

(一) 中晚唐艳诗的总体研究

20世纪90年代以来,一些文学史著作中对中晚唐艳体诗风的兴盛情况给予了关注。杨世明《唐诗史》中对"为婉约词开道的绮艳诗人——李商隐、温庭筠"评价较为客观,认为他们的这些作品"为士人情感世界开辟了新乐土,影响深远。特别是李商隐的无题诗,尤多创新,值得重视"。② 一些研究中晚唐诗歌的专著,也大都论及艳诗。田耕宇《唐音余韵》中对艳体诗风用一章来论述,其中关于艳诗方面的思考和探讨不乏一些具有启发性的见解。③ 康正果的《风骚与艳情》一书,讨论了古典诗词中自先秦至明清与女性相关的作品,把风骚精神和艳情趣味这两大源流对立与融和的趋势作为贯串其间的主线,其中有两章的内容是关于唐代艳诗的讨论,一些观点颇有新意,尤其是对元稹、白居易、杜牧的艳诗作品的分析颇具独特性。④

在论文方面,对中唐、晚唐艳诗从社会文化、文学思潮、审美趣味等方面进行总体性论述的有张明非《论中唐艳情诗的勃兴》、文航生

---

① (清)赵衡:《评注韩翰林集序》,转引自陈继龙《韩偓事迹考略》,上海:上海古籍出版社,2004年版,第36页。
② 杨世明著:《唐诗史》,重庆:重庆出版社,1996年版,第629页。
③ 田耕宇著:《唐音余韵》,成都:巴蜀书社,2001年版,第102~142页。
④ 康正果著:《风骚与艳情》,上海:上海文艺出版社,2001年版,第171~264页。

《晚唐艳诗概述》、刘宁《论唐末的香艳诗人》、尹楚彬《咸乾士风与艳情诗风》、罗时进《咸乾士风及其才调歌诗》、陈妍《南朝与唐代艳诗的审美内涵》等。张明非的文章从对元、白的元和体、"杂诗"及宫词的分析入手,认为"中唐诗坛一个引人注目的现象便是艳情诗的勃兴",并从中唐政治经济状况、社会思潮变革及元、白对文学功能、特质的新的认识等方面分析了艳情诗勃兴的原因。① 文航生的文章主要包括三部分内容:首先是对艳诗的定义及晚唐前艳诗的简述,文章的主体部分把李商隐和韩偓两家艳诗作为晚唐艳诗的代表进行剖析,最后一部分是分析晚唐艳诗勃兴原由及其历史影响。文章脉络比较清楚,但只是一个纲要性的概述。② 刘宁的文章对中唐至唐末艳情诗歌发展理出两条脉络,认为晚唐以来香艳题材的诗歌作品呈现出深曲与轻丽两种风格和路数,前者以元、白和李商隐为代表,后者则以温、杜为代表。文章还较细致地分析了唐末广义香艳诗人与狭义香艳诗人经历背景、艺术取向的不同及他们与中晚唐深曲和轻丽这两种香艳诗风的传承关系。③ 尹楚彬和罗时进的文章主要论述唐末咸通、乾符年间的艳情诗风。尹文认为咸通、乾符年间艳情诗的盛行与当时都市逸乐风尚及进士阶层的士族化密切相关,文章分析了咸、乾艳情诗人两大群体的构成,并揭示了咸、乾艳情诗风与温、李艳情诗风的关系以及咸、乾艳情诗风的时代特征与影响。④ 罗文则从咸、乾之际的社会风尚和士人风气、当时文人的异性交游及才调歌诗功能

---

① 张明非:《论中唐艳情诗的勃兴》,载《辽宁大学学报》1990 年第 1 期,第 8～12 页。
② 文航生:《晚唐艳诗概述》,载《四川师范学院学报》1996 年第 1 期,第 7～15 页。
③ 刘宁:《论唐末的香艳诗人》,见《唐代文学研究》第九辑,桂林:广西师范大学出版社,2002 年,第 719～728 页。
④ 尹楚彬:《咸乾士风与艳情诗风》,载《文学遗产》2002 年第 6 期,第 25～36 页。

以及咸、乾才调歌诗的创作特点等几方面论析。① 陈妍的文章认为"南朝与唐代艳诗的题材、内容及审美取向,充分地展示了女性之美、男女之情、幽眇之思等审美内涵特点"②。

某种文学风气的产生离不开特定的社会政治、经济、宗教、文化等背景,而这些背景又会给文学打上各种各样的烙印,使其具有鲜明的时代特征。艳诗也不例外,它的产生及兴盛与中晚唐的社会与文化环境密不可分。20 世纪 90 年代以来,将唐代的艳诗与神仙、道教等方面结合起来进行考察的文章主要有:黄世中《论中晚唐文人恋情诗的仙道情韵》以李商隐的无题诗为例,从方士招魂、运用仙事道象入诗、借游仙和梦境来表现等几方面,简要分析了中晚唐恋情诗中的仙道情韵。③ 李乃龙《论唐代艳情游仙诗》则首先对唐代艳情游仙诗产生的原因进行了分析,认为主要是受神仙观念、道教有关性的养生术和仙话传说的影响,中唐游仙诗喜欢将艳情仙化,将道士与女冠之间的恋情视为仙人之恋。但该文着眼点主要是"游仙"而非"艳情"。④

中晚唐艳诗与词的关系也是一个值得探讨的问题。许多艳诗在表现特点及风格上已与传统的诗歌大相径庭,而与后来的《花间集》中的作品及宋代婉约词极为相近,因而,在内容、风格、抒情方式、艺术手法等方面都对当时的新兴诗体——词产生了重要的影响。前代研究者对此多有所认识。如清代田同之在《西圃词说》中说:"诗词风气,正自相循。贞观、开元之诗,多尚淡远。大历、元和后,温、李、韦、

---

① 罗时进:《咸乾士风及其才调歌诗》,载《文学评论》2003 年第 2 期,第 112~119 页。

② 陈妍:《南朝与唐代艳诗的审美内涵》,载《唐都学刊》2007 年第 2 期,第 25 页。

③ 黄世中:《论中晚唐文人恋情诗的仙道情韵》,载《文学遗产》2002 年第 5 期,第 120~124 页。

④ 李乃龙:《论唐代艳情游仙诗》,载《广西师范大学学报》(哲社版)1997 年第 3 期,第 69~73 页。

杜渐入《香奁》,遂启词端。"①许学夷在《诗源辩体》卷二一中也说:"韩(翃)七言古,艳冶婉媚,乃诗余之渐。……下流至李贺、李商隐、温庭筠,则尽入诗余矣。"②"《香奁集》命义,去词近,去诗却远。""《香奁集》虽属歌诗,然其中有音节格调宛然如曲子词者,且集中诸诗,造意抒情,已多用词家手法。"③可是,对艳诗如何影响词的创作,尤其是怎样在写作技巧、表现方式、情感、意境等方面影响词的创作等问题则有待更深入的研究。20世纪90年代以来,从艳诗与词的关系这一角度进行研究的论文主要有:于璟《晚唐艳体曲笔对词的影响》主要从李商隐、韩偓诗以秾艳之辞写儿女之情或借儿女之情寄托身世之感的艳体曲笔这一写法的角度作了粗浅的概述。④ 蒋晓城《晚唐艳情诗与艳情词》从当时的社会文化背景和文化心理、题材内容、情感基调、表现方式等方面探讨了晚唐艳情诗与艳情词之间的渊源关系。⑤

(二) 对单个作家艳诗作品的研究

近些年来关于唐代各阶段具体作家的艳诗研究的论文也有一定数量,元稹、白居易是较受研究者注意的艳诗作者,对他们的艳诗研究主要侧重于两个方面。其一是从其艳情本事方面来考论。陈寅恪先生的《元白诗笺证稿》一书中《艳诗及悼亡诗》一章有对元稹艳诗及其本事的考证,并认为"其悼亡诗即为元配韦丛而作,其艳诗则多为

---

① (清)田同之撰:《西圃词说》,见唐圭璋编《词话丛编》,北京:中华书局,1986年版,第1452页。

② (明)许学夷撰:《诗源辩体》卷二一,北京:人民文学出版社,1998年版,第231页。

③ 施蛰存:《读韩偓词札记》,见朱东润、李俊民、罗竹风主编《中华文史论丛》1979年第四辑,上海:上海古籍出版社,1979年版,第274页。

④ 于璟:《晚唐艳体曲笔对词的影响》,载《焦作大学学报》2002年第4期,第21~22页。

⑤ 蒋晓城:《晚唐艳情诗与艳情词》,载《云梦学刊》2003年第1期,第84~87页。

其少日之情人所谓崔莺莺者而作"①。这种观点一直以来影响很大。吴伟斌的《元稹的早恋及其艳诗》也是对其艳诗本事进行考证,不过,他不赞同《莺莺传》中崔、张故事是元稹与崔莺莺的爱情悲剧的说法,并提出元稹十七岁与管儿早恋的新说法。② 其二是对其艳情诗及其产生原因进行分析论述。石明庆的《元白风情诗产生原因及其文化心理研究》一文认为,元稹和白居易的风情诗"既是唐代社会文化的产物,同时又以其典型意义生动表现了古代文人的情爱心理,因而具有了文化意义"③。袁梅、孙鸿亮《元稹"艳诗"考论》一文首先考察元稹诗歌结集情况及现存作品,从而得出结论:"(1)元稹所标之'艳诗',虽非咏一人而作,但其中亦包括为崔莺莺所作之诗歌作品;(2)元稹'艳诗'可分为三类,究其整体性质,则属艳情之作。"④

杜牧一直以来被视为风流才子,创作了大量的艳诗作品。近年来关于杜牧艳诗的研究论文主要侧重于其艳诗中体现的女性观及写作艳诗的原因,如郭其云的《杜牧艳诗析》和张学忠、白锐的《对杜牧艳情诗的反思》。郭其云的文章首先从分析杜牧艳诗中体现出的妇女观入手,认为"在他的诗集中有不少诗作反映了他尊重妇女人格、同情妇女不幸的可贵品质",同时又从中晚唐的社会背景来分析其创作艳诗的原因,并分析了杜牧"风流才子"的形象。⑤ 张学忠、白锐的文章则认为杜牧"并非一味地纵情声色之辈,其艳情类诗歌创作,一方面体现了他报国无门的苦闷,以期通过爱情得到宣泄;一方面表现

---

① 陈寅恪著:《元白诗笺证稿》,北京:生活·读书·新知三联书店,2001年版,第84页。

② 吴伟斌:《元稹的早恋及其艳诗》,载《聊城大学学报》2002年第4期,第91~97页。

③ 石明庆:《元白风情诗产生原因及其文化心理研究》,载《廊坊师范学院学报》2002年第1期,第49页。

④ 袁梅、孙鸿亮:《元稹"艳诗"考论》,载《唐都学刊》2000年第4期,第59页。

⑤ 郭其云:《杜牧艳诗析》,载《学术论坛》1989年第1期,第58~61页。

了他身为文人对女人的边缘性认同的深刻思想"①。

温庭筠是晚唐著名诗人和词人,在唐末五代诗坛产生了广泛影响,其艳诗创作也呈现出独特的审美特征。可是关于他的艳诗研究的论文却很有限,主要论文有慈波的《温庭筠绮艳诗刍议》和迟宝东《词"别是一家":古典诗词美学特质异趋论——以温庭筠的词与绮艳诗为中心》。慈文认为,"绮艳诗的繁荣,既是诗歌发展的必然要求,又有词和骈文创作的影响","温庭筠的绮艳诗创作,推动了这一题材的泛化,促进了词体的形成。从诗、词过渡的角度说,他的绮艳诗开创了一个新的诗歌时代"。②迟文对温庭筠绮艳诗的表现特点进行了分析,认为"写精美物象,写得很客观、很表面化,而且有一定程度的跳跃性,这就是温庭筠绮艳诗所表现出来的主要特色",不过文中对绮艳诗的界定是较为宽泛的,与"艳诗"的内涵不太一致,但显然包括了"艳诗"。文中还认为温的词与其诗有许多相似之处。③

李商隐是晚唐具有独特创作风貌的一位诗人。关于他的艳诗的研究资料比较多,情况也比较复杂。他的那些深情绵邈、绮艳缠绵的无题诗到底是"香草美人"式的政治寓托,还是自身恋情的深隐表现,多年来一直争论不休,难有定论。近年来,越来越多的人认为,其中既有真正的爱情诗,也有"政治寓托"式的作品,应区别看待。新时期的专著中,吴调公《李商隐研究》中第四章《李商隐的爱情诗》对李商隐爱情诗的产生原因、抒情对象、艺术特征进行了较为详细的论析。④ 单篇论文方面数量较多,总体看来,对其爱情诗的研究大体分这样几方面:其一,从其爱情诗的审美特征、艺术特色方面来研究。

---

① 张学忠、白锐:《对杜牧艳情诗的反思》,载《唐都学刊》2003年第2期,第5页。

② 慈波:《温庭筠绮艳诗刍议》,载《重庆邮电学院学报》2004年第2期,第117页。

③ 迟宝东:《词"别是一家":古典诗词美学特质异趋论——以温庭筠的词与绮艳诗为中心》,载《天津社会科学》1999年第5期,第90页。

④ 吴调公著:《李商隐研究》,上海:上海古籍出版社,1982年版,第97~118页。

这方面的论文有罗锡诗《论李商隐的爱情诗及其朦胧美》、单有方《浅析李商隐艳诗的审美倾向》、汤春华《李商隐爱情诗的朦胧美》。罗锡诗的文章认为,李商隐的爱情诗"首先在文人诗歌题材上有重要的开拓意义,功不可灭",其次是其作品有鲜明的艺术个性,即意旨朦胧、意象朦胧、意境朦胧的朦胧美。① 单有方的文章从诗人的生平、主要文艺思想、背景等方面进行了论述,认为"李商隐艳诗的香艳只是一种外在形式,借香艳的躯壳以寄托凄惋低回的感伤情绪才是其诗歌的内质"②。汤春华的文章认为,"李商隐由于政治上的失意潦倒,生活中爱不得其所爱和得而复失,再加上他善于学习前人雕章琢句的典丽文风,这就形成了他爱情诗的特有的朦胧风格",并从意象、词语、章法上对李商隐爱情诗的朦胧美进行了阐释和分析。③ 其二,从其爱情诗所反映的主体的创作心理、内心体验及人格特质等方面来探讨。这方面的论文有郑训佐《论李商隐爱情诗中的忧患意识》、苏涵《一个弱者的爱情世界——李商隐爱情诗的人格阐释》、蔡燕《刘郎已恨蓬山远,更隔蓬山一万重——论李商隐爱情诗的"间阻之慨"》、蔡振雄《略论李商隐爱情诗中的缺失性体验》。郑文认为,李商隐的爱情诗"构筑了诗人瑰丽的艺术宫殿,它以缥缈幽杳、沉博绝艳的面貌,向人们展示了一个十分丰富的忧患世界。从这里,我们不但可以体会到诗人爱情生活的坎坷,还可以领略到'古来才命两相妨'的诗人政治上的失意和整个大唐帝国暮年的萧瑟景象。这种多层次、多结构的特点,把诗人的忧患意识推上了普遍的和历史的地位"④。苏涵的文章从人格的角度对李商隐的爱情诗作了新的阐释,认为"李商

---

① 罗锡诗:《论李商隐的爱情诗及其朦胧美》,载《中山大学学报》(社科版)1993年第1期,第125页。

② 单有方:《浅析李商隐艳诗的审美倾向》,载《安阳大学学报》2002年第1期,第44页。

③ 汤春华:《李商隐爱情诗的朦胧美》,载《天津科技大学学报》2004年第1期,第72~74页。

④ 郑训佐:《论李商隐爱情诗中的忧患意识》,载《东岳论丛》1986年第2期,第95页。

隐一生的政治失意与爱情失落,都体现了一种弱化的人格特质。弱化人格特质在其爱情诗中,突出表现为阻隔效应、怅惘情绪的弥散和孤独意识的深潜,并且,决定着作者的艺术选择,成为他爱情诗风格形成的根本因素"。① 蔡燕的文章认为:"'间阻之慨'是李商隐爱情诗反复歌咏的内容,从客观层面而言,这种感慨来自于主体痛苦的人生体验,从创作主体心理而言,儒家文学观念的影响及个体忧惧之心都使其诗歌拘执于'间阻'抒写,并因而构成了李商隐特殊的诗美层面:超越性象征意味使其爱情抒写的品质高于同一时期的艳情诗;阴柔之美对诗向词的抒情特质转化影响深远。"② 蔡振雄的文章认为:"缺失性体验是诗人的一种重要的创作动因,能深刻塑造诗人的个性,并造就诗人独特的感受方式和思维方式。李商隐坎坷而富于悲剧性的人生体验是一种明显的缺失性体验。这种体验在其爱情诗创作中的基调、用典、意象等方面得到集中体现。"③ 其三,对李商隐爱情诗中的女性形象进行分析。此方面论文有蔡燕《李商隐诗歌女性形象两极化倾向及其对诗风的影响》,文章认为:"李商隐诗歌女性形象存在两极化倾向:尤物化与神化。尤物化是儒家传统文化根植于诗人心中女祸亡国思想的具体体现;神化倾向是士大夫隐密难言的爱情生活的抒写策略。女性形象两极化倾向影响了诗人审美旨趣及艺术技巧的使用,同时也影响了诗歌的风格:女性形象尤物化使女祸亡国题旨得到鲜明突现,而女性形象神化倾向则使其爱情诗风格晦僻精深。"④ 其四,从文学史的角度分析李商隐爱情诗的历史传承及

---

① 苏涵:《一个弱者的爱情世界——李商隐爱情诗的人格阐释》,载《山西师大学报》(社会科学版)1993 年第 3 期,第 134 页。

② 蔡燕:《刘郎已恨蓬山远,更隔蓬山一万重——论李商隐爱情诗的"间阻之慨"》,载《北京大学学报》2001 年国内访问学者、进修教师论文专刊,第 87 页。

③ 蔡振雄:《略论李商隐爱情诗中的缺失性体验》,载《广西社会科学》2003 年第 5 期,第 136 页。

④ 蔡燕:《李商隐诗歌女性形象两极化倾向及其对诗风的影响》,载《曲靖师范学院学报》2001 年第 4 期,第 50 页。

历史地位。论文有杜志国《秉无私之刀尺,成不朽之诗名——略论李商隐爱情诗对齐梁诗歌的承继与超越》。文章从三个不同的方面分析了李商隐爱情诗与齐梁诗歌的关系,认为:"作为一个优秀诗人,李商隐的可贵之处就在于他既能'秉无私之刀尺',从齐梁诗歌中吸取有益的成分,又能突破成规,排除其糟粕,从而超越前人,确立了自己在文学史上不朽的地位。"①此外,还有文章对李商隐爱情诗与道教的关系进行分析,如钟来因的《唐朝道教与李商隐的爱情诗》认为:道教给其爱情诗打上了烙印,其作品中有很多充满仙风道气的爱情诗;其诗中大量运用隐比手法、比兴体制来写爱情生活中种种感受,从而使这些诗呈现出谲怪、隐僻、晦涩、精深的风格;其爱情诗中与道教相关的典故具有"类型化""系列化"的特点。②

　　韩偓的艳诗一直以来也较受关注。关于《香奁集》的性质,多年来一直颇有分歧。多数论者认为《香奁集》是诗人早年所作的艳诗。严羽在《沧浪诗话》中认为韩偓之诗"皆裾裙脂粉之语",并称之为"香奁体"。③后人也多因其大量描绘闺阁琐事、有违儒家诗教观而对其大加指责,如元代方回《瀛奎律髓》说:"《香奁》之作,词工格卑,岂非世事已不可救,姑流连荒亡以纾其忧乎?"并指斥其"诲淫之言,不以为耻"。④而清代的沈德潜则说:"自《子夜》、《读曲》,专咏艳情,而唐末香奁体,抑又甚焉,去风人远矣。"⑤当然,认为《香奁集》是含有比兴寓托的政治诗的也大有人在。清末的震钧在《香奁集发微》中认为《香奁集》是以美人自比,抒发旧君故国之思,今人施蛰存先生也赞同

---

　　①　杜志国:《秉无私之刀尺,成不朽之诗名——略论李商隐爱情诗对齐梁诗歌的承继与超越》,载《四川大学学报》1999年增刊,第33页。
　　②　钟来因:《唐朝道教与李商隐的爱情诗》,载《文学遗产》1985年第3期,第26～38页。
　　③　(宋)严羽撰:《沧浪诗话》,见(清)何文焕辑《历代诗话》,北京:中华书局,1981年版,第690页。
　　④　(元)方回编:《瀛奎律髓》卷七,合肥:黄山书社,1994年版,第152页。
　　⑤　(清)沈德潜编:《唐诗别裁集》,长沙:岳麓书社,1998年版,凡例第7页。

这一说法。① 近年来对韩偓艳诗尤其是《香奁集》的研究的论文大体分两个方面。其一,从其生平人品及其与香奁体诗风的关系进行论述。如刘怡的《解开韩偓的人品和诗风"矛盾"的结——论〈香奁集〉的性质》认为:《香奁集》不能单用当时放荡风气的影响来解释,但亦不能如冯浩所说全是故君故国之思。《香奁》有一部分是讽刺宫闱淫乱、怨女无告的宫词。"《香奁》为新体诗集,以写男女之情为题材,实导宋词之先路。"② 其二,对《香奁集》内容进行分析。白爱平的《韩偓词与〈香奁集〉管窥》认为:"《香奁集》中既有爽丽率真的少年艳体,亦有含意微讽的入仕宫词,更有幽眇低回、托香草美人以寄故国之思者,其余则为暮年编集时追忆不清以至意旨幽晦难明之作。"③ 林伟星《韩偓〈香奁集〉情感脉络的文本分析》从韩偓《香奁集》百首艳诗的情感表达入手,在诗歌的文本意义上对《香奁集》的情感脉络进行分析。④

总之,近些年来对中晚唐艳诗的研究已取得了一定的成就,对中唐、晚唐各个不同时期的艳诗作品及艳诗兴盛的原因有了一定程度的分析,对某些单个作家的艳诗作品作了较为深入的探讨,尤其是关于李商隐的艳诗研究成绩斐然。但总体上看,对于中晚唐艳诗还有不少的问题有待研究,诸如对艳诗发展过程中的盛衰、流变、传承的总体脉络的梳理,对艳诗与词之间的相互交融影响的深入分析,对与艳诗相关的社会文化背景、文人心理因素、文学观念变革、诗体与词体的交融互渗及不同作家艳诗风格的延续传承等问题的分析,对个别诗人如杜牧、温庭筠等人的艳诗进行客观深入的认识和评价等等。

---

① 施蛰存著:《唐诗百话》,上海:华东师范大学出版社,1996年版,第688~695页。

② 刘怡:《解开韩偓的人品和诗风"矛盾"的结——论〈香奁集〉的性质》,载《四川师范学院学报》(哲社版)1994年第1期,第73~77页。

③ 白爱平:《韩偓词与〈香奁集〉管窥》,载《宁夏大学学报》(人文社科版)2002年第4期,第35页。

④ 林伟星:《韩偓〈香奁集〉情感脉络的文本分析》,载《井冈山师范学院学报》(哲社版)2002年第S1期,第101~103页。

三、本书研究的基本思路与方法

本书选取中晚唐艳诗作为研究对象,致力于探讨这一时期兴盛于文坛的艳诗与当时社会文化、文学观念、士人风尚、审美趣味等方面的关系,以及不同作家艳诗作品的审美蕴涵和个性特征。研究主要从纵横两方面入手:纵者以时间为线索,对各种史实加以分析归纳,对作家作品进行文本细读、分析、比较,从文学史的角度对中晚唐不同阶段的艳诗特征、创作规律、承传关系进行分析,如李贺与温庭筠艳体乐府诗的承传关系及对晚唐词的影响,杜牧对元、白艳体诗风的激烈批评和曲折接受,温庭筠、李商隐艳体诗风在咸通、乾符年间的接受情况等等。同时,对一些重要诗人艳诗作品的审美意蕴进行探讨,尽量地复原文学史的真实面貌。横者从中晚唐艳诗与唐代社会文化的关联性上来进行研究,即探讨中晚唐艳诗的兴盛与当时的士人风尚、文人心理、诗学观念、宗教环境等方面的关系。同时,分析其在文学史上的影响,包括对当时另一种诗体——词的影响和对后代艳诗创作的影响。

本书力求广泛地对相关资料进行收集、钩稽、梳理,结合社会文化学的相关理论,通过文史结合、比较等方法进行研究,注意将微观研究和宏观研究相结合,将文学发展的脉络梳理、文学发展的内在规律的探讨与宏阔的文化视野相结合。

第一章 中唐以前艳诗概论

第一节 中国古代文学中描写女性的传统

中国古代文学中对女性和男女恋情的表现从先秦时期即已开始,其源头表现在两个方面。一方面是诗歌作品中,以"兴"、"比"等手法将女性和男女之情表现得摇曳多姿。另一方面是在楚辞及赋体作品中,作者采用赋的敷陈手法,从不同角度详细描写了女子之美。

一、前代诗歌中对女性与男女之情的描写

在中国古代文学史上,描写女性和表现男女之情是一个古老的主题,《诗经》开篇一首"窈窕淑女,君子好逑"唱出了无数男性的心声。自《诗经》开始,诗歌中对女性的描写大致沿着两个不同的方向展开,一方面是注重对女子外在容貌姿态、气度神韵的描写,另一方面则是注重女子及诗人主体内心情思的抒发和表现。两者往往都表现了男性对女性的欣赏或审美期待,从某种意义上来说,都是后世艳情文学的源头。

在《诗经》中,《卫风·硕人》一篇完全是从外在形貌的角度描绘了一位美人形象:

> 手如柔荑,肤如凝脂,领如蝤蛴,齿如瓠犀,螓首蛾眉,巧笑倩兮,美目盼兮。

诗中用了几个鲜明的比喻,从手、肤、领、齿、眉等几个具体方面来描写女子之美,尤其是"巧笑倩兮,美目盼兮"更是写出了女子顾盼神飞的娇媚之态。

《诗经》中的另一篇《郑风·有女同车》也写出了女子的光彩照人:

> 有女同车,颜如舜华。将翱将翔,佩玉琼琚。彼美孟姜,洵美且都。
>
> 有女同行,颜如舜英。将翱将翔,佩玉将将。彼美孟姜,德音不忘。

"颜如舜华"、"将翱将翔"、"颜如舜英"都是采用比拟的手法来描写女子,其高妙之处在于既描写出了女子的美貌,更勾勒出了女子的神采、气质。

在《诗经》中,采用"兴"的手法来写女子之美亦是较为常见的手法,如《周南·桃夭》:"桃之夭夭,灼灼其华。之子于归,宜其室家。"以桃花的明艳比喻出嫁女子的艳丽妖娆。再如《秦风·蒹葭》:"蒹葭苍苍,白露为霜。所谓伊人,在水一方。"以一片苍茫的蒹葭烘托出辽阔旷远的意境,衬托出"伊人"的朦胧婉约之美。这些作品在艺术表现上较为含蓄委婉,也把女子之美表现得多彩多姿。

这种对女性容色之美的描写和表现亦被汉乐府民歌所继承。《陌上桑》写美女罗敷机智地拒绝了使君的调戏,但诗中以大量篇幅来描写罗敷的美貌:

> 头上倭堕髻,耳中明月珠。缃绮为下裙,紫绮为上襦。行者见罗敷,下担捋髭须;少年见罗敷,脱帽著帩头。

罗敷发式时尚,妆扮明艳,"行者"、"少年"、"耕者"、"锄者"见到其美貌后被深深吸引。同时,她又聪慧、机智,融美貌、智慧与坚贞于一身,是男人心目中理想女性的典型,因而在后世诗人笔下被不断咏叹,反复出现,如傅玄《艳歌行》、张正见《艳歌行》、高允《罗敷行》及陆机、萧子显等人的《日出东南隅行》,诗人们在写作的过程中有意无意地流露出对美色的欣赏。汉乐府作品中,辛延年的《羽林郎》一诗中对胡姬的描写与《陌上桑》有异曲同工之妙,胡姬的容貌妆饰也成为诗人关注的焦点:"长裾连理带,广袖合欢襦。头上蓝田玉,耳后大秦珠。两鬟何窈窈,一世良所无。一鬟五百万,两鬟千万余。"这些诗歌中对女性外在美的细致描写也成为后代诗歌中不绝如缕的主题。

在魏晋时期的诗歌中,有很多诗中描写了女子的外在形貌之美。同时,这些美人形象或多或少注入了一些诗人主体情感的象征意蕴,从而使这些顾盼神飞、光彩照人的美人有时显得有些缥缈和孤独,其形象介于理想和现实之间。如曹植的《美女篇》、傅玄的《有女篇》《美女篇》、陆机的《艳歌行》、甄述的《美女诗》等。曹植的《美女篇》最为典型:

> 美女妖且闲,采桑歧路间。柔条纷冉冉,落叶何翩翩。攘袖见素手,皓腕约金环。头上金爵钗,腰佩翠琅玕。明珠交玉体,珊瑚间木难。罗衣何飘飘,轻裾随风还。顾盼遗光彩,长啸气若兰。行徒用息驾,休者以忘餐。借问女何居,乃在城南端。青楼临大路,高门结重关。容华耀朝日,谁不希令颜。媒氏何所营,玉帛不时安。佳人慕高义,求贤良独难。众人徒嗷嗷,安知彼所观。盛年处房室,中夜起长叹。

妖艳而娴静的美女于路边采桑,柔条纷纷,落叶翩翩,美人的素手光洁如玉,皓腕与金环相映生辉,头上金钗映照,腰间玉佩琅玕,她罗衣飘飘,轻裾飞扬,顾盼神飞,气质如兰,令观之者息驾忘餐,沉醉痴迷。当然,在曹植笔下,这位容貌、气质俱佳的"美人"已经具有了一定的象征意义,诗人在其身上寄寓了自身的美好品质与身世之悲。

前代诗歌中对女性描写的另一方向是对女性与男性交往过程中内心情感的关注和细腻表现。与前一倾向相比,这一类诗歌往往具有较深层的意蕴,体现了中国古典诗歌的抒情传统。《诗经》中《邶风·静女》、《召南·野有死麕》、《郑风·子衿》、《郑风·将仲子》、《卫风·伯兮》等篇都有这方面的描写。《野有死麕》一诗中说:"野有死麕,白茅包之。有女怀春,吉士诱之。林有朴樕,野有死鹿。白茅纯束,有女如玉。舒而脱脱兮,无感我帨兮,无使尨也吠。"诗中描写了一位男子与他追求的女子幽会的情景,也表现出男女交往过程中怀春少女的真实情感和坦率而大胆的个性。《郑风·子衿》说:

> 青青子衿,悠悠我心。纵我不往,子宁不嗣音。青青子佩,悠悠我思。纵我不往,子宁不来。挑兮达兮,在城阙兮。一日不见,如三月兮。

诗中将一位女子在城楼上久候她的恋人而恋人不至时内心的惆怅与幽怨写得十分真实。再如《郑风·将仲子》写女主人公的内心独白:"将仲子兮,无逾我里!无折我树杞!岂敢爱之,畏我父母。仲可怀也,父母之言,亦可畏也。"写出了女子在家庭的礼教束缚和与爱人自由恋爱之间纠缠不清的矛盾。《卫风·伯兮》中说:"自伯之东,首如飞蓬。岂无膏沐,谁适为容?"表现出女子与爱人离别后的孤独与思念。在《诗经》中,也有些作品表现了女子被爱人抛弃后内心的痛苦和哀怨,这类诗歌往往抒情色彩更浓,内心的情感表现更为细致。如《卫风·氓》、《邶风·谷风》等诗。《卫风·氓》以一位女子的口吻述说了他与丈夫相恋的经过,也表现出两个人感情变化的过程,抒发了被弃后内心的痛苦与不平。诗中说:"及尔偕老,老使我怨。淇则有岸,隰则有泮。总角之宴,言笑晏晏。信誓旦旦,不思其反。反是不思,亦已焉哉!"

这种对男女交往过程中女子内心情感的表现在汉魏诗歌中依然有一定数量。如繁钦《定情诗》:

> 我出东门游,邂逅承清尘。思君即幽房,侍寝执衣巾。时无桑中契,迫此路侧人。我即媚君姿,君亦悦我颜。何以致拳拳?绾臂双金环。何以致殷勤?约指一双银。何以致区区?耳中双

明珠。何以致叩叩?香囊系肘后。何以致契阔?绕腕双跳脱。何以结恩情?佩玉缀罗缨。何以结中心?素缕连双针。何以结相于?金薄画搔头。何以慰别离?耳后瑇瑁钗。何以答欢悦?纨素三条裙。何以结愁悲?白绢双中衣。与我期何所?乃期东山隅。日旰兮不至,谷风吹我襦。远望无所见,涕泣起踌躇。与我期何所?乃期山南阳。日中兮不来,飘风吹我裳。逍遥莫谁睹,望君愁我肠。与我期何所,乃期西山侧。日夕兮不来,踯躅长叹息。远望凉风至,俯仰正衣服。与我期何所?乃期山北岑。日暮兮不来,凄风吹我衿。望君不能坐,悲苦愁我心。爱身以何为?惜我华色时。中情既款款,然后克密期。褰衣蹑茂草,谓君不我欺。厕此丑陋质,徙倚无所之。自伤失所欲,泪下如连丝。

《乐府解题》中说:"《定情诗》,汉繁钦所作也。言妇人不能以礼从人,而自相悦媚,乃解衣服玩好致之,以结绸缪之志,若臂环致拳拳,指环致殷勤,耳珠致区区,香囊致扣扣,跳脱致契阔,佩玉结恩情,自以为志而期于山隅、山阳、山西、山北。终而不答,乃自伤悔焉。"[①] 诗中表现了一个曾经大胆追求爱情的女子被遗弃之后内心的无限痛苦,感情色彩十分浓郁。他们曾经因为"我既媚君姿,君亦悦我颜"而相恋,金环、香囊、跳脱、佩玉、瑇瑁钗、纨素裙等这些物品曾是他们爱情的信物,如今虽然这些信物还在,却已物是人非,爱人失约,杳不可寻,所以女主人公"徙倚无所之"、"泪下如连丝"。

此外,如曹植《闺情诗》、徐干《情诗》、傅玄《明月篇》、张华《情诗》之二、陆云《为顾彦先赠妇往返诗四首》、孙绰《情人碧玉歌》等,这些诗歌多表现女性对爱人的坚贞与思念以及她们对男性的情感期待。如"衿怀拥虚景,轻衾覆空床。居欢惜夜促,在蹙怨宵长。抚枕独吟叹,绵绵心内伤。"(张华《情诗》)"玉颜盛有时,秀色随年衰。常恐新

---

① (宋)郭茂倩编:《乐府诗集》卷七六,北京:中华书局1979年版,1076页。

间旧,变故兴细微。浮萍无根本,非水将何依?"(傅玄《明月篇》)

诗歌中对女性外貌的描写与对内心情感的表现很多时候是不能截然分开的,而且,这两个方向都是诗人以男性的立场和眼光来描写女性,表现出了他们对女性的审美期待或审美取向,而这些其实未必就是女性的真实状态。

二、前代赋体作品中对女性美的描摹

与诗歌对女性的描摹和情感表现多用兴或比的手法不同,赋体文学中对女性美的描写往往更为直接且铺陈详尽。其中,宋玉是一位从楚辞到赋嬗变过程中的过渡人物。他的楚辞作品,体现出后世赋体文学的某些特征,而在题材内容方面,对美色的描写显得肆无忌惮,对后代艳情文学作品产生了重要影响。如绪论部分所引《招魂》一段中,把欣赏女乐作为帝王享乐生活的一部分加以描写,淋漓尽致地展示了女性美。那些新歌乐曲令人陶醉痴迷,那些微醉的美人,朱颜皓齿,明眸善睐,服饰艳丽,长发曼鬋,对男性更是具有极大的诱惑力,因而作品中借以招楚王的生魂。再如楚辞《大招》中的一段,更是对美女的令人心醉神迷表现得淋漓尽致:

> 嫮目宜笑,娥眉曼只。容则秀雅,稚朱颜只。魂乎归来,静以安只。姱修滂浩,丽以佳只。曾颊倚耳,曲眉规只。滂心绰态,姣丽施只。小腰秀颈,若鲜卑只。魂乎归来,思怨移只。易中利心,以动作只。粉白黛黑,施芳泽只。长袂拂面,善留客只。魂乎归来,以娱昔只。青色直眉,美目媔只。靥辅奇牙,宜笑嘕只。丰肉微骨,体便娟只。魂乎归来,恣所便只。

这些美女最让人心动的是眉目传情,嫮目巧笑,她们娇媚而善于诱惑人。

《招魂》、《大招》是借助招魂这一巫术仪式来描写女性之美,所写均为人间的舞女歌妓,是某一类特殊身份的女子。如康正果先生所说:"只有在那些只与男人建立纯粹的男女关系,而非人伦关系的女人身上,特别是歌妓舞女的身上,才有可能培养出一种专供男人玩赏的美色。她们是一群尤物,集色艺于一身,经过专业的训练,她们在自己身上发展出一种造做和雕饰的体态和神态。"① 而《高唐赋》与《神女赋》中对女性美与艳情的描写则是另一类型,她们是非现实世界中的神女,可以不受人世间传统道德观念的约束,放肆而大胆地表达着自己的爱意并"自荐枕席",因而也成为后世文人心中永恒的向往和描写女性时必不可少的参照,由此构筑起种种和艳情与美色相关的典故,让后人在描写时可以信手拈来并躲避道德的谴责。宋玉在《高唐赋序》中说:

> 昔者楚襄王与宋玉游于云梦之台,望高唐之观。其上独有云气,崒兮直上,忽兮改容,须臾之间,变化无穷。王问玉曰:"此何气也?"玉对曰:"所谓朝云者也。"王曰:"何谓朝云?"玉曰:"昔者先王尝游高唐,怠而昼寝,梦见一妇人曰:'妾巫山之女也,为高唐之客。闻君游高唐,原荐枕席。'王因幸之。去而辞曰:'妾在巫山之阳,高丘之阻,旦为朝云,暮为行雨。朝朝暮暮,阳台之下。'旦朝视之如言,故为立庙,号曰'朝云'"。

这段文字描写出的高唐神女的特点在于:其一,美丽多情,飘忽不定,须臾之间变化无穷,旦为朝云,暮为行雨,具有一种缥缈、隐约之美,能满足男性对美色的欲望和想象。其二,她自荐枕席,完全不受人间传统道德观念的束缚,可以满足男性的欲望,同时又让怯懦的男人免受人间道德的谴责,不会为之在人世间带来纠葛和麻烦。在封建礼教文化制约下,男女授受不亲,讲究"发乎情,止乎礼义",礼以社会意识的姿态制约着男女之"情"。只有守礼,才可称为君子并赢得普遍的社会认可和尊重,所以,文人在公开场合,在社会生活中,往往要做出一副正人君子模样,不能耽溺沉醉于女子的美色,而其内心却有着种种艳情的欲望和想象。因而这里所提到的"朝云"、"云雨"、"行

---

① 康正果著:《风骚与艳情》,上海:上海文艺出版社,2001年版,第82页。

云"、"巫山"等语汇也成为后世文人在描写女性和表现艳情时现成的词汇和典故。宋玉的《神女赋》又写神女之姣丽:

> 貌丰盈以庄姝兮,苞温润之玉颜。眸子炯其精朗兮,瞭多美而可观。眉联娟以蛾扬兮,朱唇的其若丹。素质干之酽实兮,志解泰而体闲。既姽婳于幽静兮,又婆娑乎人间。

和舞女、神女这些具有极大的诱惑力的女子相似,宋玉的《登徒子好色赋》描写的世俗世界中的美女也具有极大的诱惑力。事情的起因是登徒子诽谤宋玉好色,而宋玉则在楚王面前替自己辩解,说他家东邻有一个美得达到了极致的女子,勾引他长达三年,而他始终没有产生邪念。在赋中,他极力描写东邻之女的美:

> 天下之佳人莫若楚国,楚国之丽者莫若臣里,臣里之美者莫若臣东家之子。东家之子,增之一分则太长,减之一分则太短;著粉则太白,施朱则太赤。眉如翠羽,肌如白雪,腰如束素,齿如含贝。嫣然一笑,惑阳城,迷下蔡。然此女登墙窥臣三年,至今未许也。

宋玉在作品中强调,东邻之女虽美,可是,她诱惑自己三年,而自己"至今未许也",以此说明自己并非登徒子所诽谤的"好色之徒"。作者在这里极力描写东邻之女的美,是想突出自己实际行为中的不好色。然而,"在写作的过程中,好色的动机总趋于不断暴露。潜意识渗入了他的行文,他愈是用华美的文词润饰他的幻念,好色的愿望愈能得到更多的满足"。① 宋玉对高唐神女和东邻之女的描写,也成为后世艳情文学作品的原型,不断地被其他文人重复敷衍。而此后,文人们在赋作中铺陈女子的形貌之美及其在男女交往过程中对男性的诱惑亦成为一种常见的题材。魏晋时期的赋作便喜欢就宋玉赋中

---

① 康正果著:《风骚与艳情》,上海:上海文艺出版社,2001年版,第85页。

"旦为朝云,暮为行雨"的神女形象进行敷衍演绎,围绕着这一题目继续发挥想象,如王粲、应玚、陈琳、杨修等有《神女赋》,曹植有《洛神赋》,阮籍有《清思赋》等等,而最典型的作品是曹植的《洛神赋》:

>其形也,翩若惊鸿,婉若游龙。荣曜秋菊,华茂春松。仿佛兮若轻云之蔽月,飘飖兮若流风之回雪。远而望之,皎若太阳升朝霞;迫而察之,灼若芙蕖出渌波。秾纤得中,修短合度。肩若削成,腰如约素。延颈秀项,皓质呈露。芳泽无加,铅华弗御。云髻峨峨,修眉联娟。丹唇外朗,皓齿内鲜。明眸善睐,辅靥承权。瑰姿艳逸,仪静体闲。柔情绰态,媚于语言。奇服旷世,骨像应图。披罗衣之璀粲兮,珥瑶碧之华琚。戴金翠之首饰,缀明珠以耀躯。践远游之文履,曳雾绡之轻裾。微幽兰之芳蔼兮,步踟蹰于山隅。

洛水女神宓妃的形象不仅有具体的描写——"秾纤得中,修短合度。肩若削成,腰如约素。延颈秀项,云髻修眉。丹唇皓齿,明眸善睐",而且妆饰华丽非凡,光彩夺目。其形象缥缈而灵动,如轻云蔽月,流风回雪。其美令人无限遐想。此赋显然继承了宋玉《高唐赋》而又有所超越。而另一方面,如"东家之子"一般的人间世俗世界中的美女也依旧在吸引文人的目光。如蔡邕《青衣赋》:

>金生砂砾,珠出蚌泥。叹兹窈窕,产于卑微。盼倩淑丽,皓齿蛾眉。玄发光润,领如蝤蛴。纵横接发,叶如低葵。修长冉冉,硕人其颀。绮袖丹裳,蹑蹈丝扉。盘珊蹴蹀,坐起低昂。和畅善笑,动杨朱唇。都冶斌媚,卓跞多姿。精慧小心,趋事若飞。中馈裁割,莫能双追。

赋中详细铺陈描写一位奴婢的美貌,她虽生于卑微,但盼倩淑丽,光彩照人。和神女相比,她少了几分超逸脱俗和缥缈灵动之气,但更加真实,具有日常化的色彩。

此后,具有艳情色彩的赋作在文人笔下不断涌出,如王粲《闲邪赋》、应玚《正情赋》、曹植《感婚赋》《静思赋》、阮瑀《止欲赋》、张华《咏怀赋》、陶渊明《闲情赋》等。

三、古代诗赋中的"美人"意象及其蕴涵

由前代诗赋中大量对美人的描写而产生了"美人"这一意象。在《诗经》中,就有"匪女之为美,美人之贻"(《静女》)、"彼美淑姬,可与晤歌"(《东门之池》)、"彼美孟姜,洵美且都"、"有美一人,清扬婉兮"(《野有蔓草》)、"有美一人,伤如之何"(《泽陂》)等句子。在这些诗句中,"美人"多指美的女子。"美人"一词真正大量出现则是在楚辞里,《离骚》、《九章》、《九歌》等作中都有大量"美人"意象,并逐渐形成了中国古典诗歌中所谓"香草美人"的抒写传统。如"思美人兮,揽涕而伫眙"(《思美人》),"与美人抽怨兮,并日夜而无正"(《抽思》),"美人既醉,朱颜酡些"(《招魂》),"望美人兮未来,临风怳兮浩歌"(《少司命》),"惟草木之零落兮,恐美人之迟暮"(《离骚》)。在楚辞中,"美人"这一词汇所蕴涵的意义已不单单是指姿容艳丽的美女,更多的时候,她往往与兰、蕙等香草一起具有了象征性含义。诗人在诗中或用美人指君王,或以"美人"自比。当诗人以"美人"比喻君王时,这一君王形象往往充满了理想化的色彩,而诗人则充满了对君臣遇合的期待。当诗人以"美人"自比时,往往意味着品格的高洁、志向的高远和才能的出众,同时内心含有因君主的疏远和其他人排挤而产生的哀怨情绪,如:"众女嫉余之蛾眉兮,谣诼谓余以善淫"(屈原《离骚》);诗人也像美人担心年华老去、红颜易逝一样,担心岁月蹉跎,人生价值无法实现,如:"惟草木之零落兮,恐美人之迟暮"(《离骚》);诗人也喜欢以兰、蕙、荪等香草与美人相伴,比喻芳馨、高洁的品格。所以,王逸在《离骚经章句》中说:"《离骚》之文,依《诗》取兴,引类譬谕。故善鸟香草,以配忠贞;恶禽臭物,以比谗佞;灵修美人,以媲于君;宓妃佚

女,以譬贤臣;虬龙鸾凤,以托君子;飘风云霓,以为小人。"①可以说,屈原"依诗取兴,引类譬喻",是"继承《诗经》的比兴传统,把起兴和比拟这种较为单纯的表现方法发展为融进了诗人审美情趣、价值取向和伦理意义的文学意象",②从而使"美人"不再单纯指美丽妖艳的女子,而多了层象征意蕴,多了层政治伦理内涵,因而多被文人用来表现自身的政治失意和怀才不遇。

在汉魏晋时代的诗歌中,这种具有寓托意义的"美人"和作为人间美女含义的"美人"都有一定数量。前者如"南国有佳人,容华若桃李"(曹植《采诗六首》其四)。后者如"北方有佳人,绝世而独立。一顾倾人城,再顾倾人国"(李延年《歌诗一首》),"美人一何丽,颜若芙蓉花"(傅玄《美女篇》),"君子从远役,佳人守茕独"(张溥《杂诗》)。

在南朝诗歌尤其是宫体诗中,作为人间美女这一含义的"美人"意象更是大量地出现在诗人笔下,如庾肩吾《咏美人看画》、《咏美人看花应令诗》、《咏美人》,费昶《春郊见美人诗》,萧纲《伤美人诗》、《美人晨妆诗》、《咏美人看花诗》,刘孝绰《为人赠美人诗》、《看美人摘葛薇诗》、《遥见美人采荷诗》,沈约《梦见美人诗》,何逊《梦中见美人诗》,姚番《代陈庆之美人为咏诗》等。

四、宫体诗:后世艳诗的参照坐标

南朝宫体诗是唐代文人写作艳诗的直接参照坐标。对于宫体诗,史料中多有记述。《梁书·简文帝纪》载:"(简文帝)雅好题诗,其序云:'余七岁有诗癖,长而不倦。'然伤于轻艳,当时号曰'宫体'。"③《梁书·徐摛传》亦载:"(徐摛)属文好为新变,不拘旧体。……摛文

---

① (宋)洪兴祖撰,白化文等点校:《楚辞补注》,北京:中华书局1983年版,2~3页。
② 石观海著:《宫体诗派研究》,武汉:武汉大学出版社,2003年,第37~38页。
③ (唐)姚思廉撰:《梁书》卷四,北京:中华书局,1973年版,第109页。

体既别,春坊尽学之,'宫体'之号,自斯而起。"①刘肃《大唐新语》则说:"梁简文帝为太子,好作艳诗,境内化之,浸以成俗,谓之宫体。晚年改作,追之不及,乃令徐陵撰《玉台集》,以大其体。"②杜确《岑嘉州诗序》说:"梁简文帝及庾肩吾之属,始为轻浮绮靡之辞,名曰宫体。自后沿袭,务为妖艳。"③这些艳诗后来被徐陵编为《玉台新咏》。徐陵在序中说:

> 但往世名篇,当今巧制,分诸麟阁,散在鸿都。不及篇章,无由披览。于是然脂暝写,弄墨晨书,撰录艳歌,凡为十卷。曾无忝于《雅》、《颂》,亦靡滥于风人,泾渭之间,若斯而已。于是,丽以金箱,装之宝轴。三台妙迹,龙伸蠖屈之书;五色花笺,河北胶东之纸。高楼红粉,仍定鱼鲁之文;辟恶生香,聊防羽陵之蠹。灵飞太甲,高擅玉函;《鸿烈》仙方,长推丹枕。④

徐陵明确指出《玉台新咏》是"撰录艳歌",同时也表明选诗标准是"篇中字句有涉闺帏者"。⑤

宫体诗把女性和闺房世界作为描写的主要内容,并借助一些新巧的构思和绮丽雕琢的词语,以游戏和谐谑的口吻吟咏男女恋情和女性的姿容体态。宫体诗的咏物色彩比言情色彩更浓。它把女子的美色及与闺房世界相联的一切,包括女子的相思、哀怨,她们捣衣、织布的动作,她们的愁眉等等,都加以物化而成为咏的对象,并在对这

---

① (唐)姚思廉撰:《梁书》卷三〇,北京:中华书局,1973年版,第446~447页。
② (唐)刘肃撰,许德楠、李鼎霞点校:《大唐新语》,北京:中华书局,1984年版,第42页。
③ (唐)岑参撰,廖立笺注:《岑嘉州诗笺注》,北京:中华书局,2004年版,第1页。
④ (陈)徐陵编,(清)吴兆宜注,程琰删补,穆克宏点校:《玉台新咏笺注》,北京:中华书局,1985年版,第13页。
⑤ (清)纪容舒撰:《玉台新咏考异》卷九,文渊阁四库全书本。

一切的赏玩中获得诗意。从内容看,宫体诗主要包括对女子舞姿、容貌、神情、姿态进行细致描写而近于咏物的诗作和抒发女性的相思愁怨之情的作品。它常常是隔着一段距离静观和赏玩,有时也会流露出一种色情意味,但这种色情也只是一种远观的目光而非亵玩、非直接淫荡的性爱描写。正因为以一种客观的玩赏的眼光和近于游戏的态度来描写女子的搔首弄姿、矫揉造作之态,无论是女子的外在容貌,还是其内心情感都是作为一种客体的"物"展现出来的,是诗人一厢情愿地假想打造出来的单一化、程式化的姿态和情感而缺少丰富的个性化特征,因而它只具有一种表层轻薄的绮丽感伤而不具有深沉浓厚的内蕴,更谈不上对丰富细微的内心情感的刻画了,所以其间的女子也都是诗人审美观照下的缺乏鲜活灵动的生命和丰富个性的苍白虚弱的佳人。

对于这些作品,历来批评指责者颇多,如《隋书》卷三五《经籍志四》集部总序说:"梁简文之在东宫,亦好篇什。清辞巧制,止乎衽席之间;雕琢蔓藻,思极闺闼之内。后生好事,递相放习,朝野纷纷,号为宫体。流宕不已,讫于丧亡。陈氏因之,未能全变。"[1]《隋书》卷七六《文学传序》则说:"梁自大同之后,雅道沦缺,渐乖典则,争驰新巧。简文、湘东,启其淫放;徐陵、庾信,分路扬镳。其意浅而繁,其文匿而彩。词尚轻险,情多哀思。格以延陵之听,盖亦亡国之音乎!"[2]这是从儒家政治教化的观点出发,把宫体诗斥为亡国之音,也说明了宫体诗与传统诗教观的疏离。

尽管宫体艳诗因其浮艳靡弱的风格和种种缺陷而在其后的时代备受指责,但它对后代诗歌产生了重要的影响却是一个不争的事实,这种影响往往包括观念、题材、内容、表现方式等多方面。它开创了一个以诗歌来集中表现女性美的先河。虽然在此之前,在一些诗歌

---

[1] (唐)魏征、令狐德棻撰:《隋书》卷三五,北京:中华书局,1973年版,第1090页。

[2] (唐)魏征、令狐德棻撰:《隋书》卷七六,北京:中华书局,1973年版,第1730页。

和赋作中都不乏对女子美艳容色的描写、夸饰,但真正在诗歌中大量集中地表现"美人"、"佳人"的外在风情,却是从南朝梁、陈的宫体艳诗开始。其次,南朝宫体诗使诗歌在儒家的风雅兴寄、政治教化的诗学观点之外,向娱情悦性的方向转化,诗歌的表现方式更趋自由,在描写女性容色之美方面采用的表现方法也更加丰富和多样,从而使女性逐渐从"香草美人"式的寓托中解脱出来而回归了女性自身。在中国文学中,由屈原开创的香草美人式的寓托传统使"美人"往往背负了更多的政治上的蕴涵:诗人或者以"美人"(即贤者)自居,表现自己高洁的人格与高远的志向,或者以"美人"指代理想的君王,以求取神女的艰难历程来表达希望求得政治上的君臣遇合的执著意愿;有时"美人"、"佳人"也象征着一种美好的似乎遥不可及的理想。在南朝艳诗中,佳人们彻底脱去了这层寓托的外衣,使描写女性的诗歌在"风骚"传统之外另辟一条艳情化的道路,使诗歌的种类更加丰富。

  在其后的初盛唐乃至中晚唐,艳诗创作往往都体现出某种程度的对南朝宫体艳诗的模仿与继承,作者和评论者在谈到艳诗时,也往往喜欢与南朝宫体艳诗比较。如韩偓《香奁集序》说:"遐思宫体,未降称庾信工文;却诮玉台,何必倩徐陵作序。粗得捧心之态,幸无折齿之惭。"[1]欧阳炯《花间集序》也说:"自南朝之宫体,扇北里之倡风。"[2]可见,无论称颂也好,批评也罢,南朝艳诗毕竟是中国古典诗歌发展中的一个环节,一种存在,它不是最重要的,也并非意味着一座高峰,但它往往是一个参照的坐标。

---

  [1] (唐)韩偓撰,刘复校点:《韩致尧香奁集》,北京:北新书局,1926年版,第73~75页。
  [2] (后蜀)赵崇祚辑,李一氓校:《花间集校》,北京:人民文学出版社,1981年版,第1页。

第二节　初盛唐艳诗概述

一、初唐艳诗：因袭中透露出新气象

初唐时期，齐梁诗风依旧在诗坛上蔓延，其中大量的艳诗作品一方面体现出对南朝宫体诗的因袭，另一方面也体现出对宫体诗的变革，具有新的时代气象，体现出诗歌革新的意识。

唐朝建立之初，以唐太宗为首的宫廷文人集团，对以宫体诗为代表的南朝艳诗抱着一种矛盾的态度，如刘肃的《大唐新语》记载："太宗谓侍臣曰：'朕戏作艳诗。'虞世南便谏曰：'圣作虽工，体制非雅。上之所好，下必随之。此文一行，恐致风靡。而今而后，请不奉诏。'太宗曰：'卿恳诚如此，朕用嘉之。群臣皆若世南，天下何忧不理。'乃赐绢五十匹。"①从中可以看出，唐太宗本人对南朝文学是心向往之的，但是，由于一些大臣的反对，加之出于对国家政治的考虑，又不得不抑制自己的内心喜好。可是，当时的诗人有不少是由陈、隋入唐的，诸如陈叔达、虞世南、李百药等人，他们实际上很难彻底摆脱齐梁诗风的影响，模仿之作仍然很多。据初步统计，现存初唐诗坛的艳诗作品有200余首，而且无论在诗题还是内容及艺术形式方面大都是对梁陈作品的因袭。

初唐艳诗的主题及风格大部分与南朝艳诗相近，突出表现在南朝宫体艳诗中吟咏过的题目也被初唐的诗人们反复吟咏，在表现的内容和情感方面也很相似，已形成模式化的倾向。如乐府体的艳诗，

---

① （唐）刘肃撰，许德楠、李鼎霞点校：《大唐新语》卷三，北京：中华书局，1984年版，第41～42页。

鼓吹曲词《巫山高》有9首,都是吟咏巫山神女与楚襄王之事,敷衍"行云行雨"的艳情神话传说;《怨歌行》、《婕妤怨》、《长信怨》、《长门怨》等题共有11首,都是敷衍汉代班婕妤和陈皇后的故事,渲染其被弃后在深宫中的哀怨凄凉。这种表现后宫佳人的哀怨之情的"宫怨诗"最早可追溯至汉代。汉乐府中保存着一首题为班婕妤所作的《怨歌行》,据《乐府诗集》解释:"汉成帝班婕妤失宠,求供养太后于长信宫,乃作怨诗以自伤,托辞于纨扇云。"①《乐府诗集》中还说:"《乐府解题》曰:《婕妤怨》者,为汉成帝班婕妤作也。婕妤,徐令彪之姑,况之女。美而能文,初为帝所宠爱。后幸赵飞燕姊弟,冠于后宫。婕妤自知见薄,乃退居东宫,作赋及纨扇诗以自伤悼。后人伤之而为《婕妤怨》也。"②陈皇后的故事则与司马相如的《长门赋》有关,据该赋前面的序文所说:

> 孝武帝陈皇后时得幸,颇妒。别在长门宫,愁闷悲思。闻蜀郡成都司马相如天下工为文,奉黄金百斤为相如、文君取酒,因于解悲愁之辞。而相如为文以悟主上,陈皇后复得亲幸。③

后代的文人多喜欢敷衍这两个故事,拟作也很多,如梁代的柳恽、费昶作有《长门怨》,晋代的陆机作有《婕妤怨》,其后,南朝梁元帝、刘孝绰、阴铿等人均有同题之作。南齐的谢朓则根据陆机诗中"寄情在玉阶,托意唯团扇"的句子,又另创了五言绝句体的《玉阶怨》,因为班婕妤后来住在长信宫,所以又有题名为《长信怨》的。总之,"长门"、"长信"已成了失宠宫妃居所的代名词,长期以来以此为题的诗也就形成

---

① (宋)郭茂倩编:《乐府诗集》卷四一,北京:中华书局,1979年版,第610页。

② (宋)郭茂倩编:《乐府诗集》卷四三,北京:中华书局,1979年版,第626页。

③ (汉)司马相如著,金国永校注:《司马相如集校注》,上海:上海古籍出版社,1993年版,第111~112页。

了特定的抒情范式。

汉乐府中有《长安有狭邪行》,此题晋代有人拟作,南朝宋时又有文人取此诗后半部模拟,题名《三妇艳》,成为梁、陈宫体诗人喜作的题目之一。初唐诗人们从此为题,则和宫体诗人们一样在诗中突出"小妇多姿态"。此外,初唐时期还有《铜雀妓》10首,表现曹操死后铜雀台上歌妓的伤感之情;以《昭君怨》、《王昭君》等为题的有15首,均是写昭君出塞时的哀怨及其在胡地对家乡和汉宫的思念之情;《采莲曲》6首、《江南曲》9首,则是描写妆饰艳冶而又"离居不自堪"(宋之问《江南曲》)的采莲女、采桑妇的。总之,这些沿袭乐府旧题的艳诗往往是根据乐府本题的原意进行敷衍想象,内容上与南朝宫体诗相近。

初唐艳诗中还有表现看婚内容的,如杨师道《初宵看婚》、郑世翼《看新婚》、李百药《戏赠潘徐城门迎两新妇》等等。诗中往往写出新娘在新婚之时的神情与心绪,并暗示出男女情爱的主题,如郑世翼《看新婚》中说:"初筹梦桃李,新妆应摽梅。疑逐朝云去,翻随暮雨来。杂珮含风响,丛花隔扇开。"也有一些咏妓、观妓之作,如王绩《辛司法宅观妓》、陈子良《酬萧侍中春园听妓》、宋之问《广州朱长史座观妓》、沈佺期《李员外秦援宅观妓》、张谔《岐王席上咏美人》等。诗中对"妓"是隔着一段距离观赏其容貌、舞姿,诗人与"妓"之间没有太多的情感交流。如陈子良《赋得妓》:"流霞席上满,回雪掌中飞。明月临歌扇,行云接舞衣。"沈佺期《李员外秦援宅观妓》:"玉钗翠羽饰,罗袖郁金香。拂黛随时广,挑鬟出意长。嗔歌遥合态,度舞暗成行。"

初唐时期还有较多咏舞诗,实际上亦是对于舞妓表演的观赏之作,描写舞妓之身姿的曼妙动人,如杨师道《咏舞》、萧德言《咏舞》、虞世南《咏舞》等。和南朝宫体诗相比,这些艳诗虽也往往表现男女性爱,但多是用烘托暗示手法而非赤裸直露的描写,以不能实现或可能实现的结合来叙写诗人的内心期待。

此一时期表现闺中之人的相思怨悱之情的作品也依旧是以柔靡的调子吟咏着女性的相思和空闺中的哀怨感伤情怀。诗中的描写往往千篇一律,典型的环境是小庭深院或者雕金镂玉、装饰华丽的幽闺,闺中之人多妆扮艳丽却满面愁容,表情多为相思不语或独自垂泪。如崔液《代春闺》、刘允济《怨情》、徐彦伯《孤烛叹》、徐彦伯《闺怨》《春闺》等。

但初唐艳诗在因袭中仍有为数不多的作品表现出与以往艳诗不同的情感内容和格调,如骆宾王的《艳情代郭氏答卢照邻》和《代女道士王灵妃赠道士李荣》、乔知之的《定情篇》、王勃《河阳桥代窦郎中佳人答杨中舍》、刘希夷《春女行》和《代悲白头翁》、张若虚《春江花月夜》等。这些艳诗在三个方向上实现了对宫体诗的改造和超越。

其一,写实色彩增强,且以强烈的情感贯穿全篇。苏珊·朗格曾说:"艺术品也就是情感的形式,或是能够将内在情感系统地呈现出来以供我们认识的形式。"①但相比较而言,宫体诗中体现出的情感往往是苍白无力、无病呻吟的。骆宾王的两首诗虽仍是以女子口吻代言,表达自己对爱情的坚贞态度和对情人的思念,但与以往多数代言体闺怨诗不同的是,这两首诗中都有明确的抒情主人公和赠与对象,而非泛泛的代闺人抒情,这样就使诗歌创作具有了真实的背景和写实的色彩。诗中所写的内容也非出于赏玩式的无病呻吟,而是有了鲜明的个性特征。诗中虽然用了很多典故,但自始至终以强烈的感情贯穿,深情表达了女主人公对情人的哀怨以及对爱情的执著与思考,一唱三叹,回环往复。如:"莫言贫贱无人重,莫言富贵应须种","情知唾井终无理,情知覆水也难收。不复下山能借问,更向卢家字莫愁。"(《艳情代郭氏答卢照邻》)"想知人意自相寻,果得深心共一心。一心一意无穷已,投漆投胶非足拟。只将羞涩当风流,持此相怜保终始。相怜相念倍相亲,一生一代一双人。不把丹心比玄石,惟将浊水况清尘。"(《代女道士王灵妃赠道士李荣》)这里表现出了对爱情的勇敢追求——"想知人意自相寻",而且,十分重视与情人"果得深心共一心"的两心相通的心灵契合。这两首诗都运用了赋的铺陈手法,或以景物烘托,渲染内心的感情,或直抒胸臆,表达强烈的哀

---

① [美]苏珊·朗格著,滕守尧、朱疆源译:《艺术问题》,北京:中国社会科学出版社,1983年版,第24页。

怨、思念、失望等情绪。

其二,诗中女性形象有了一定的自我意识,有了对男女爱情的较深刻的理性认识和反省。这是不同于南朝宫体诗的一个重要方面。宫体诗中的女性往往只有苍白虚弱、感伤绮丽的外表而缺少内在的生命灵魂,更没有自我意识,她们是男性赏玩目光观照下的产物。而乔知之的《定情篇》以女子的口吻娓娓道来,以叙述的语调表达出对丈夫感情的疑虑,并晓之以理、动之以情地向丈夫陈述身为女子的艰难,希望丈夫"相识莫相违",诗中既有真情的表白,也有理性的思考,既表达了对丈夫的矢志不渝,也表达了对丈夫情感犹疑的委婉谴责。如:"君爱菖蒲花,妾感苦寒竹。菖花多艳姿,寒竹有贞叶。此时妾比君,君心不如妾。"因此,这首诗中的抒情主人公因多了些较深刻的理性认识而给人印象深刻。刘希夷的《春女行》则表现出更浓郁的宇宙生命意识和哲理意味:

> 春女颜如玉,怨歌阳春曲。巫山春树红,沅湘春草绿。自怜妖艳姿,妆成独见时。愁心伴杨柳,春尽乱如丝。目极千余里,悠悠春江水。频想玉关人,愁卧金闺里。尚言春花落,不知秋风起。娇爱犹未终,悲凉从此始。忆昔楚王宫,玉楼妆粉红。纤腰弄明月,长袖舞春风。容华委西山,光阴不可还。桑林变东海,富贵今何在。寄言桃李容,胡为闺阁重。但看楚王墓,唯有数株松。

如果说"容华委西山,光阴不可还"还是由容颜易逝而引起的慨叹,那么,"桑林变东海,富贵今何在。寄言桃李容,胡为闺阁重。但看楚王墓,唯有数株松"这些句子便蕴含了对沧海桑田的人世变化的感慨,这些感慨使前面描写的"自怜妖艳姿,妆成独见时"和"纤腰弄明月,长袖舞春风"的轻艳色彩逐渐淡化而扩展成更深远的人生境界和更理性、更深刻的人生思考。

其三,在艳诗的题材中融入了宇宙人生的哲理意识,从而使爱情获得了超越具体时空的升华。《春江花月夜》这个题目原本是宫体艳诗之题目,所写内容亦是男女恋情,但是在初唐诗人张若虚笔下,显然因融入了关于宇宙人生的哲理而使此诗的境界焕然一新。闻一多先生在《宫体诗的自赎》中曾经给予张若虚这首诗很高的评价,称它具有"更迥绝的宇宙意识!一个更深沉,更寥廓、更宁静的境界!"①而这首诗也因为它蕴含宇宙人生的永恒哲理和一种淡淡的憧憬与悲伤而超越了单纯的男女爱情,其境界更加深沉和宽广而超过了以往的艳诗。如李泽厚先生所说,其中含着"对广大世界、自然美景和自身存在的深切感受和珍视,对自身存在的有限性的无可奈何的感伤、惆怅和留恋","永恒的江山、无限的风月给这些诗人们的,是一种少年式的人生哲理和夹着感伤、怅惘的激励和欢愉"。②可以说,《春江花月夜》是以人生哲理升华了男女恋情,以纯美的意境洗去了艳诗原有的轻薄感伤和俗气。

正是这为数不多的几首优秀之作拓展了艳诗的境界,使初唐时代艳诗在情感与意境方面都进入了一个新的层次,也透露出了一个新的诗歌时代即将到来的消息。

二、盛唐艳诗:意境的深化与拓展

随着陈子昂力倡汉魏风骨,进行诗歌革新,把"刚健不闻、兴寄都绝"的齐梁诗风作为严厉批判的对象,一种新的风骨声律兼备的诗歌理想开始建立起来。唐人殷璠在《河岳英灵集序》中说:"自萧氏以还,尤增矫饰;武德初,微波尚在;贞观末,标格渐高;景云中,颇通远调;开元十五年后,声律风骨始备矣。"③与此相应,盛唐诗歌中描写女性及男女恋情的艳诗相对减少,而让位于山川漫游、边塞征战、友情送别、建功立业、田园隐居等题材。这一时期虽然诗人众多,作品

---

① 闻一多著:《唐诗杂论》,上海:上海古籍出版社,1998年版,第17页。
② 李泽厚著:《美的历程》,天津:天津社会科学院出版社,2003年版,第118页。
③ (唐)殷璠:《河岳英灵集序》,见(唐)元结、殷璠等选《唐人选唐诗》(十种),上海:上海古籍出版社,1958年版,第40页。

数量巨大,但艳诗却较为有限。

六朝及初唐一些具有艳情趣味的艳诗题目,到了盛唐诗人笔下,往往通过写实手法的运用、意境的拓展、哲理思考的增强、女性形象的丰富化等,呈现出崭新的面貌,境界意蕴更为深远阔大,而非单纯的轻薄感伤。

其一,在艳诗中增加其与生活本事的联系,使之具有叙事的真实色彩。这些作品彻底摆脱了宫体诗的绮艳轻薄、情感纤弱的弊病,而将女子的命运与时世翻覆、朝政变迁结合到一起,体现出了盛唐诗人在诗歌革新方面所作的努力。如崔颢的《邯郸宫人怨》:

> 邯郸陌上三月春,暮行逢见一妇人。自言乡里本燕赵,少小随家西入秦。母兄怜爱无俦侣,五岁名为阿娇女。七岁丰茸好颜色,八岁黠惠能言语。十三兄弟教诗书,十五青楼学歌舞。我家青楼临道傍,纱窗绮幔暗闻香。日暮笙歌君驻马,春日妆梳妾断肠。不用城南使君婿,本求三十侍中郎。何知汉帝好容色,玉辇携登归建章。建章宫殿不知数,万户千门深且长。百堵涂椒接青琐,九华阁道连洞房。水晶帘箔云母扇,琉璃窗牖玳瑁床。岁岁年年奉欢宴,娇贵荣华谁不羡。恩情莫比陈皇后,宠爱全胜赵飞燕。瑶房侍寝世莫知,金屋更衣人不见。谁言一朝复一日,君王弃世市朝变。宫车出葬茂陵田,贱妾独留长信殿。一朝太子升至尊,宫中人事如掌翻。同时侍女见谗毁,后来新人莫敢言。兄弟印绶皆被夺,昔年赏赐不复存。一旦放归旧乡里,乘车垂泪还入门。父母怒我曾富贵,嫁与西舍金王孙。念此翻覆复何道,百年盛衰谁能保。忆昨尚如春日花,悲今已作秋时草。少年去去莫停鞭,人生万事由上天。非我今日独如此,古今歇薄皆共然。

此诗实际上已与以往的宫怨诗不同。它是通过对一个邯郸宫人几十年经历的叙述来感时伤世,感叹盛衰的无常。诗中主要以叙事的口吻来写邯郸宫人一生的经历,从少年时代写起:"五岁名为阿娇女。

七岁丰茸好颜色,八岁點惠能言语。十三兄弟教诗书,十五青楼学歌舞。"接着写被选入宫中,备受恩宠,"岁岁年年奉欢宴"。然而,一旦君王辞世,太子即位,宫中发生了重大的人事变化,她不免遭到谗毁,被放归乡里,被父母"嫁与西舍金王孙"。诗的结尾说:"念此翻覆复何道,百年盛衰谁能保。忆昨尚如春日花,悲今已作秋时草。少年去去莫停鞭,人生万事由上天。非我今日独如此,古今歇薄皆共然。"这是诗人借宫人之口抒发对世事的感慨。人世翻覆,盛衰难测,人生万事都由不得自己,而仿佛由冥冥中的上天所决定。这种难测的命运不只是一个人的,而是古今同理。诗作主旨在这种极富哲理意识的思考与慨叹中得到了升华,它也就与传统的宫怨诗拉开了距离。无论是诗中的叙事手法,还是诗中对人世的更深层思索,都可以使我们看到后来白居易《琵琶行》和杜牧《杜秋娘》诗的影子。

再如李白《怨歌行》一诗,诗前序写道:"长安见内人出嫁,友人令余代为《怨歌行》。"还有一首题为《邯郸才人嫁为厮养卒妇》。这些诗都是面对眼前实事,有感而发,因而对这些事件和佳人的吟咏便与六朝艳诗中以赏玩的态度来吟咏不可同日而语。在《怨歌行》一诗中,"一朝不得意,世事徒为空。鸂鶒换美酒,舞衣罢雕龙"的吟咏既是宫人的内心哀怨,更可见出诗人自己的心声,寄寓了诗人自己仕途失意的不平之感。这些因实事而作的宫怨诗在增加其内容的写实性的同时,也多了真情实感,使诗人更深地融入其中,逐渐与抒情主体合而为一。

其二,在艳情题材中增加了寓托的成分,一定程度上回归香草美人的传统,使诗含有更多讽谕意味,或是抒发内心的愤懑情绪,或将一些普遍的人生哲理的思考带入艳诗中,拓展了诗歌的境界,加深了其内涵,并淡化了"艳"的色彩。如王维的《西施咏》、《洛阳女儿行》,王翰的《飞燕篇》、《古蛾眉怨》,李白的《远别离》、《长相思》等作。王维的《西施咏》对西施这一历史上的女子进行吟咏,抒发了诗人对"君宠益娇态,君怜无是非"的感慨。而《洛阳女儿行》一诗则以浓墨重彩铺陈叙述洛阳女儿奢华的生活:"罗帏送上七香车,宝扇迎归九华帐。""自怜碧玉亲教舞,不惜珊瑚持与人。""戏罢曾无理曲时,妆成只是薰香坐。"而诗的结尾两句忽然写道:"谁怜越女颜如玉,贫贱江头自浣纱。"以越女的"自浣纱"与洛阳女儿的浮华生活形成鲜明对比,其中含着对"贫贱越女"的同情,亦不无以越女自况的意味,含着几许自伤,艳情题材在此发生了转化。再如王翰的《飞燕篇》,诗中前半部分写到了赵飞燕的"专荣固宠昭阳殿"、"经妆宝镜珊瑚台,青琐银簧云母扇"的生活,但诗作的主旨则是"明明天子咸戒之,赫赫宗周褒姒灭。古来贤圣叹狐裘,一国荒淫万国羞",流露出来的是红颜祸国的意识,希望君王引以为戒。尽管这种观念实际上是把亡国的责任强加在女性头上,但毫无疑问,这样的讽谕意味使一个本来充满艳情色彩的题目或者说本来容易写成艳情主题的内容发生了转化,成了一首反映重大主题、充满讽谕意味的诗。同样,李白的《长相思》、《远别离》二诗亦具有这样的特点。《远别离》一诗中"君失臣兮龙为鱼,权归臣兮鼠变虎"二句含有对当时现实政治的影射,而《长相思》一诗则写道:

  长相思,在长安。络纬秋啼金井阑,微霜凄凄簟色寒。孤灯不明思欲绝,卷帷望月空长叹。美人如花隔云端,上有青冥之高天,下有渌水之波澜。天长路远魂飞苦,梦魂不到关山难。长相思,摧心肝。

这里"如花隔云端"的"美人"很容易使我们联想到屈原笔下作为贤明君主的象征的"美人",因而,诗中的长相思也不无暗喻诗人政治追求和政治失恋的意味。再如《妾薄命》这一乐府诗题在南朝宫体诗中大多是含有自怨自怜的色彩,为情人的无情或自己的被弃而感叹唏嘘,而在盛唐的李白笔下却是另一番情景:

  汉帝宠阿娇,贮之黄金屋。咳唾落九天,随风生珠玉。宠极爱还歇,妒深情却疏。长门一步地,不肯暂回车。雨落不上天,水覆难再收。君情与妾意,各自东西流。昔日芙蓉花,今成断根草。以色事他人,能得几时好?

诗中多了些议论之语,充满了理性的思考,女主人公对自己的命运做进一步的反思,并得出了发人深省的结论——"以色事他人,能得几时好",含意深远,达到了以往的同题艳诗没有达到的深度。即便是在观妓诗中,盛唐诗人也往往会注入自己的思考,注入生命短暂、应及时行乐的意识,从而拓宽了诗的意境,引发人更多的想象和联想。如李白《邯郸南亭观妓》的结尾写道:"平原君安在?科斗生古池。座客三千人,于今知有谁?我辈不作乐,但为后代悲。"

其三,提高传统艳诗题材的艺术表现力,从而使诗歌或深挚感人,或含蓄蕴藉,耐人回味。其中一个重要的表现便是宫怨诗的新发展。

盛唐诗人仍喜欢就陈皇后和班婕妤这两个前代失宠宫妃的故事进行敷衍,抒情手法却更为高妙,多采用更加委婉含蓄的手法,通过意象来包孕内心的感情,使情景交融,含而不露,读来意味深长,情味隽永。如王昌龄的《长信秋词五首》(其三):

奉帚平明金殿开,且将团扇共徘徊。玉颜不及寒鸦色,犹带昭阳日影来。

这首诗中,诗人将宫女美丽的"玉颜"与乌鸦丑陋的样子进行对比,以物的幸运反衬出人的不幸,通过这种强烈的美丑对比和人与物遭到的完全不同的待遇表达了宫女内心的怨愤。与六朝和初唐的同题之作相比,王昌龄的此诗没有一个"怨"字,但表现的哀怨之情却最为强烈。再如王昌龄的《春宫曲》:

昨夜风开露井桃,未央前殿月轮高。平阳歌舞新承宠,帘外春寒赐锦袍。

诗中写了未央宫热闹、欢快、赏赐新人的场面,虽然只写了新人的得宠,然而,我们却可以从中联想到在画面之外有一个满腹愁怨的失宠宫人在。诗中只轻微地透露出一点情意,而没有明白说出,读者却可以沿着这微透的一点情意的引导产生更深的联想。

将感情包孕于景物之中,通过景物的画面来隐约地表达出含义,也是盛唐这类沿袭传统题材的宫怨诗的特点。如李白的《玉阶怨》:

玉阶生白露,夜久侵罗袜。却下水晶帘,玲珑望秋月。

诗前两句写宫女伫立玉阶望月,由于站立时间长久,白露打湿了罗袜;后两句说夜已深了,宫女不得不转身回房,放下水晶帘,但面对玲珑的秋月,依然难以入眠。这首诗纯然写宫人望月之景,然而对君王的盼望与哀怨之情尽在其中,二者浑然一体,在抒情上具有含蕴不尽、情景交融之妙。

总而言之,在这些南朝宫体诗人所钟爱的题目中,盛唐诗人所关注的已不再是诗中女子的美艳,不再赏玩她们的感伤和哀怨,而是由眼前联想到久远的过去和未来,联想到生命的短暂和宇宙的永恒,联想到自身的命运,在美人身上寄托了更多的内涵。同时,艳诗中出现了一些壮美意象,扩大了诗的意境,诗人的一些理性思考也融入其中,从而使意境更深邃和多层次,并淡化了"艳"的色彩。从初唐到盛唐,我们可以看到艳情题材在诗歌中发生转化的轨迹。这些,都体现了初盛唐诗歌革新的实绩。

第二章　中唐艳诗

明代的高棅曾根据唐代社会政治、经济等的变迁把唐诗的发展演变划分成初唐、盛唐、中唐和晚唐四个阶段。很多文学史家认为中唐大致是从代宗大历初(766年)至文宗大和九年(835年),共计七十年。

中唐是一个诗风新变的关键时期,而艳诗的复盛便是新变的表现之一。中唐诗坛艳诗的复盛首先和当时政治时局的改变密切相关。安史之乱是唐代历史上的一个重大事件,虽然唐王朝用八年的时间最终平息了这场叛乱,但国家的财力与人力也被消耗殆尽,而且留下了一系列的问题,盛极一时的大唐王朝从此走向了衰落。安史之乱平定之后,国家并未从困境中摆脱,内忧外患不断。藩镇割据一方,与中央分庭抗礼,朝廷不得不先后与梁崇义、田悦、朱滔、李希烈等作战,消耗了大量的财力。而在朝廷之内,皇帝庸弱无能,宦官的权力越来越大,前有李辅国、程元振,后有鱼朝恩,他们权倾朝野,占据了内廷的许多重要职位,甚至决定大臣的任免,朝中大臣动辄被免官贬谪。德宗时期,宦官专权的局面更加严重,宦官直接控制了神策军的军权,割据的藩镇与专权的宦官相互勾结,使当时的政治更加黑暗腐败,士人们也因此更加灰心失望,苟且偷安,在政治上无所作为,在生活中追求诗酒享乐,悠游卒岁。"长安风俗,自贞元侈于游宴,其后或侈于书法、图画,或侈于博弈,或侈于卜祝,或侈于服食。"[①]对于许多士人来说,既然已无法左右政治局势,那么,人生重要的已不再是兼济天下、建功立业的壮志理想的实现,而是生活中短暂的世俗欲望的满足,空虚的心灵已承载不了那么多的社会责任,只能自我放纵

[①] (唐)李肇撰:《唐国史补》卷下,见《唐国史补　因话录》,上海:上海古籍出版社,1957年版,第60页。

地"今朝有酒今朝醉"。

继德宗之后即位的顺宗,颇想在政治上有所作为。他即位之初就任用王叔文、王伾等进行改革,以期打击藩镇强权,削弱宦官势力。虽然这次史称"永贞革新"的政治改革很快就因宦官和藩镇的联合反对而失败,但它却给中唐的士人们带来了一缕希望的曙光,使人们心头一振。其后即位的宪宗是一个颇有才能和作为的皇帝,其"嗣位之初,读列圣实录,见贞观、开元故事,竦慕不能释卷"①。他即位后曾实行广开言路、亲贤纳谏等措施,任用武元衡、李吉甫、裴洎、李绛、裴度等忠直而有才能的大臣为宰相,在平定藩镇方面尤其显示出了刚明果断的性格和进取的才能,鼓舞了士人的精神。元和二年的讨伐刘辟,元和十二年的平淮西,使士人们看到了王朝中兴的希望。与此相应,元和前期士人们的心态也由大历、贞元时期灰心消沉转而为奋发有为,对政治的热情逐渐高涨,儒家拯物济世、系心民瘼的精神重新得到了发扬。元稹、白居易、韩愈等人皆以刚正不阿、敢于直谏而著称一时,关注现实社会与人生,渴望政治上有所作为成为他们思想中的主导。他们的诗歌也体现出为时、为事而作的功利观念和政治教化功能。

然而,这种局面并没有维持多久,元和后期,宪宗的统治逐渐发生了改变。"宪宗以世难渐平,有侈乐之志"②,他在位的后期,骄矜自满,大兴土木,服食丹药,任用聚敛之人为相,而且在政治上始终无法彻底摆脱宦官的控制。因而,元和中兴只是唐朝历史上短暂的一瞬,"元和士人普遍经历了理想破灭、仕途坎坷的痛苦历程","前途的暗淡、名利的躁动,使士人们欲进不能,欲罢不甘。犹豫、彷徨后,元和士人大都放弃理想,另谋出路:或改变节操,与腐朽势力相互妥协;

---

① (后晋)刘昫撰:《旧唐书》卷一五,北京:中华书局,1975年版,第472页。

② (宋)孙甫撰:《唐史论断》卷下,北京:商务印书馆,1939年版,第51页。

或投身世俗，在享乐中寻求慰藉"。① 事实上，大多数人是在内心的矛盾冲突中最终选择了在世俗享乐中寻求慰藉，这其中典型的代表就是元稹和白居易。元和五年（810年），元稹因对朝政直言批评而触怒宦官和权臣，在被召回京途中被宦官击伤，宪宗偏袒宦官，将元稹贬往江陵。白居易也因多次直言上书，对政治多所讽谕而遭受排挤，降为京兆府户曹参军。元和十年，极力主张削藩的宰相武元衡被刺客刺杀身亡，白居易第一个上疏请求急速捕贼，却获越职言事的罪名而被贬江州司马。江州之贬使白居易思想发生了很大变化，由兼济天下逐渐转向了独善其身。现实政治的残酷打击促使了士人们的反省，韬光养晦、与世俯仰、明哲保身逐渐成了他们信奉的人生信条，正如白居易在诗中表示的那样："面上灭除忧喜色，胸中消尽是非心"（《咏怀》），"宦途自此心长别，世事从今口不言"（《重题》）。元稹也同样感到了政治理想的幻灭："自从裴公无，吾道甘已矣。白生道亦孤，谗谤销骨髓。"（《感梦》）他们曾经努力追求过的政治理想终于化作了一缕云烟，他们有些许无奈和惋惜，却终究在另一种生活里找到了寄托。而对更多士人来说，政治的黑暗、宦官的专权、奸臣的当道，则增加了他们科举入仕的艰难。孟郊五十岁才登第，且登第后也只授了个溧阳尉的卑微官职；李贺则被以父名"晋肃"须避讳为名，被阻在了进士考试的科场之外，抑郁而终。

政治理想的破灭，使他们转向了向内心探求，抒写心中的幻想与怨愤。这一时期，"时代精神已不在马上，而在闺房；不在世间，而在心境。……不是对人世的征服进取，而是从人世的逃遁退避；不是人物或人格，更不是人的活动、事业，而是人的心情意绪成了艺术和美学的主题"②。所以中唐时期，随着政治形势的改变，诗坛的风貌也发生了相应的改变，而艳诗创作的兴盛正是这种诗风新变的表现之

---

① 赵荣蔚著：《晚唐士风与诗风》，上海：上海古籍出版社，2004年版，第5~6页。

② 李泽厚著：《美的历程》，天津：天津社会科学院出版社，2003年版，第141页。

一。对于中唐艳诗,前人的研究多集中于元、白二人的作品,对于大历、贞元时代的艳诗以及李贺的艳诗研究相对较少,对中唐艳诗创作的总体勾勒也稍显不足。实际上,艳体诗风的复盛在大历、贞元时代即已显现端倪,只不过这一时期的艳诗主要还是对齐梁艳诗的模仿。元和以后,艳体诗的创作呈现出大盛之势,元稹、白居易表现自身狎游及恋情经历的大量艳诗在社会上影响广泛,模仿者甚多。稍后的李贺艳诗则开创了另一种深隐浓丽的风格和创作路数,表现了幽艳世界中的幽艳恋情。此外,王建、张籍等人也以各具特色的作品丰富了中唐艳诗创作领域。

第一节 大历、贞元时代的艳诗

一、对齐梁艳诗的模仿

大历、贞元年间,诗风在某种程度上体现出向浮靡绮丽复归的倾向,元结在《刘侍御月夜宴会序》中说:

> 於戏!文章道丧盖久矣。时之作者,烦杂过多,歌儿舞女,且相喜爱,系之风雅,谁道是邪?诸公尝欲变时俗之淫靡,为后生之规范,今夕岂不能道达情性,成一时之美乎?①

从元结这段话中可以看出当时浮靡诗风的流行程度。这一时期,出现了较多的模仿南朝齐梁诗歌的作品。高仲武评价李嘉祐诗

---

① (唐)元结:《刘侍御月夜宴会序》,见(清)彭定求等编《全唐诗》卷二四一,北京:中华书局,1960年版,第2711~2712页。

"往往涉于齐梁,绮靡婉丽,盖吴均、何逊之敌也"①;又说李希仲"李诗轻靡,华胜于实"。② 辛文房《唐才子传》卷三评价戎昱诗时则说:"然风流绮丽,不亏政化,当时赏音,喧传翰苑,固不诬矣。"③ 当然,这种"涉于齐梁"或者"纤艳语"的作品并不单单指艳体之作,它更多地是指一种造语纤丽、柔靡轻绮的风格,但以轻艳绮丽的语言表现男女恋情和女性的相思怨悱之情是其中一个重要内容。

此一时期艳诗的主题与意象往往因袭齐梁艳诗,主题主要是宫怨、闺怨、歌咏"美人"或歌妓这三类,其中许多艳诗是采用乐府旧题,按照乐府题目所规定的内容抒发女性幽怨的情怀。

这一时期的宫怨诗主要是以"长信怨"、"长门怨"、"婕妤怨"等为题,有近 30 首,如钱起的《长信怨》、皇甫冉的《婕妤怨》、刘方平的《班婕妤》《长信宫》、耿湋的《长门怨》、戴叔伦的《长门怨》、卢纶的《长门怨》。诗中意象也是沿袭南朝以来同类诗中所形成的惯用意象,多极力渲染一种凄清冷落的环境氛围,季节是秋天,秋风、宫漏、寒露、萤火虫等意象经常于诗中出现。秋风阵阵吹来,落叶窸窣飘下,寒露打湿了红兰,一片荒凉,萤火虫明明灭灭地飞着,而佳人独处于空旷清冷的宫殿中,更显凄凉。如:"长信萤来一叶秋,蛾眉泪尽九重幽。"(钱起《长信怨》)失宠佳人所处的凄凉的长信殿或长门宫,总是与得宠之人所住的昭阳宫的热闹形成鲜明对比,那里是一片歌舞之音,欢笑之声:"谁分昭阳夜歌舞,君王玉辇正淹留"(钱起《长信怨》),"人幽在长信,萤出向昭阳"(李益《宫怨》)。"秋扇"也是这类宫怨诗中常出现的意象。班婕妤曾作有一首《怨歌行》:"裁为合欢扇,团团似明月。出入君怀袖,动摇微风发。常恐秋节至,凉风夺炎热。弃捐箧笥中,

---

① (唐)高仲武选:《中兴间气集》卷上,见(唐)元结、殷璠等选《唐人选唐诗》(十种),上海:上海古籍出版社,1958 年版,第 271 页。

② (唐)高仲武选:《中兴间气集》卷上,见(唐)元结、殷璠等选《唐人选唐诗》(十种),上海:上海古籍出版社,1958 年版,第 270 页。

③ (元)辛文房撰,傅璇琮主编:《唐才子传校笺》第一册,北京:中华书局,1987 年版,第 671 页。

恩情中道绝。"自此以后,团扇这一意象便与宫女们的哀怨之情紧密相联。夏季炎热之时可以用它扇风,而秋冷之时便将它弃置不顾,所以秋扇见捐也暗喻了宫女被弃、失宠的意蕴,在南朝艳诗中经常被吟咏。大历时期的诗人们也在宫怨诗中承袭了这一意象,如:"惟当合欢扇,从此箧中藏","明年入怀袖,别是机中诗"(刘方平《班婕妤》)。与"团扇"的因袭意蕴相近,"宫漏"的意象则往往衬托出一种长夜漫漫、孤寂难熬的氛围。宫漏的滴水声单调而绵长,暗示出失宠宫人的彻夜难眠和愁绪的漫漫无期:"似将海水添宫漏,共滴长门一夜长"(李益《宫怨》),"金壶漏尽禁门开,飞燕昭阳侍寝回"(李端《长门怨》),"宫殿沉沉月欲分,昭阳宫漏不堪闻"(刘皂《长门怨》),"秋夜床前蜡烛微,铜壶滴尽晓钟迟"(王建《长门烛》),"紫禁迢迢宫漏鸣,夜深无语独含情"(戴叔伦《宫词》)。

这类敷衍前代主题的宫怨诗中的女性大多充满幽怨,却又是怨而不怒。她们满含眼泪,回忆着旧时得宠的时光,不厌其烦地倾诉着对君王的眷恋,依然希望再次得到君王的宠幸,依然在无尽地等待:"自忆专房宠,曾居第一流"、"空将旧时意,长望凤凰楼"(戴叔伦《长门怨》),"昨夜鸳鸯梦,还陪豹尾游"(郑锡《玉阶怨》)。虽然君王已经毫不顾惜地将她们打入了冷宫,可她们却还在那里执著地表白,希望君王能回心转意:"君王梦里近,宫中河汉高。秋风能再热,团扇不辞劳"(刘方平《长信宫》)。如果君王需要,她们依旧愿意侍奉在君王的身边。总体而言,这种表现内心幽怨情怀的宫怨诗与盛唐时代王昌龄、李白等人的宫怨诗相比,多数作品缺乏艺术表现上的特色和创新之处,没有达到含蓄蕴藉的境界。

这一时期闺怨主题的艳诗有的是用乐府题目,如《巫山高》、《乌栖曲》等,也有的是以《闺怨》、《闺情》等为题,这都是南朝艳诗所常用的题目,如石观海先生所说:"南齐永明诗人范云则以《闺思》诗摆脱了音乐的限制,另辟专门抒写女性闺阁哀怨的'闺怨'一体,随着范云入梁后官职的显赫,文以官显,诗以人贵,其影响大增,模仿'闺怨'体的诗作在当时的诗坛上也蔚然成风。"①可以说,中唐时期的闺怨诗大部分只是表现出一种感伤与哀怨情绪,与南朝艳诗大同小异。

值得注意的是这一时期出现了"玉台体"诗,如权德舆作有《玉台体十二首》。"玉台体"的名称源自徐陵所编《玉台新咏》,据《大唐新语》载,喜作艳诗的梁简文帝萧纲"晚年改作,追之不及,乃令徐陵撰《玉台新咏》,以大其体"②,也就是为他所作的宫体诗张目,并从以往的文学传统中找出根据。但是,在《玉台新咏》编辑、传播的当时并未有"玉台体"这一称谓,这一称谓是在中唐这一时期才出现的,当时和后世的人们大多把它作为一种绮丽纤艳诗风的代表。宋代严羽曾在《沧浪诗话·诗体》中说:"'玉台体':《玉台集》,乃徐陵所序。汉魏六朝之诗皆有之。或者但谓纤艳者为'玉台体',其实则不然。"③可见,在严羽之前,有人认为"玉台体"是一种纤艳之作,严羽才对此提出了批评。

权德舆所作的玉台体艳诗既具有南朝乐府民歌的风致,格调婉转轻快,口语化较强,多为五言四句(第一、二首除外)的绝句体形式,同时又融入了文人艳诗的审美视角,把艳情趣味融入到闺怨主题之中。这实际上正是南朝艳诗作者们常用的手法。诗中把美人描绘得娇羞可人、楚楚可怜,如"婵娟二八正娇羞,日暮相逢南陌头"(《玉台体十二首》其二)、"相逢不肯语,微笑画堂前"(其三)、"破颜君莫怪,娇小不禁羞"(其四)、"罗衣不忍著,羞见绣鸳鸯"(其六),与南朝文人所作的仿乐府体的艳诗在内容和风格上更为相近。试将其中二诗与梁简文帝萧纲的二诗相比较:

---

① 石观海著:《宫体诗派研究》,武汉:武汉大学出版社,2003年版,第178页。

② (唐)刘肃撰,许德楠、李鼎霞点校:《大唐新语》卷三,北京:中华书局,1984年版,第42页。

③ (宋)严羽撰:《沧浪诗话》,见(清)何文焕辑《历代诗话》,北京:中华书局,1981年版,第690页。

> 君去期花时,花时君不至。檐前双燕飞,落妾相思泪。(《玉台体十二首》其七)

> 游子久不返,妾身当何依。日移孤影动,羞睹燕双飞。(萧纲《金闺思二首》其一)

> 空闺灭烛后,罗幌独眠时。泪尽肠欲断,心知人不知。(《玉台体十二首》其八)

> 被空眠数觉,寒重夜风吹。罗帏非海水,那得度前知。(萧纲《杂咏诗》)

二人诗中不仅意象相似,表达的情思也极为相近。诗作不是表现相思之情的多么深挚感人、刻骨铭心,而是将着眼点放在闺中女子思念情人时的那副娇羞落泪或紧锁愁眉的情态上,这种情态在诗人的吟咏中获得了一种病态的美感和诗意。

梁、陈宫体诗中还喜欢表现女性深闺独宿的寂寞和内心欲望的躁动,实际却是男性视角下对女子的性的暗示与期待,即将男性内心的欲望映射于闺中女子身上。权德舆在《玉台体十二首》中也表现了思妇的这一番情思,如"空闺灭烛后,罗幌独眠时"(其八),"莫作经时别,西邻是宋家"(其九),"相思不解说,明月照空床"(《相思曲》),"风动罗帏照独眠"(《秋闺月》)等。

这一时期吟咏歌妓和"美人"的艳诗数量不是很多,多是听歌观舞时即兴所作。如顾况的《王郎中妓席五咏》中分别写了妓人的箜篌、舞、歌、筝等五种技艺。再如顾况的《郑女弹筝歌》、卢纶的《宴席赋得姚美人拍筝歌(美人曾在禁中)》、李端的《听筝》、司空曙的《观妓》等,这些诗中对美人的描写仍未摆脱南朝艳诗中"咏"、"观"的性质,诗人是隔着一段距离来欣赏美人与歌妓的。

二、"复"中有"变"

大历、贞元时代的艳诗虽呈现出对齐梁艳诗的因袭与模仿的痕迹,但这一时期毕竟是唐代历史上的一个转型阶段,文人的观念、心态和时代的审美趣味都在逐渐朝着一个新的方向转移,因而,也有一些作品尽管是沿用汉乐府或南朝艳诗的题目,却因在新的时代下诗人更注重个人化的世俗生活而增加了些情感因素,有些写得较为动人,也使这一时期的艳诗在总体上呈现出一种"承中有变"的趋势。如刘方平的《春怨》在表现上十分细致入微,含蓄蕴藉,深曲委婉:

纱窗日落渐黄昏,金屋无人见泪痕。寂寞空庭春欲晚,梨花满地不开门。

诗中第二句"金屋"用汉武帝小时愿以金屋藏阿娇(陈皇后小名)之典,从而点出了"宫怨"的主题。全诗重叠渲染,反复勾勒,从屋内的黄昏渐临写到屋外的春晚花落,从近处的寂静无人写到远处的庭院空寂、重门深掩,充分烘托出冷清寂寞的境界,把宫人的怨情渲染得无以复加,并以梨花满地象征青春暗逝和美人迟暮的悲感。这种以形象的画面层层渲染的手法十分类似于后来的词。再如李端的《王敬伯歌》:

妾本舟中女,闻君江上琴。君初感妾叹,妾亦感君心。遂出合欢被,同为交颈禽。传杯唯畏浅,接膝犹嫌远。侍婢奏箜篌,女郎歌宛转。宛转怨如何,中庭霜渐多。霜多叶可惜,昨日非今夕。徒结万重欢,终成一宵客。王敬伯,绿水青山从此隔。

诗中"君初感妾叹,妾亦感君心",表现了二人心灵相通、互为知音的感情。因相互赏慕而柔情缱绻,悱恻缠绵,歌舞尽欢。但纵有万般情意,却终究要别离而去,天涯阻隔。"王敬伯,绿水青山从此隔"一句仿佛是女主人公凄婉无望的呼告,令人荡气回肠,也表现出女主人公冲破礼教樊篱,勇敢无畏地追求爱情的勇气,闪耀出理想的光辉。

总之,大历、贞元时代是唐代诗歌向新的审美趣味和观念转变的一个时期,它由表层的向齐梁诗风的复归而实现了深层的对于诗歌的创新,并预示了一个新的诗歌时代的即将到来。

第二节 狎游的追忆与艳情的抒写
——元稹、白居易的艳诗

白居易在《余思未尽加为六韵重答微之》中曾说:"制从长庆辞高古,诗到元和体变新。"[1]元和诗风的新变主要表现为诗派的林立和风格的创新,表现为诗歌多元化的发展趋势。而艳体诗的大量创作也是这一时期诗风变革的一个表现。

一、元稹、白居易的艳情经历及才子习气

元稹和白居易是中唐时期的著名诗人,在当时均被人视为才子。元稹被好友杨巨源称为"风流才子多春思"(杨巨源《崔娘诗》)。白居易《刘白唱和集解》中说:"江南士女语才子者,多云元、白。"[2]才子和普通文人的区别往往在于思想及行事作风上的疏狂、放浪与真性情,更少去顾忌礼教的束缚,所以他们有着丰富的艳情经历。元稹、白居易的艳情经历主要包括两个方面,一方面是与昔日恋人之间的情感纠葛,另一方面是与各种不同的歌舞妓人之间的交往。两者都成为

---

[1] (唐)白居易撰,朱金城笺校:《白居易集笺校》,上海:上海古籍出版社,1988年版,第1532页。

[2] (唐)白居易撰,朱金城笺校:《白居易集笺校》,上海:上海古籍出版社,1988年版,第3711页。

其艳诗表现的内容,并形成了其艳诗不同的情感内蕴和个性特征。

关于元稹与昔日恋人之间的情感纠葛,在其传奇小说《莺莺传》中有详细清楚的记述。《莺莺传》虽然是一部传奇小说,但自宋代以来被众多学者认为是元稹的自叙传性质的作品。最早如宋代赵令畤《侯鲭录》卷五《辨传奇莺莺事》引王铚《传奇辨正》之言:"所谓《传奇》者,盖微之自叙,特假他姓以自避耳。……盖昔人事有悖于义者,多托之鬼神梦寐,或假之他人,或云见他书,后世犹可考也。微之心不自抑,既出之翰墨,姑易其姓氏耳。不然,为人叙事,安能委曲详尽如此。"①

王铚认为《莺莺传》是"微之自叙",这种说法得到了后世众多研究者的认同。南宋刘克庄《后村诗话》中说"莺莺事虽元稹自叙,犹借张生为名"②,肯定了《莺莺传》是元稹自叙。现代的研究者也多承袭这一说法。鲁迅先生在《中国小说史略》中说:"元稹以张生自寓,述其亲历之境。"③陈寅恪先生亦认同此观点:"《莺莺传》为微之自叙之作,其所谓张生即微之之化名,此固无可疑。"④所以,从《莺莺传》中我们可以得知元稹年轻时代的一段深挚恋情。

根据《莺莺传》所述,张生(即元稹)年轻时曾游历蒲地,寓居于普救寺中。当时崔氏母女在归长安途中路过蒲州,也寓居普救寺。崔氏妇,娘家姓郑,是张生的远亲。当时正值将领浑瑊薨,军队发生骚乱,郑氏母女惶骇不知所措,张生因与蒲将有交情,在骚乱中庇护了郑氏母女。郑氏十分感激,骚乱平定后,设宴答谢张生,并在宴席之上让莺莺与张生相见,莺莺"颜色艳异,光辉动人",让张生一见钟情。张生想表达情意,却苦无途径。其后,终于求得莺莺婢女红娘的帮

---

① (宋)赵令畤撰:《侯鲭录》卷五,见《侯鲭录 墨客挥犀 续墨客挥犀》,北京:中华书局,2002年版,第126～127页。
② (宋)刘克庄撰:《后村诗话》前集卷一,北京:中华书局,1983年版,第12页。
③ 鲁迅著:《中国小说史略》,上海:上海古籍出版社,1998年版,第53页。
④ 陈寅恪著:《元白诗笺证稿》,北京:生活·读书·新知三联书店,2001年版,第112页。

助,代为传递《春词》二首,莺莺在回诗中约张生于西厢幽会,可是,张生如约而至之时却遭到她的严辞斥责。数日之后,莺莺主动来与张生幽会,二人柔情缱绻。不久,张生去往长安,与莺莺分别。数月后虽然曾再度返蒲,但不久因科考而回京并作书信一封与莺莺,二人分手。张生与莺莺二人虽然情意相合,但在唐代婚姻极重门第的时代却只能以悲剧收场。元稹最终娶了名重一时的太子宾客韦夏卿之女韦丛为妻,此举在当时得到了很多人的理解和认同,正如文中所说:"时代多许张为善补过者。"可是,在元稹的内心世界当中,这段恋情却始终难以忘怀,用白居易的话来说就是"恼乱君心三十年"(《和微之十七与君别及陇月花枝之咏》),因此他不断地写诗来追忆和怀恋年轻时代的这段恋情。

  与元稹相似,白居易的初恋也以悲剧结束。据王汝弼先生考证,白居易少年时代与邻女湘灵相恋,二人情深意切而终不得不分离:"此邻女绣手锦心,能做很好的针线活计;而且在择配问题上大胆主动,但终于没能和白氏结婚,最合乎情理的推断是:因为她家境贫寒。"①

  同时,元稹和白居易也有丰富的冶游狎邪经历。他们早年一起在长安"寓居同永乐,幽会共平康"(白居易《江南喜逢萧九彻因话长安旧游戏赠五十韵》),"密携掌上乐,偷宿静坊姬"(元稹《酬翰林白学士代书一百韵》),那些歌舞妓多浪漫温柔,与她们的狎游增添了诗人少年得志时的欢乐。白居易在江南任职时,也经常与妓狎游,《南部新书》戊集载:"白乐天任杭州刺史,携妓还洛,后却遣回钱唐。故刘禹锡有诗答曰:'其那钱唐苏小小,忆君泪染石榴裙。'"②除了与官妓、营妓或市井私妓狎游之外,白居易家里也蓄养了多名家妓,据《本事诗》记载:"白尚书姬人樊素,善歌;妓人小蛮,善舞。尝为诗曰:'樱桃樊素口,杨柳小蛮腰。'年既高迈,而小蛮方丰艳,因为杨柳之词以

---

① 王汝弼选:《白居易选集》,上海:上海古籍出版社,1980年版,第190页。

② (宋)钱易撰:《南部新书》,北京:中华书局,1958年版,第66页。

托意。"①此外,白居易还有菱角、谷儿、红绡、紫绡等家妓,宴饮待客之时往往会让家妓出来歌舞娱乐,以侑宾客,"侑食乐悬动,作欢妓席陈"(白居易《郡斋旬日假始命宴呈座客示郡寮》)写的便是令歌妓招待宾客的情景。元稹与歌妓的交往也十分频繁,《尧山堂外纪》载:"玲珑,余杭歌者。乐天作郡日,赋诗与之。时元稹在越州,闻之,重金邀去,月余始还,赠之诗,兼寄乐天云:'休遣玲珑唱我词,我词都是寄君诗。明朝又向江头别,月落潮生是甚时。'"②他与蜀中名妓薛涛之间的交往和诗文酬答曾被传为佳话,据《牧竖闲谈》记载:"元稹以监察使蜀,知有薛涛,难得见,严司空潜知其意,每遣薛往。泊稹登翰林,涛归浣花,造小幅松花笺百余幅题诗献稹,稹寄离体与涛云:'长教碧玉藏深处,总向红笺写自随。'"③与刻骨铭心、让他们难以忘怀的初恋情感相比,与歌妓之间的交往往往只是显示文人的风流情调,至多有一些与歌妓之间的知音相赏之情。

二、元、白艳诗的情感内蕴

清代的袁枚曾说:"且夫诗者由情生者也。有必不可解之情,而后有必不可朽之诗。情所最先,莫如男女。"④元稹和白居易的艳诗能够引起人们的喜爱,在当时影响很大,与其在题材和手法上的创新之处密不可分,更与其情感内蕴有关。这些艳诗真实地表现了诗人自身的情感经历,如张明非在《中唐艳情诗的勃兴》一文中所说:"其中最突出的特点便是他们大多以作者自我为描写对象,真切细腻地

---

① (唐)孟棨撰,李学颖校点:《本事诗》,上海:上海古籍出版社,2000年版,第1245页。
② 《尧山堂外纪》,转引自王书奴著《中国娼妓史》,上海:上海三联书店,1988年版,第89页。
③ 《牧竖闲读》,转引自王书奴著《中国娼妓史》,上海:上海三联书店,1988年版,第88页。
④ (清)袁枚:《答蕺园论诗书》,见(清)袁枚撰、周本淳标校《小仓山房诗文集》卷三〇,上海:上海古籍出版社,1988年版,第1802页。

抒写了自己感情上的悲欢离愁和丰富复杂的心理活动。"①元、白的艳诗不再采用代言体的形式替女性抒发内心的哀怨,也不再采用乐府诗的形式,即以第三人称、客观化的视角来表现,而是直接以第一人称来表现自己的艳情经历。

首先,元、白艳诗表现了诗人自身悲欢离合的情恋感受。

元稹的艳诗与他一生的情爱经历是密切联系在一起的。陈寅恪先生在《元白诗笺证稿》中说:"微之自编诗集,以悼亡诗与艳诗分归两类。其悼亡诗即为元配韦丛而作。其艳诗则多为其少日之情人所谓崔莺莺者而作。"②元稹少时与双文(即莺莺)相恋,却又为了自身仕途而始乱终弃,与高门之女韦丛结婚。但终其一生,初恋情人的形象又始终在他心中时隐时现,不断掀起他感情世界的波澜。元稹艳诗中表现了诗人与情人纯真的爱恋之情和双方的绸缪缱绻、依依难舍之意。《赠双文》、《莺莺诗》、《晓将别》、《白衣裳》等诗都是写与恋人之间的美好恋情的,莺莺形象写得更是娇俏多姿、风流灵动。如《莺莺诗》:

殷红浅碧旧衣裳,取次梳头暗淡妆。夜合带烟笼晓日,牡丹经雨泣残阳。依稀似笑还非笑,仿佛闻香不似香。频动横波娇不语,等闲教见小儿郎。

莺莺的身姿如晨雾笼罩下的夜合花,艳丽曼妙而又含蓄朦胧;其容颜如雨后残阳映照下的牡丹,水珠点点,如泣如怨;其神情则似笑非笑,娇嗔妩媚,又暗含一丝忧伤,充满了风流韵致;其身影飘过之处,仿佛有馨香浮动,沁人心脾。诗作颇为传神地写出了莺莺的韵致和美感,人物的神态宛然逼真,字里行间洋溢着恋情的纯真与美好。

---

① 张明非:《论中唐艳情诗的勃兴》,载《辽宁大学学报》1990年第1期,第10页。

② 陈寅恪著:《元白诗笺证稿》,北京:生活·读书·新知三联书店,2001年版,第84页。

元稹的艳诗中也写出了诗人背弃情人之后的自疚自惭和对情人的深沉怀念以及对失落的爱情的惆怅感伤之情。这些诗作略去了具体的情爱细节和女性的具体外貌而仅以环境来渲染、烘托诗人的心情,因而增添了无限感人的情调。如《梦昔时》:

> 闲窗结幽梦,此梦谁人知?夜半初得处,天明临去时。山川已久隔,云雨两无期。何事来相感,又成新别离。

诗人在梦中又回到了与情人莺莺定情时的情景,然而,别后已是山川阻隔,相见再也无期,二人的爱情已经无可挽回了,梦中相见只能平添无限惆怅,带来更深的痛苦,所以诗人怅然而问"何事来相感",责怪莺莺为何又来到他的梦中,唤起他对往日相恋情景的回忆,并因这回忆而更加痛苦,因为梦醒时又将成为新的别离。元稹抒发自己与莺莺的恋情的艳诗还有《梦游春七十韵》、《恨妆成》、《杂忆五首》、《嘉陵驿二首》等。这些诗真实地表露了诗人在情恋过程中的欢乐与忧愁、惆怅与痛苦、希望与怀念。虽然诗人自身在爱情婚姻的悲剧中扮演了一个自私而又令人哀叹的角色,但他在艳诗中表现的情感却是真实感人的。

白居易的艳诗中也抒写了年轻时代那段刻骨铭心的恋情。虽然二人未能成眷属,但这段感情却始终让白居易难以忘怀。他作了多首诗来表达"两心之外无人知"的暗地相思和"利剑春断连理枝"的离别的痛苦与无奈以及"遥知别后西楼上,应凭栏干独自愁"(《潜别离》)的怀想和惆怅。如《长相思》:

> 九月西风兴,月冷霜华凝。思君秋夜长,一夜魂九升。二月东风来,草拆花心开。思君春日迟,一日肠九回。妾住洛桥北,君住洛桥南。十五即相识,今年二十三。有如女萝草,生在松之侧。蔓短枝苦高,萦回上不得。人言人有愿,愿至天必成。愿作远方兽,步步比肩行。愿作深山木,枝枝连理生。

"一日肠九回",可见思念之深刻。她与恋人十五岁时相识,八年中两心相知,情意缠绵,所以心中希望二人能长相厮守,永不分离,诗的后十句都是在表达内心的这种强烈愿望。

元稹和白居易在婚姻和爱情问题上都是一生处在矛盾之中,在现实中"伦理"扼杀了纯真美好的感情,所以只能在诗篇中去回忆那些与爱人相聚的甜蜜美好瞬间,去咀嚼不能与恋人长相厮守的痛苦。正因为元、白诗中所写都与自身真实的经历相关,所以诗中的情感往往具有较强的感染力,容易引起读者的共鸣。

其次,元、白的艳诗还通过详细铺叙往日风流狎游的种种细节,抒发了对旧游不再的感伤。

这类诗多为叙事长篇。在这些艳诗中,诗人以写实手法细致铺叙情爱过程中的种种细节和女子的姿容体态,充满了感官刺激和香艳色彩。诗中缺少对女性的真挚爱恋,也没有着意于表现诗中之人的内心情感,字里行间渗透着的是才子风流表面下的欲望的放纵,那些极具诱惑力的佳人往往成了供人观赏狎玩的"尤物",所以,这种缺乏情感内涵的风流狎游在多年之后带给人的并非对爱情的内省,而只是人生失意之时一种对自我心灵的抚慰。但因中间隔着一段漫长苍茫的岁月,诗人经历了一些仕途辗转,所以,这香艳趣味中便多了一份对人生的慨叹,含有一丝风流云散的虚无和少年不再的感伤。如白居易的《江南喜逢萧九彻因话长安旧游戏赠五十韵》一诗便是多年以后对"寓居同永乐,幽会共平康"的生活的追忆。开头"忆昔嬉游伴,多陪欢宴场"二句为全诗奠定了一种追忆的基调。全诗先写欢会的环境是绿荫花丛、高墙相连的幽静之所,接着写妓人的妆束、舞姿和从人欢乐、恣情调笑的场面:"时世高梳髻,风流澹作妆。戴花红石竹,帔晕紫槟榔。鬓动悬蝉翼,钗垂小凤行。拂胸轻粉絮,煖手小香囊。选胜移银烛,邀欢举玉觞。炉烟凝麝气,酒色注鹅黄。急管停还奏,繁弦慢更张。雪飞回舞袖,尘起绕歌梁。旧曲翻调笑,新声打义扬。名情推阿轸,巧语许秋娘。风暖春将暮,星回夜未央。宴余添粉黛,坐久换衣裳。"再写夜深留宿与妓人共眠的情景:"结伴归深院,分头入洞房。彩帷开翡翠,罗荐拂鸳鸯。留宿争牵袖,贪眠各占床。绿窗笼水影,红壁背灯光。索镜收花钿,邀人解袴裆。暗娇妆靥笑,私语口脂香。怕听钟声坐,羞明映缦藏。眉残蛾翠浅,鬟解绿云长。"全诗充满了脂粉气息和色欲意味。最后诗人感慨"聚散知无定,忧欢事不常",并写清晨分别的惆怅和别后与友人话旧追忆时的凄凉——"旧游千里外,往事十年强",又回到了现实之中。全诗包含了对冶游狎妓的真实过程的完整细致的叙述,既表现了当时这种艳情给诗人带来的少年的欢笑,也饱含着多年之后诗人对它追忆时的一种恍若隔世的虚幻和人生如梦的感伤。在《代书诗一百韵寄微之》中,白居易同样也回忆了早年的艳情生活:

  征伶皆绝艺,选妓悉名姬。粉黛凝春态,金钿耀水嬉。风流夸坠髻,时世斗啼眉。密坐随欢促,华樽逐胜移。香飘歌袂动,翠落舞钗遗。筹插红螺椀,觥飞白玉卮。打嫌调笑易,饮讶卷波迟。残席喧哗散,归鞍酩酊骑。酡颜乌帽侧,醉袖玉鞭垂。紫陌传钟鼓,红尘塞路歧。

但这种生活终究已经结束了,旧事恍然若梦,而当年被红袖佳人传唱过的诗句带给今日诗人的却是满腹的忧伤与惆怅,就像他在另一首诗中所感叹的那样:"修娥慢脸灯下醉,急管繁弦头上催。六七年前狂烂熳,三千里外思徘徊。"(《忆旧游》)而白居易之所以对往日的这段狎妓冶游生活津津乐道、怀恋不已,"是因为一想起那些甜蜜的游戏,他在长安度过的最得意的日子便闪现在眼前。往日的冶游点缀了少年得志的岁月,回忆冶游并不意味着它就是白居易早年在长安生活的主要内容,它的诗意在于它象征着青春、幸福和欢乐"[①]。在白居易的集中,这样长篇铺叙艳情的作品还有《东南行一百韵》、《和梦游春诗一百韵》等,都是以追忆写实的手法描叙着相似的艳情内容。

---

 ① 康正果著:《风骚与艳情》,上海:上海文艺出版社,2001年版,第230页。

第三,元、白的艳诗中还充满了歌舞场上的风流情调。

元稹、白居易都创作了很多描写与歌妓交往的赠妓诗、嘲妓诗等。白居易有近30首,如《示妓人商玲珑》、《听崔七妓人筝》、《卢侍御小妓乞诗座上留赠》、《清明日观妓舞听客诗》、《问杨琼》、《醉戏诸妓》、《代诸妓赠送周判官》、《看常州柘枝赠贾使君》等;元稹有近10首,如《舞腰》、《代九九》、《李娃行》、《赠柔之》、《筝》、《春词》等。在这些艳诗里,诗人大多与风尘歌妓们肆意调笑,饮酒赏歌赠诗,体现出文人的风流情调。这些作品一般篇幅较短,有不少是歌舞宴席上的即兴之作,往往还具有戏谑、调笑的特征,诗中多描写歌妓舞女的姿容技艺。如白居易的《醉后题李马二妓》:

行摇云鬓花钿节,应似霓裳趁管弦。艳动舞裙浑是火,愁凝歌黛欲生烟。有风纵道能回雪,无水何由忽吐莲。疑是两般心未决,雨中神女月中仙。

诗中只是一种无伤大雅的调侃,是歌舞酒席之上用来助酒兴或活跃气氛的玩笑之言,显示出作诗者的才情和雅兴,写诗之人自然不会融入什么真情,听者也是一笑了之,就像白居易所说的"偶助笑歌嘲阿软"(《微之到通州日授馆未安见尘壁间有数行字读之即仆旧诗其落句云绿水红莲一朵开千花百草无颜色然不知题者何人也微之吟叹不足因缀一章兼录仆诗本同寄省其诗乃是十五年前初及第时赠长安妓人阿软绝句缅思往事杳若梦中怀旧感今因酬长句》)一样。再如:

裙裾旋旋手迢迢,不趁音声自趁娇。未必诸郎知曲误,一时偷眼为回腰。(元稹《舞腰》)

席上争飞使君酒,歌中多唱舍人诗。不知明日休官后,逐我东山去是谁?(白居易《醉戏诸妓》)

这些题妓、赠妓诗既是写给歌妓的,也是写给酒席上的其他文人以博一笑的。总之,它们在总体上流露出的是具有戏谑调侃色彩的风流情调。

　　总之,元、白艳诗真实地记叙了诗人自我的恋情经历,将恋爱过程中的心理感受表现得较为细腻,并融入了一定的内省意识。而在此之前的艳诗创作主要是对齐梁的模仿。在儒家诗教观和封建礼教的束缚下,文人大多不敢直言自己的恋情,所以往往托女子之口,或者采用乐府民歌的形式,或者在题目上冠以"代"、"代人"等字样,但代言体,或代人抒情,终显隔着一层。只有到了元、白,才开始以诗歌来表现自己的各种恋情经历,既包括对初恋情人的美好怀恋与追忆,还包括歌舞场上与歌妓之间的追欢调笑。在这些艳体之作中,诗人们暂时忘却了风雅兴寄的儒家诗教,忘却了"尤物妖人"的红颜祸水之论,或者体验另一种如梦如幻的性爱欢娱,或者在落寞的中年怀恋起年轻时代才子佳人的爱情美梦和青春幸福的美好时光,或者毫不隐讳地叙述自己的狎妓、冶游经历,以写实手法对自己与某个女子的一段艳情细节津津乐道。诗人不厌其烦甚至沾沾自喜地渲染自己近于庸俗的生活、欲望和思想,这种自我画像及其具体表现证实了诗人作为一个平凡的"俗人"的真实存在,这些表现本身便是对诗歌中那些深受礼教束缚、对自己的情感世界讳莫如深的文人形象的反拨。

　　真实、大胆地表现诗人自己的艳情经历,将诗人自我的情思融入到艳体诗中,使主客体在一定程度上融合,摒弃了代言体艳诗中的距离感与隔膜感。有些诗作则发于真情,深挚真切,情感细腻,哀感顽艳,所谓"情致曲尽,入人肝脾"[①]。

三、元、白艳诗的艺术表现

　　元、白艳诗在风格及表现手法上往往表现为或"纤艳不逞"或"风情宛然",这也是非议者与称颂者对其艳诗的不同评价。

　　晚唐的杜牧在《陇西李府君墓志铭》中借李戡之口说:"尝痛自元

---

① (金)王若虚撰:《滹南诗话》卷一,见(清)丁福保辑《历代诗话续编》,北京:中华书局,1983年版,第511页。

和已来有元、白诗者,纤艳不逞,非庄士雅人,多为其所破坏,流于民间,疏于屏壁,子父女母,交口教授,淫言媟语,冬寒夏热,入人肌骨,不可除去。"①客观地来看,在元、白艳诗中确实存在着一些艳诗以写实笔法大段地对性爱细节进行铺陈与细致描写,"纤艳不逞"之说不无道理。所谓纤艳,即是纤细、柔弱、零碎而缺少骨力的意思;"不逞"是为非作歹、扰乱的意思,在其艳诗中具体表现为穷尽性爱的细节,描写得极为细致而又艳俗。如元稹的《会真诗三十韵》:

微月透帘栊,萤光度碧空。遥天初缥缈,低树渐葱茏。龙吹过庭竹,鸾歌拂井桐。罗绡垂薄雾,环珮响轻风。绛节随金母,云心捧玉童。更深人悄悄,晨会雨濛濛。珠莹光文履,花明隐秀龙。瑶钗行彩凤,罗帔掩丹虹。言自瑶华浦,将朝碧帝宫。因游洛城北,偶向宋家东。戏调初微拒,柔情已暗通。低鬟蝉影动,回步玉尘蒙。转面流花雪,登床抱绮丛。鸳鸯交颈舞,翡翠合欢笼。眉黛羞偏聚,朱唇暖更融。气清兰蕊馥,肤润玉肌丰。无力慵移腕,多娇爱敛躬。汗光珠点点,发乱绿葱葱。方喜千年会,俄闻五夜穷。留连时有限,缱绻意难终。慢脸含愁态,芳词誓素衷。赠环明运合,留结表心同。啼粉留清镜,残灯绕暗虫。华光犹苒苒,旭日渐曈曈。乘鹜还归洛,吹箫亦上嵩。衣香犹染麝,枕腻尚残红。幂幂临塘草,飘飘思渚蓬。素琴鸣怨鹤,清汉望归鸿。海阔诚难渡,天高不易冲。行云无处所,萧史在楼中。

诗的开头勾画出幽会的背景环境,并将莺莺比作西王母,她由玉女陪同,带着赤色的仪仗,自仙人居所瑶华浦来,将要到仙宫朝拜青帝。接下来,诗中极力描写二人欢会的情景,以乱发、汗珠等烘托暗示出性爱过程,细腻而香艳,充满了感官的真实体验。诗中基本上是采用叙事写实笔法,侧重叙写情事经过,表现感官的享乐和欲望的满足,

---

① (唐)杜牧撰:《樊川文集》卷九,上海:上海古籍出版社,1978年版,第137页。

而忽略了对人物心灵的关注和刻画,语言上则浅俗流畅,词采华丽。李重华《贞一斋诗说》说:"诗道最忌轻薄,凡浮艳体皆是;加以淫媟,更是末俗秽词,六义所当弃绝也。余每谓元微之、温飞卿不应取法者,为此。"①为了给诗中赤裸裸的性爱描写披上一层雅化的外衣,元稹有时往往借游仙或梦境来写自己与情人的欢会,"会真"的含义即是"遇仙"。而另一首《梦游春》则以梦境来表现,诗中虽是写"梦游春"的情景,但用的完全是写实笔法。诗中先写进入"深洞"中看到的自然景物:清澈的河流,画舫兰篙停于其上,穿过一片桃林,再转过一段两旁都是竹林的曲折小路,接着便来到了楼阁之中,庭院里杂花盛开,鸳鸯戏闹,池水映照着霞影,而楼阁亦是十分精美,且有各种奇玩布置其中。接着诗人写到了佳人,并对她的美细致描摹,从她的身影姿态到她的容貌、发式、装扮、穿着等,一一进行描绘:"身回夜合偏,态敛晨霞聚。睡脸桃破风,汗妆莲委露。丛梳百叶髻,金蹙重台屦。纰软钿头裙,玲珑合欢袴。鲜妍脂粉薄,暗淡衣裳故。最似红牡丹,雨来春欲暮。"(《梦游春》)

在白居易的诗中,这样铺陈描写性爱细节的诗也很多见,多是表现自己的狎妓冶游生活。如《江南喜逢萧九彻因话长安旧游戏赠五十韵》一诗,对每一个场面都进行不厌其烦的细致描写,无论是景物、人物、环境,还是女子的姿态、笑容、动作、神态,都纤毫毕现。诗作是对冶游狎妓的真实过程的完整细致的叙述。

应该说,这种"纤艳不逞"的艳诗与"俗"的一面是紧密联系的,即充满世俗享乐的一面,它与唐传奇中的叙事铺陈手法极为相近,或者说,是传奇对诗的渗透。事实上,艳诗作品也是和传奇作品相结合的。如《会真诗三十韵》、《梦游春》和《莺莺传》相结合,《长恨歌》和陈鸿的《长恨歌传》互相印证。唐传奇中对于歌妓与文人的爱情描写往往极为感人,同时,在叙述的过程中亦注意情节的曲折离奇、引人入胜,人物形象的真实生动,环境细节的真实鲜明。这些手法在艳诗中

---

① (清)李重华撰:《贞一斋诗说》,见(清)丁福保辑《清诗话》,上海:上海古籍出版社,1978年版,第931页。

的运用使诗故事性大为增强,使诗歌追求写实化、通俗化、明朗化的表现效果,面面俱到,意义指向明确,意思表达务尽,而不再追求含蓄的韵致。

当然,单单用"纤艳不逞"并不能概括元、白艳诗的全部风格。元、白有很大一部分艳诗是以小碎篇章运用白描手法来写景言情,即景即情,语句鲜活而情思灵动,写得清新流转、音韵和美,富于音乐性,别有韵味。元稹也叙述了他的诗歌追求的趣味:"常欲得思深语近,韵律调新,属对无差,而风情宛然,而病未能也。"①所谓风情宛然,是指其诗富含风韵情致,令人心旌摇荡,具有一种打动人心的感染力,同时又不直露。白居易曾有诗句"声声丽曲敲寒玉,句句妍辞缀色丝"(白居易《酬微之》),颇能说明元稹这部分艳诗的特色。这些"小碎篇章"的艳诗往往情感细腻,意境朦胧含蓄,摇曳多姿,韵致飞扬,恰如清代的赵翼在《瓯北诗话》中所说:"眼前景,口头语,自能沁人心脾,耐人咀嚼。此元、白较胜于韩、孟。世徒以轻俗訾之,此不知诗者也。"②如元稹的《白衣裳二首》其一:

> 雨湿轻尘隔院香,玉人初著白衣裳。半含惆怅闲看绣,一朵梨花压象床。

在景物的衬托中将莺莺写得极具淡雅素朴之美,并表现出淡淡的惆怅,风调悠扬,颇为动人,比叙事性的长篇之作多了几分神韵。再如《杂忆诗五首》其三:

> 寒轻夜浅绕回廊,不辨花丛暗辨香。忆得双文笼月下,小楼前后捉迷藏。

---

① (唐)元稹:《上令狐相公诗启》,见(唐)元稹撰、冀勤点校《元稹集》卷六〇,北京:中华书局,1982年版,第633页。

② (清)赵翼撰:《瓯北诗话》卷四,见郭绍虞编选、富寿荪校点《清诗话续编》,上海:上海古籍出版社,1983年版,第1173页。

前两句以景物的轻浅朦胧、花影婆娑、暗香怡人来映衬,后两句则写出了情人双文纯真浪漫、美丽无邪的身影、姿态、神情,朦胧的月色给其身姿披上了一层含蓄素雅的轻纱,而"忆得"二字则传达出诗人的怀恋与此时的怅然若失。整首诗有景、有情、有人,全用白描手法而又含有余不尽之意。

要做到含蓄蕴藉、韵味悠长,诗歌本身必须含有内在的感发人心的因素,含有较真挚的感情。杨军说:"元稹是一个性情中人,或浅斟低唱,小碎诗章;或长篇排律,激扬文字,以性情为诗,感于哀乐,直抒胸臆,发而为景辞情语,这才是'元才子'的本义。"①元稹的艳诗中确实有些是景辞情语,"曾经沧海难为水,除却巫山不是云"(《离思五首》)中体现出情感的深挚,"别后相思隔烟水,菖蒲花发五云高"(《寄赠薛涛》)中体现出思念的执著。白居易诗中的短篇之作也有很多是深具情韵、风情宛然的作品,如《岁寒堂诗话》卷上说:"世言白少傅诗格卑,虽诚有之,然亦不可不察也。元、白、张籍诗,皆自陶、阮中出,专以道得人心中事为工,本不应格卑,但其词伤于太尽,遂成冗长卑陋尔。比之吴融、韩偓俳优之词号为格卑,则有间矣。若收敛其词,而少加含蓄,其意味岂复可及也?"②正是这种艺术上的风情宛然、含蓄蕴藉的特点,使元、白艳诗深入人心,受到了广泛欢迎,并为更多的人所模仿,而在此之前的大历、贞元时代,艳诗在表现手法上多沿袭南朝艳诗,创新之处较少,所以元、白艳诗可以说在艳诗创作上具有开拓性的成就。

如果说元、白艳诗的"纤艳不逞"体现出传奇文体对诗歌的渗透,那么,风情宛然则已近词体,这与它经常可以和乐而歌有关。刘熙载

---

① 杨军:《论元稹的文学成就(代前言)》,见(唐)元稹撰、杨军笺注《元稹集编年笺注》,西安:三秦出版社,2002年版,第10页。

② (宋)张戒撰:《岁寒堂诗话》卷上,见(清)丁福保辑《历代诗话续编》,北京:中华书局,1983年版,第459页。

在《词概》中说词"晚唐五代,惟趋婉丽"①,沈义父亦说:"又有直为情赋曲者,尤宜宛转回互可也。"②元、白对音乐有着较深的感悟能力,白居易写有《忆江南》、《长相思》、《浪淘沙》等多首词。他晚年在洛阳经常抚琴、听曲,如《池上篇》所说:"每至池风春,池月秋,水香莲开之旦,露清鹤唳之夕,拂杨石,举陈酒,援崔琴,弹姜《秋思》,颓然自适,不知其他。酒酣琴罢,又命乐童登中岛亭,合奏《霓裳散序》,声随风飘,或凝或散,悠扬于竹烟波月之间者久之。"③所以他们的艳诗也多是筵席之间让歌妓来演唱的。白居易年轻时代写的一首赠歌妓阿软的诗便是"昔教红袖佳人唱"(《微之到通州日援馆未安见尘壁间有数行字读之即仆旧诗其落句云绿水红莲一朵开千花百草无颜色然不知题者何人也微之吟叹不足因缀一章兼录仆诗本同寄省其诗乃是十五年前初及第时赠长安妓人阿软绝句缅思往事杳若梦中怀旧感今因酬长句》),其在《醉戏诸妓》一诗中也说"席上争飞使君酒,歌中多唱舍人诗"。元稹在《重赠》一诗中也说:"休遣玲珑唱我诗,我诗多是别君词。"自注云:"乐人商玲珑能歌,歌予数十诗。"所以这些诗往往都具有音韵和谐婉转的特点也就不足为奇了。

四、元、白对艳诗的矛盾态度

文人对艳情的态度、对艳诗的态度是一定时期文化心理或文学思潮的反映。如徐陵在编《玉台新咏》之时,对"艳歌"是一种肯定和欣赏的态度,他在序中说:"但往世名篇,当今巧制,分诸麟阁,散在鸿都,不藉篇章,无由披览。于是燃脂暝写,弄笔晨书,撰录艳歌,凡为

---

① (清)刘熙载撰:《词概》,见唐圭璋编《词话丛编》,北京:中华书局,1986年版,第3690页。

② (宋)沈义父撰,蔡嵩云笺释:《乐府指迷笺释》,见《词源注乐府指迷笺释》,北京:人民文学出版社,1963年版,第71页。

③ (唐)白居易撰,朱金城笺校:《白居易笺校》卷六九,上海:上海古籍出版社,1988年版,第3706页。

十卷。"①而元、白的艳诗是中唐文化转型时期新的思潮影响下的产物,初盛唐时期的那种英雄情调、浪漫色彩以及文人们的高傲气度已逐渐衰退,元、白等人带着他们的情恋美梦,带着他们所擅长的华美文采沉浸于都市的声色歌乐中,写下了大量的艳情诗篇。可是,当他们真正谈起艳情、谈起这些艳诗的时候,却是一种矛盾态度。一方面,他们对艳诗的写作颇为自得,津津乐道,并以其为人所传诵为荣。白居易曾说:"如今年春游城南时,与足下马上相戏,因各诵新艳小律,不杂他篇。自皇子陂归昭国里,迭吟递唱,不绝声者二十里余,樊、李在傍,无所措口。"②元稹也曾在诗中回忆当年他与白居易的艳诗为人们所欣赏的情景,诗题是《为乐天自勘诗集因思顷年城南醉归马上递唱艳曲十余里不绝长庆初俱以制诰侍宿南郊斋宫夜后偶吟数十篇两掖诸公泊翰林学士三十余人惊起就听逮至卒吏莫不从观群公直至侍从行礼之时不复聚寐予与乐天吟哦竟亦不绝因书于乐天卷后》,字里行间流露出欣喜和自得之情。但另一方面,他们又"犹抱琵琶半遮面",宣称轻视此类诗作。白居易曾将自己的诗作分为讽谕诗、闲适诗、感伤诗、杂律诗四类,感伤诗和杂律诗中有许多是艳体之作,而他在《与元九书》中说:"其余杂律诗,或诱于一时一物,发于一笑一吟,率然成章,非平生所尚者,但以亲朋合散之际,取其释恨佐欢。今铨次之间,未能删去,他时有为我编集斯文者,略之可也。……今仆之诗,人所爱者,悉不过杂律诗与《长恨歌》已下耳。时之所重,仆之所轻。"③对此类诗表示出轻视的态度。元稹《唐故工部员外郎杜君墓系铭并序》云:"陵迟至于梁陈,淫艳、刻饰、佻巧、小碎之词

----

① (陈)徐陵编,(清)吴兆宜注,程琰删补,穆克宏点校:《玉台新咏笺注》,北京:中华书局,1985年版,第13页。
② (唐)白居易:《与元九书》,见(唐)白居易撰、朱金城笺校《白居易集笺校》卷四五,上海:上海古籍出版社,1988年版,第2795页。
③ (唐)白居易撰,朱金城笺校:《白居易集笺校》卷四五,上海:上海古籍出版社,1988年版,第2795页。

剧,又宋齐之所不取也。"①白居易的《和答诗十首序》亦说自己"淫文艳韵,无一字焉"。在元、白的诗中,经常提及的是"风情"。如吴相洲先生所说的:"他们想肯定情爱,但又有所顾忌,于是拈出风情一词,以潇洒玩世的形式出之,使情爱获得了合理的一席之地。"②元、白对艳诗的矛盾态度实际上与他们文学观的矛盾有关,他们受儒家诗教观影响,认为诗歌应该"为君、为臣、为民、为事"而作,应该讽谕现实,具有"裨补教化,泄导人情"的功用,同时又认为诗歌可用来"释恨佐欢"、抒发情性、消遣娱乐。但后一种功能听上去总不如前一种那么堂而皇之。而白居易又是一个不能忘情之人:"予非圣达,不能忘情,又不至于不及情者。事来搅情,情动不可枙。"③所以,他一面创作了大量的艳诗,并以此自得,一面又对艳诗故意表示出轻视和不屑的态度。

元、白对艳诗的矛盾也与他们对女性的矛盾态度有关。一方面,他们把女性看作是美的化身,对许多不幸的女性抱以深切的同情。另一方面,他们又和许多士人一样认为红颜祸国、尤物妖人,应当引以为戒。白居易的友人陈鸿作《长恨歌传》时就曾明白地指出:"乐天因为《长恨歌》,意者不但感其事,亦欲惩尤物、窒乱阶、垂于将来者也。"④白居易本人也曾专作《李夫人》一诗,小序中标明:"鉴嬖惑也。"诗中说:"生亦惑,死亦惑,尤物惑人忘不得。人非木石皆有情,不如不遇倾城色。"他在另一首《古冢狐》的小序中说:"戒艳色也。"诗中写一古冢狐化为一个颜色姣好的妇人,"见者十人八九迷",并生发出"女为狐媚害即深,日长月增溺人心。何况褒妲之色善蛊惑,能丧

---

① (唐)元稹撰,冀勤点校:《元稹集》卷五六,北京:中华书局,1982年版,第600~601页。

② 吴相洲著:《唐诗创作与歌诗传唱关系研究》,北京:北京大学出版社,2004年版,第304页。

③ (唐)白居易:《不能忘情吟序》,(唐)白居易撰、朱金城笺校:《白居易集笺校》卷七一,上海:上海古籍出版社,1988年版,第3810页。

④ (唐)陈鸿撰:《长恨歌传》,见汪辟疆校录《唐人小说》,上海:上海古籍出版社,1978年版,第119页。

人家覆人国"的感叹。这都是从传统的"红颜祸国"的观点来评价女性。

与白居易相似,元稹在《莺莺传》中也有同样的女性观表露出来,其借张生之口说:"大凡物之尤者,未尝不留连于心。是知其非忘情者也。"①这与白居易的"不能忘情"之论如同出于一炉。小说中又说:

> 张曰:"大凡天之所命尤物也,不妖其身,必妖于人。使崔氏子遇合富贵,乘娇宠,不为云为雨,则为蛟为螭,吾不知其变化矣。昔殷之辛,周之幽,据万乘之国,其势甚厚。然而一女子败之,溃其众,屠其身,至今为天下僇笑。予之德不足以胜妖孽,是用忍情。"②

毫无疑问,元、白都既肯定情的价值,同时在思想意识的深处又深受传统的红颜祸水思想的影响,视女性为尤物和妖孽。既然他们对女性是抱着这样一种矛盾态度,那么,对描写女性及男女之情的艳诗既引为自得又表现出不以为然的矛盾态度就可想而知了。

总体而言,元稹、白居易的艳诗作为中唐元和时代艳诗的重要代表,拓展了艳诗的表现领域,抒发了诗人主体内心多方面的情思。此前的大历、贞元时代的艳诗多数都是敷衍南朝艳诗的题目,缺少新意和个性特征,在艺术上取得的成就也较为有限。而到了元、白,则真正开创了一条以诗歌表现诗人内心感情的道路,而且,这种男女恋情也更加多样,体现出文人真实的心理状态,表现出封建士大夫本我的特点,诗中包括了与昔日情人之间剪不断、理还乱的复杂情感,与歌

---

① (唐)元稹撰,冀勤点校:《元稹集》外集卷六补遗六,北京:中华书局,1982年版,第671页。
② (唐)元稹撰,冀勤点校:《元稹集》外集卷六补遗六,北京:中华书局,1982年版,第677页。

妓之间的调笑戏谑等等。在艺术表现上,他们的艳诗也比大历、贞元时代的艳诗大大发展了一步,作品更丰富生动,更有韵致,也更能感发人心,并为其后的艳诗创作树立了典范。从这种意义上来说,元、白的艳诗是诗歌领域的一个重要开创。正如陈寅恪先生在《元白诗笺证稿》中所说:"微之以绝代之才华,抒写男女生死离别悲欢之情感,其哀艳缠绵,不仅在唐人诗中不可多见,而影响及于后来之文学者尤巨。"①

第三节 深隐幽艳的爱情想象
—— 李贺的艳诗

李贺也是中唐时期大量创作艳诗的诗人,他的艳诗体现出与元、白艳诗不同的另一种风格和路数:并非与自己的恋情经历相关,而往往是以乐府体的形式,构造出一个似真似幻、亦实亦虚的世界,想象出神态多姿的女性形象,或者将神与人相糅合,来寄托自己的爱情理想和作为对人生失意的补偿。

一、爱情的两极化表现

李贺的艳诗多用乐府体的形式,与南朝的乐府民歌有着密切的渊源关系。诗中或沿用乐府旧题,或自拟新题,或参照旧题依其本事而又加以变化。他的好友沈亚之在《送李胶秀才诗序》一文中曾说:

---

① 陈寅恪撰:《元白诗笺证稿》,北京:生活·读书·新知三联书店,2001年版,第84页。

"余故友李贺,善择南北朝乐府故词,其所赋亦多怨郁凄艳之巧。"①在具体表现上,其艳诗向两个极致发展。其一是运用乐府体来表现传统的主题,如宫怨、闺怨、描写美人等,这些诗中的女性虽蕴含了诗人的审美理想,但往往没有具体的身份,而是一种泛化的形象,源自于乐府文学传统中承传下来的形象与情思。在这些诗中,诗人往往以代言体的方式,表现女性的相思、幽怨情怀,但与此前的同类作品不同的是,李贺艳诗中表现的感情往往十分强烈,有时甚至近于痴绝。

在现实生活中,爱情常常要面对分离。这种分离对男性来说可能意味着寻找更好的仕途前程,寻找商业上的成功,也会遭遇更多的美人与爱情,而对于闺中女子则往往意味着长久无尽的相思等待,甚至是爱情发生变故,被疏遭弃。李贺在艳诗中借乐府题目展开了他对爱情的思考,抒写了女性爱情失意的心曲。如《有所思》一诗:

> 去年陌上歌离曲,今日君书远游蜀。帘外花开二月风,台前泪滴千行竹。琴心与妾肠,此夜断还续。想君白马悬雕弓,世间何处无春风。君心未肯镇如石,妾颜不久如花红。夜残高碧横长河,河上无梁空白波。西风未起悲龙梭,年年织素攒双蛾。江上迢递无休绝,泪眼看灯乍明灭。自从孤馆深锁窗,桂花几度圆还缺。鸦鸦向晓鸣森木,风过池塘响丛玉。白日萧条梦不成,桥南更问仙人卜。

女主人公去年于陌上与丈夫分离,时至今日,丈夫已远游蜀地,尚未思归。窗外正是二月的繁花烂漫,然而,室内的女主人公却只有终日挥泪,苦痛之情、哀怨之心,无人诉说,只有付之于断断续续的琴声。想到丈夫"白马悬雕弓",一派春风得意,"君心未肯镇如石",不禁更加疑虑担心、痛苦不堪。而自己红颜易老,却只能在深闺中寂寞地等

---

① (唐)沈亚之:《送李胶秀才诗序》,见(清)董诰等编《全唐文》卷七三五,中华书局,1983年版,第7594页。

待,长夜无眠,以泪眼望着忽明忽暗的孤灯,听寒鸦在森林里啼鸣,听轻风拂过池塘,吹动玉饰发出声响。闺中人在失望与绝望中,只有把满腹心事托付给虚无飘渺的"仙人"。

闺中之人的思念总是与对情人一去不归的疑虑与担心相伴随的,与这种担心相比,封侯拜相的功名反倒显得不那么重要了。这种忧郁、疑虑和痛苦弥漫于许多代言体的诗中,所以闺中人往往殷殷嘱咐"封侯早归来,莫作弦上箭"(《休洗红》),并且"珠帷怨卧不成眠,金凤刺衣著体寒,长眉对月斗弯环"(《河南府试十二月词》)。与闺中之人相比,宫女们对爱情的痛苦感受似乎更深,对爱情的渴望和对自由的向往也更为强烈,她们激切地渴望着能离开幽闭的宫廷,重新回到自由的人间。《宫娃歌》对此予以了表现:

> 蜡光高悬照纱空,花房夜捣红守宫。象口吹香毾㲪暖,七星挂城闻漏板。寒入罘罳殿影昏,彩鸾帘额著霜痕。啼蛄吊月钩阑下,屈膝铜铺锁阿甄。梦入家门上沙渚,天河落处长洲路。愿君光明如太阳,放妾骑鱼撇波去。

诗作从切近的感情视角作痴绝想象,表现了宫人的悲哀与痛苦和对自由的向往。据《博物志》记载:"晰蜴或名蝘蜓,以器养之,食以丹砂,体尽赤,所食满七斤,治捣万杵,点女人肢体,终身不灭,惟房室事则灭,故又号守宫。"[①]宫廷里为了让宫女们保持贞节,便将这种"守宫"涂于宫女们的肢体之上。宫女们虽然身处于华丽的宫殿之中,内心却是极度的苦闷和寂寞的,所以她们发出了强烈的心声:"愿君光明如太阳,放妾骑鱼撇波去。"不说乘船而说骑鱼,可见渴望之迫切。

李贺艳诗中对传统主题的表现也包括对美人的描写。这种描写经过诗人的渲染而达到了美的极致,并寄寓了诗人主观的情爱欲望。如《美人梳头歌》:

[①] (唐)李贺著,(清)王琦汇解:《李长吉歌诗王琦汇解》卷二,见《三家评注李长吉歌诗》,上海:上海古籍出版社,1998年版,第83页。

西施晓梦绡帐寒,香鬟堕髻半沉檀。辘轳咿哑转鸣玉,惊起芙蓉睡新足。双鸾开镜秋水光,解鬟临镜立象床。一编香丝云撒地,玉钗落处无声腻。纤手却盘老鸦色,翠滑宝钗簪不得。春风烂漫恼娇慵,十八鬟多无气力。妆成鬓髻欹不斜,云裾数步踏雁沙。背人不语向何处,下阶自折樱桃花。

全诗描写美人晨起梳妆的情景,突出了其娇慵妩媚之态。诗的前四句展示出一幅美人春睡图:清晨,一个美貌的女子侧卧于寒冷的绣帐之中,鬓髻斜堕,半覆枕上;这时外面井边的辘轳声响起,美人也睡足而起。接下来六句便写梳头的情景:美人打开镜奁,眼前的铜镜便如明净的秋水一般映出美人的姿容;她解开发髻立于床前,一头浓密的秀发便如乌云般散落下来,发丝如此细润,以致发梳梳上去柔润无声,美人的纤纤玉手将秀发盘起,而头发柔滑润泽,连宝钗也插不住。诗的最后六句写梳完妆之后的美人娇慵缱绻的神态,更加撩人心魄,她百无聊赖,顾影自怜,只好慵懒地提裙曳裾,走下台阶,折一枝樱桃花自我把玩。"娇慵"、"无气力"显示出诗人对女性一种近于病态的审美。整首诗写得细腻入微,也隐隐地透示出诗人内心欲望的躁动不安。姚文燮认为此诗"状美人之晓妆也,奇藻茜艳,极尽情形,顾盼芳姿,仿佛可见"①。方扶南评此诗:"写幽闺春怨也。结尾'樱桃花'三字才点睛。花至樱桃,好春已尽矣,深闺寂寂,亦复何聊。不著一字,尽得风流。使温、李为之,秾艳应十倍加,然为人羡,不能使人思,不如此画无尽意也。从来艳体,亦当以此居第一流。"②

李贺艳诗表现爱情的另一极致是对艳情的充分想象,运用浪漫手法把生活中的艳情加以充分渲染或变形,如对水乡恋情的极力渲

---

① (唐)李贺著,(清)姚文燮集注:《姚文燮昌谷诗集注》卷四,见《三家评注李长吉歌诗》,上海:上海古籍出版社,1998年版,第276页。
② (唐)李贺著,(清)方扶南批:《方扶南批本李长吉诗集》,见《三家评注李长吉歌诗》,上海:上海古籍出版社,1998年版,第324页。

染与描写。他的诗中往往描绘出一个绮丽缤纷的世界和美好的恋情,这个世界具有想象的虚幻性和秾丽的色彩,女子的旖旎风情装点了诗人的爱情美梦,成为诗人实际生活中政治和爱情失意之后的一种替代补偿,正如陈允吉先生所说:"可察觉其间恒为种种缤纷繁丽的意念所笼罩。诗人苦于现实生活的枯燥窘乏,其神思便飞驰到南朝乐府温馨湿润的故乡。好像他已经听到这儿水波涌动的声响,看到这儿风情绮靡的美景,闻到了洌酒和菱藕的清香;遂而再从大堤、湖中女子绰约丰姿的叙写中,使他获得了某些人生祈愿满足的快慰。"①如《湖中曲》:

长眉越沙采兰若,桂叶水葓春漠漠。横船醉眠白昼闲,渡口梅风歌扇薄。燕钗玉股照青渠,越王娇郎小字书。蜀纸封巾报云鬟,晚漏壶中水淋尽。

长眉少女越过沙滩来采兰若,滩旁的桂树和水葓高低翁密,漠漠成片。当船停泊于渡口之时,少女在梅风中轻轻摇动薄扇,于温暖的阳光中微醉闲眠,或者对着如镜的青渠整理红妆。而正当少女在水边闲憩的时候,有少年郎来,将写着小字的蜀笺裹在巾里,投给少女,邀她在半夜漏尽之时相会。诗中美丽的风光、美丽的景物、美好的恋情,一切都有一种唯美和理想的色彩。再如《江楼曲》:

楼前流水江陵道,鲤鱼风起芙蓉老。晓钗催鬓语南风,抽帆归来一日功。龟吟浦口飞梅雨,竿头酒旗换青苎。萧骚浪白云差池,黄粉油衫寄郎主。新槽酒声苦无力,南湖一顷菱花白。眼前便有千里思,小玉开屏见山色。

诗作是写抒情女主人公对情人的无限思念。楼前的流水一直通向江陵,眼前已是一春又尽,荷叶已经长了很久。自己清晨起来梳妆,对

---

① 陈允吉:《李贺与汉魏六朝乐府》,载《光明日报》2003年10月8日B2。

着南风诉说心中的思念。远方的情人,他要是肯扬帆顺流而归,不过要一天的时间罢了,为什么竟没有回来呢?外面梅雨纷飞,长日不停,市上竿头的酒旗都换成了苎麻的了,江上密云参差,水波荡漾。槽床上酒声滴沥,但是那声音显得那样无力,望着眼前一片平如镜的湖水,心中一片思念,而侍女推开屏风,又看见远处重重叠叠的无限山色,更令人思绪缠绵。全诗是写思念,但这思念却是蕴含于绮丽美好的景物中的,带有一丝温馨和甜美。

将爱情神鬼化也是这种爱情的极致想象的表现特征之一。大量对仙界女子及冥界女子的爱情的想象与描写出现于李贺的艳诗之中,湘妃、弄玉、嫦娥、王母、贝宫夫人、巫山小女、兰香神女及死去的苏小小、李夫人等都以各种不同的形象出现在诗中。李贺往往能在一种浮离了现实的神秘梦幻环境中展现这些女神的鲜活生动,同时又打通了仙、鬼、人三界,使她们在一种新的境界中重新组合,寄托他对爱情的幻想与渴求,如罗宗强先生在《隋唐五代文学思想史》一书中所说:"他似乎不是在追求仙境的逸乐,而是在追求一种受到抑郁的、变态的热烈情爱。"①

李贺的艳诗中,仙界的爱情呈现出多姿多彩的形态:有的一片祥和美好,歌舞升平,无忧无虑,既无衰老,也没有离愁别恨,如"丁丁海女弄金环,雀钗翘揭双翅关"(《贝宫夫人》)。她们可以夜夜狂欢,享受生命的快乐:"为君起唱长相思,帘外严霜皆倒飞。明星料料东方陲,红霞梢出东南涯,陆郎去矣乘斑骓。"(《夜坐吟》)有的于艳丽娴雅中透露出一份执著与孤独,一份生生死死难以排遣的寂寞愁绪,如《神弦别曲》:

> 巫山小女隔云别,春风松花山上发。绿盖独穿香径归,白马花竿前孑孑。蜀江风澹水如罗,堕兰谁泛相经过。南山桂树为君死,云衫浅污红脂花。

---

① 罗宗强著:《隋唐五代文学思想史》,北京:中华书局,1999年版,第291页。

女神隔着云彩告别离去,此时山上的松花正在春风中开放,五彩的旗竿在前面引领着绿色的伞盖穿过飘香的小径;而此时的蜀江风静波平,水纹细得如同纱罗一般,到底是谁泛着水面飘落的兰花从这里经过呢?人们所能看见的,只是山头的丹桂开着红花,直到枯朽,那红花仿佛是女神的衣衫染成的。

相比较而言,鬼界女子的形象显得更缥缈而幽冷,她们执著地追求爱情,长久地期待着,却终究陷入一种绝望,心中充满了无边的寂寞和凄苦,充满了化解不掉的愁绪。如《苏小小墓》:

幽兰露,如啼眼,无物结同心,烟花不堪剪。草如茵,松如盖。风为裳,水为珮。油壁车,夕相待。冷翠烛,劳光彩。西陵下,风吹雨。

生命因爱情而痛苦,即使人已死,这份痛苦依然未能消失。诗从幻想中的世界写起:墓旁兰花上缀着的露珠,仿佛是死者的泪眼。死后一切都已消散,更没有东西可以绾结同心,坟上的烟花也不堪剪来相赠。芳草如茵,青松如盖,小小活着时经常乘坐的车子,傍晚时分一定还在那里等着她。而眼前,鬼火冷冷地发出绿光,森然照着,一阵阵的凄风吹拂着飒飒的冷雨,苏小小的形象也在艳丽中显出一份幽冷。

二、李贺艳诗的艺术表现

首先,李贺的艳诗多构造出一个幽艳的感觉世界,如陆侃如、冯沅君在《中国诗史》中所说的:"李贺呢,其作品大都可以当得起个'艳'字","不过他的'艳'不是'香艳'而是'幽艳'或'古艳',甚且是'怪艳'。"[1]可以说李贺的艳诗的确处处体现出绮丽、唯美的感觉色彩,体现出幽艳深隐的风格特征。

---

[1] 陆侃如、冯沅君著:《中国诗史》,天津:百花文艺出版社,1999年版,第427页。

他的艳诗多喜欢用五彩缤纷、华丽炫目、光艳富贵的意象,具有极强的画面视觉冲击力。诗人十分热衷于对"物"与"景"的刻画,金、银、玉等光彩耀目的意象频繁出现,色彩词的使用尤其多。在他的近40首艳体诗中,"金"出现了19次,"玉"出现了19次,"银"出现了5次;色彩词"红"出现了21次,"翠"、"碧"、"绿"、"青"等近似的色彩词共出现了36次,"白"出现了13次,"粉"出现了6次,其他如"黄"、"紫"等词语也多次出现。这些色彩词所修饰的意象有时很奇异,往往能给人以强烈的感官刺激,如"九山静绿泪花红"(《湘妃》)、"寒鬟斜钗玉艳光"(《洛姝真珠》)、"粉泪凝珠滴红线"(《龙夜吟》)、"颈粉谁怜白"(《汉唐姬饮酒歌》)、"粉窗香咽颓晓云"(《静女春曙曲》)。诗中意象密集而且多种色彩相互映衬,如《江楼曲》一诗中,青色的酒旗与江上的白浪相互映照,色彩鲜明,黄粉油衫的点缀更见斑斓之美,加之满江的芙蓉和一湖白色的菱花,更使画面十分艳丽,给人视觉上的美感。

　　这些艳诗中的词语、意象往往将视觉、触觉、味觉、嗅觉等互相打通,充满了诗人的主观感觉色彩,使诗的意境既充满了密集的缤纷景物,又蕴含着幽幽寒气,缕缕冷香,可以调动起人的多种感官功能,引起多重审美感受。这些诗中表现嗅觉的"香"一词出现了23次,仿佛无物不香,无人不香。装饰华贵的室中散发着缕缕香气:"价重一箧香十株"(《夜来乐》)、"红纱满桂香"(《大堤曲》);外面吹的风是香风:"洛苑香风飞绰绰"(《洛姝真珠》);就连女子的头发也是香发:"香鬟堕髻半沉檀"、"一编香丝云洒地"(《美人梳头歌》);美人的唇也是香唇:"浓蛾叠柳香唇醉"(《洛姝真珠》)。虽然如此之芳香令人沉醉,但表现触觉的"寒"、"冷"、"凉"、"幽"、"湿"等词的频频出现则使诗境的"香"、"艳"与阴冷幽峭相融合,成为凄艳、幽艳。诗人特别喜欢将色彩词与表现触觉的"湿"、"冷"、"重"等词在一句中连用,如:"冷翠烛,劳光彩"(《苏小小墓》)、"旗湿金铃重"(《追赋画江潭苑四首》其四)、"鬟湿杏花烟,玉冷红丝重"(《冯小怜》)、"细露湿团红,寒香解夜醉"(《石城晓》)。"湿"、"重"等词使诗中光芒四射的艳丽色彩和飘逸飞升的芳香气味转为凝滞、沉潜,而"寒"、"冷"、"幽"等词则使原本华丽耀目的意象增添一层暗淡,使色彩由向外张扬转为向内收敛,变得更浓缩更滞重,从而使其由明艳转为幽艳。与此相应,这些诗中还经常使用"烟"这一意象,近40首艳诗中出现了14次,如"烟花不堪剪"(《苏小小墓》)、"鸾裾凤带行烟重"(《洛姝真珠》)、"鬟湿杏花烟"(《冯小怜》)、"柳烟满城曲"(《石城晓》)、"柳结浓烟花带重"(《春怀引》)、"芳林烟树隔"(《汉唐姬饮酒歌》)。烟使人和物的"艳"的色彩仿佛披上了一层轻纱,变得迷离恍惚幽暗。在《兰香神女庙》一诗中,这种幽艳的主观感觉色彩体现得尤其鲜明:

  古春年年在,闲绿摇暖云。松香飞晚华,柳渚含日昏。沙砲落红满,石泉生水芹。幽篁画新粉,蛾绿横晓门。弱蕙不胜露,山秀愁空春。舞珮剪鸾翼,帐带涂轻银。兰桂吹浓香,菱藕长莘莘。看雨逢瑶姬,乘船值江君。吹箫饮酒醉,结绶金丝裙。走天呵白鹿,游水鞭锦鳞。密发虚鬒飞,腻颊凝花匀。团鬟分珠窠,浓眉笼小唇。弄蝶和轻妍,风光怯腰身。深帏金鸭冷,奁镜幽凤尘。踏雾乘风归,撼玉山上门。

诗中用了"绿"、"红"、"金"、"白"多个色彩词及三个"香"字,描写了神女的美艳风姿和容貌,"昏"及两个"暗"字则使整个诗境显得幽深和晦暗不明。

  其次,李贺的艳诗在表现方式上与元、白的以白描手法直接抒情、风格浅俗轻艳不同,不是一般的娱情遣兴,也往往很少有直接抒发内心强烈感情的句子,而是着意于意象的营造和氛围的渲染,以深隐浓丽为特色。李贺的艳诗多以浓艳的笔触铺写环境,展现丽日春光、芳蹊密影、雕金镂玉、深闺绡帐等光艳富丽、色彩纷呈的景物,并在如梦如幻的环境景物的渲染之中隐晦曲折地传达出人物的心绪,展现给读者的是一个个富于色彩感和视觉效果的跳跃性的画面,画面之间缺少逻辑联系,从而使全诗缺少连贯的叙事性,抒情婉曲而幽深。如《春怀引》:

芳蹊密影成花洞,柳结浓烟花带重。蟾蜍碾玉挂明弓,捍拨装金打仙凤。宝枕垂云选春梦,钿合碧寒龙脑冻。阿侯系锦觅周郎,凭仗东风好相送。

全诗仿佛由几个画面组成。第一个画面:繁花似锦,垂柳成荫,一条幽静的小路通向少女的住所。紧接着镜头一转,出现了第二个画面:一弯新月穿过云层高悬于天空,妆饰艳丽的少女独自抱着琵琶弹奏。诗的后半部分写她就寝后春怀缭乱,想在梦中和情人相会,可是宵深夜寒,连盒中的香也被冻结了,梦魂无法远行,只好倚仗东风前来相送。诗中没有直接描写少女的外在容貌,而只是以景物来烘托渲染其心情意绪。此外,《大堤曲》中以"今日菖蒲花,明朝枫树老"表达出女子担心红颜易逝、盼望情郎早日归来的心情,《有所思》则以"夜残高碧横长河,河上无梁空白波"、"鸦鸦向晓鸣森木,风过池塘响丛玉"渲染出女子内心的思念与哀怨。李贺还往往喜用象征暗示的手法来烘托,如《石城晓》:

月落大堤上,女垣栖乌起。细露湿团红,寒香解夜醉。女牛渡天河,柳烟满城曲。上客留断缨,残蛾斗双绿。春帐依微蝉翼罗,横茵突金隐体花。帐前轻絮鹅毛起,欲说春心无所似。

诗的开头是景物描写:月落乌起,微凉的细露打湿了花丛,阵阵寒冷的香气袭来,替人消解掉几分醉意,天上的织女牵牛夜间相会,天亮时分不得不分别再渡过天河,此时可以看到浓绿如烟的柳树遍布于城曲之中。天上星辰的分别暗示出人间情人的分别,幽冷而又绮艳的自然景物描写则暗衬出人物分别时的内心凄凉与孤寂。诗的后半部分"春帐依微蝉翼罗,横茵突金隐体花"则以室内景物陈设的华丽暗示出分别后独处于室内之人的寂寞心绪,这种心绪是无法诉说的,剪不断,理还乱,若有还无,就像帐前如鹅毛般时起时落的柳絮,飘忽不定,变幻难测。整首诗中无一个字直接抒发人物的心情,却于景物的烘托渲染中将其自然地传达了出来。

李贺的艳诗抒情的深隐与其所抒之情有密切的关系。他的艳诗除了表现对爱情的幻想之外,有没有更深的寓意寄托,一直有所争议。杜牧《李贺集序》中说:"时花美女,不足为其色也;荒国陊殿,梗莽丘垅,不足为其恨怨悲愁也;鲸呿鳌掷,牛鬼蛇神,不足为其虚荒诞幻也。盖《骚》之苗裔,理虽不及,辞或过之。"①认为李贺是继承了屈原香草美人的传统,在诗中寄寓了自己人生失意的恨怨悲愁。这种说法显然有一定道理。李贺少年时即"天才奇旷",自视甚高,他认为自己有着唐皇室的血统,是唐诸王孙,并希望得到朝廷的重用而致身通显,建功立业。然而他却出身于一个家道中落、境遇窘迫的家庭。不仅如此,由于出色的才华遭时人嫉妒,竟以他父亲名"晋肃"应当避讳为借口不准他参加科举考试。通过科举步入仕途、显身扬名的道路被堵死了,理想壮志化为泡影,他不得不终年为生计而苦苦奔波,加之身体的孱弱多病,他总是郁郁寡欢,怨愤、焦虑、忧愁、苦闷积于胸中,有时便会借助于文字发泄出来。而爱情上的期待、悲哀与个人身世的凄苦失意原本就是不能截然分开的,二者往往复杂地交织在一起,所以在李贺的艳诗中,那些爱情失意的闺中佳人,那些凄冷孤寂的神女,那些愁怨幽深的宫女,那些"愁容满千里"的歌妓,在她们"长眉凝绿几千年,清凉堪老镜中鸾"(《贝宫夫人》)的无奈中,在"君心未肯镇如石,妾颜不久如花红"(《有所思》)的叹息中实际上也蕴含了诗人自身人生处处不得意的抑郁与愁怨。在《苏小小墓》一诗中,苏小小在凄风苦雨中对爱情的无望等待,既表现了诗人对爱情超越时空、生死而获得永恒的痴迷幻想,同时,也暗含着诗人对自身命运凄苦的无奈之感,仿佛与苏小小同病相怜。

---

① (唐)杜牧撰:《樊川文集》卷一〇,上海:上海古籍出版社,1978年版,第149页。

第四节　痴情怨女的内心哀歌
——张籍、王建等人的艳诗

元和时期,王建、张籍、刘禹锡等诗人也创作了为数不少的艳诗,他们的艳诗大都并非如元稹、白居易的实写自己的恋情经历和内心感受,也非如李贺艳诗那样借乐府的形式寄寓自己的爱情幻想,而是在某种程度上重新体现出对女性现实的关注,在传统的宫怨、闺怨主题中融入了更多的时代内涵和生活真实感。

一、后宫佳人的悲怨哀愁

元和时期,王建创作了《宫词百首》,王涯创作了《宫词三十首》。宫词主要是表现帝王后宫的日常生活。由于生活在后宫的大部分是皇帝的嫔妃和宫女,而她们生活的重心是争得皇帝的宠爱,因而宫词中有一部分作品实际上是表现这些女子的内心哀怨和情恋感受,可以算作艳诗。与传统主题的宫怨诗相比,王建等人的诗中对女性悲剧命运的揭示更具现实眼光。那些宫女妃嫔仿佛不再是处在深宫之中高高在上,而是变得触手可及,她们不再是一个个程式化的形象,而是一喜一怒、哀怨歌哭都显示出了个性化的特征,变得更加真实。诗中意象往往不是对传统主题和意象的因袭,而是具有了更多的时代气息。

唐代后宫庞大,这些宫女多是从民间征入,她们一旦入宫,就失去了自由,只能在宫墙之内度过寂寞的一生。而一些从小在宫中长大的宫女则对外面的世界毫无所知,只能怀着一种好奇的心理向扫地之人询问外面世界的情况:"宫人早起笑相呼,不识阶前扫地夫。乞与金钱争借问,外头还似此间无?"(王建《宫词百首》之六十九)后宫宫禁森严,宫女们彼此之间充满了复杂的斗争,互相勾心斗角,连说话都须小心谨慎,以防惹祸上身。在后宫之中,佳丽三千,皇帝却只有一人,美人们为了争得皇帝的宠爱,不仅要把自己打扮得美丽而与众不同,而且还要抓住机会在皇帝面前表现自己:"圣人生日明朝是,私地教人属内监。自写金花红榜子,前头先进凤凰衫。"(王建《宫词百首》之五十九)为了让皇帝注意自己,特意在他生日之时,私下里嘱咐内监,先向皇帝进上自己的凤凰衫。"春来新插翠云钗,尚著云头踏殿鞋。欲得君王回一顾,争扶玉辇下金阶。"(王建《宫词三十首》之二)妆扮一新的宫人们为了能让君王看上一眼,争着跑下金阶来扶玉辇,微妙的心理中透着外人无法理解的悲哀。未得宠者渴望得到皇帝的恩宠,而受宠者也依然心怀忧疑,害怕随时被皇帝冷落:"欲迎天子看花去,下得金阶却悔行。恐见失恩人旧院,回来忆著五弦声。"(王建《宫词百首》之三十八)可见,"失恩"是宫女们心中一个抹不去的阴影,在这一点上,她们同病相怜。皇帝的恩宠随时都可能失去,这位宫人正是担心自己也会像"失恩人"那样被弃,因而"下得金阶却悔行"。"往来旧院不堪修,近敕宣徽别起楼。闻有美人新进入,六宫未见一时愁。"(王建《宫词百首》之三十九)从前破败的旧院又要重起高楼,听说是有美人新进来,尚未见到美人而六宫中一时间人人愁绪满怀,这是因为新来的美人可能会夺走皇帝的宠爱,使她们倍受冷落。但不管宫人们担忧也好,伤心也罢,皇帝却总是喜新厌旧,她们的失宠,便是不可避免的命运,她们对此无可奈何。"春风帘里旧青娥,无奈新人夺宠何"(王涯《宫词三十首》),失宠者被打入冷宫,与外界幽隔,只能无可奈何地苦笑,昔日曾笑她人失宠,如今自己也成了其中的一员,失宠的宫人只能和历史上的陈皇后、班婕妤一样,在寂寞幽暗的深宫里长夜无眠,泪流不止,度过余生。她们的青春便注定要在这寂寞的深宫里消磨掉,不被人所知。

  得宠的宫女只是少数,更多的人甚至连皇帝的面也未得见而终老宫中,年年月月与世幽隔,外面发生的变化,她们一无所知,她们的哀怨之情更切,而她们的结局是要么死后被埋入"宫人斜",要么在晚年出家入道。宫中又会有新的宫女补充后宫,供皇帝享乐,她们的死去没有多少意义,也不会改变什么,生也寂寞,死也凄凉,这就是她们的命运,而那些出家入道的宫女的命运也好不到哪里去,她们是从一个幽闭之所去往了另一个幽闭之所。

总之,王建、张籍等人的宫词中,描写宫女与世隔绝的生活,表现她们内心的哀怨和微妙复杂心理,更加真实生动。与那种对传统主题进行敷衍的宫怨诗有所不同的是,这些宫词是本着"直陈其事,得失自见"的宗旨,从传统宫怨诗通过环境来烘托、渲染哀怨情绪的写意手法,转向了以写实为主,重在通过宫中琐事来细致刻画宫人的心理,鲜明的时代感和生活真实感是它的一大特色。当时王建被宦官王守澄以"言宫掖事"为名告发,也可看出他的宫词的写实色彩。在此前的宫怨诗中,以宫怨为主题的诗模式和手法都十分单一,宫人形象也是千篇一律,缺乏个性特征,而王建等人宫词中这种写实色彩和时代特色显然融入了对宫人命运的关注与同情的精神,艳情色彩已有所淡化,这与当时关注时事、针砭时弊的新乐府精神在一定程度上是相通的。在王建生活的中唐时代,宫人问题已经成为一个严重的社会问题,引起了有识之士的关注,李绛曾有《请放宫女疏》,白居易也曾在《上阳白发人》、《陵园妾》等诗中描写了宫人的痛苦,在《请拣放后宫内人状》中则说:"上则虚给衣食,有供亿糜费之烦;下则隔离亲族,有幽闭旷怨之苦。"①这种艳诗创作融入了风雅兴寄精神的倾向也是中唐这个多元化审美时代中艳诗创作的倾向之一。

二、深闺怨妇的寂寞守望

中唐张籍、王建等人的艳诗中都有不少闺怨主题的作品,他们的闺怨诗继承了六朝以来的传统,对闺中佳人哀怨之情的描写多含有幽怨色彩,同时,其闺怨诗中又体现出更多的现实感。

首先,表现女性对爱情的执著与坚贞是他们闺怨诗中的一个重要内容。与这一时期的艳诗中表现的男性在情爱经历中的执著于色

---

① (唐)白居易著,朱金城笺校:《白居易集笺校》,上海:上海古籍出版社,1985年版,第3340页。

情与欲望而忽略了情感内涵不同,在闺怨诗中,女性对爱情表现得执著坚贞,刻骨的思念及对远人不归的怨恨是她们这种执著爱情的外在表现方式。如孟郊的《古怨》:"试妾与君泪,两处滴池水。看取芙蓉花,今年为谁死?"其哀怨之深刻、痴情之感人,可谓空前绝后了。再如《结爱》:

> 心心复心心,结爱务在深。一度欲离别,千回结衣襟。结妾独守志,结君早归意。始知结衣裳,不如结心肠。坐结行亦结,结尽百年月。

这里,抒情主人公一遍又一遍地强调着对深挚爱情的珍重。"不如结心肠"既是对两心相印的爱情的渴望,也是一种理性的深刻认识;而"结尽百年月"的誓言中既含着无限的坚贞,也含有无限的悲壮。

其次,中唐张籍、王建等人的闺怨诗中也往往体现出一定程度的女性独立意识的觉醒,反映了女性有别于男性的人生价值观。最典型的就是男性大多把建功立业、拜相封侯看作是人生一大目标,而闺中之人却往往流露出对功名富贵的淡漠,因为它往往是以耗费青春和分离为代价的。对她们来说,夫妻长相厮守,哪怕是过贫贱的生活也一样坦然:"妇人依倚子与夫,同居贫贱心亦舒。"(张籍《征妇怨》)在有的诗中,这种觉醒变为更强烈的内心意识,如张籍的《妾薄命》深刻地道出了与丈夫不同的人生价值观:"君爱龙城征战功,妾愿青楼歌乐同。人生各各有所欲,讵得将心入君腹。"对于丈夫来说,征战沙场,以军功获得功名富贵是他的人生理想,而闺中的女子却希望夫妻相伴,歌舞欢乐,共度青春年少的时光,"人生各各有所欲"一语更充满了女性的独立意识和理性的思考。《别离曲》中则说:"忆昔君初催采时,不言身属辽阳戍。早知今日当别离,成君家计良为谁。男儿生身自有役,那得误我少年时。"夫妻的两地分离给闺中之人带来了巨大的心灵痛苦。"那得误我少年时",青春年少的时光应与爱人一同度过才会变得有意义。中唐闺怨诗的这一变化一定程度上与女性社会地位的提高和女性的觉醒有关,同时也体现出诗人站在一个新的角度,从女性的立场及心理来审视一些问题。而此前那些单纯描写闺中女子的感伤幽怨的诗作大多是站在男性视角以男性为中心来审视、揣度女子,而在进行视角转换后,诗人往往会看到一些新的东西,表现的内容也更加接近于客观真实。这是闺怨诗的一大进步,也是代言体艳诗突破男性中心话语开始具有女性主体特征的一个开始,尽管它在总体上仍没有摆脱"男子作闺音"的模式。

再次,中唐张籍、王建等人的闺怨诗往往褪去了绮艳的外衣而回归到了健康素朴的本色,闺中女子往往以质朴的方式表达她们的爱情与思念。诗中女性多为征人之妻,对于从军远戍的丈夫,她们不仅有着一份夫妻远离不能相聚的幽怨,更多了一份对丈夫生命安危的忧虑,生离死别的色彩更浓一些。当寒冷的秋风吹来,她们表达对丈夫的思念与关切的最实际最朴素的方式就是缝制寒衣,寄给远在边关的丈夫,所以这些闺怨诗中表现制衣内容的作品大量出现。如王建的《捣衣曲》:

> 月明中庭捣衣石,掩帷下堂来捣帛。妇姑相对神力生,双揎白腕调杵声。高楼敲玉节会成,家家不睡皆起听。秋天丁丁复冻冻,玉钗低昂衣带动。夜深月落冷如刀,湿著一双纤手痛。回编易裂看生熟,鸳鸯纹成水波曲。重烧熨斗帖两头,与郎裁作迎寒裘。

捣衣是一件辛苦而复杂的劳动,然而,因为是为自己的亲人缝制"迎寒裘",所以便不觉辛苦,反觉"神力生"。虽然天气寒冷,冻得双手发痛,但因为心中怀着一份美好的爱情,捣衣制衣的过程便也成了一项充满着爱的温馨与美好情感的劳动。张籍的《寄衣曲》更形象地写出了思妇给边关的征人寄征衣之时的心理:

> 织素缝衣独苦辛,远因回使寄征人。官家亦自寄衣去,贵从妾手著君身。高堂姑老无侍子,不得自到边城里。殷勤为看初著时,征夫身上宜不宜。

虽然丈夫未必真的缺少衣服,但贵在这衣服是自己亲手缝制的,这里表现出的是闺妇对亲人的最真切最朴实的情感。

总之,与此时期的宫怨诗融入了风骚精神和生活真实感一样,闺怨诗也略去了那些华丽感伤的外衣而显露出质朴纯真的本质。这是在中唐的新的时代环境中,宫怨、闺怨这一传统主题的艳诗所取得的新的成就。与元、白那些表现自己恋情经历的艳诗相比,这些诗是对此前同类诗作风格与审美趣味的改造,虽然它在题目上仍多采用旧题,但体现出的内容和精神却已是属于中唐这个特定时代的。

第五节　艳诗的兴盛与多种艳诗范式的确立
—— 中唐艳诗小结

中唐艳诗创作呈现出兴盛的局面,其中影响最大的是元稹、白居易的艳诗,如张明非先生所说:"不论是《长恨歌》还是'元和体',或是'杂诗'、宫词,尽管它们形式不同,风格各异,有一点是相似的,即都涉及男女之情。正是这样一种题材在当时引起了人们的广泛注意和浓厚兴趣,与语言的通俗易懂相比,这或许是造成元白诗空前广泛流传的更为主要的原因。"①编成于元和九年(814年)至元和十一年的《御览诗》也很能证明元和后期艳诗的兴盛。毛晋在《御览诗》题跋中说:"唐至元和间,风会几更。章武帝命采新诗备览,学士汇次名流,

---

① 张明非:《论中唐艳情诗的勃兴》,载《辽宁大学学报》1990年第1期,第9页。

选进研艳短章三百有奇。"① 诗歌选本在某种程度上是当时时代风气和审美趣味的反映。《御览诗》是令狐楚奉皇帝钦命而编选的,所以也就自然地会反映出当时宪宗君臣的好恶和审美观。现存选集中共有诗286首,艳诗就占了50多首,比例可谓不小,由此也可见当时艳诗风行之一斑。

中唐的艳诗虽以元、白艳诗的影响为最大,但在元、白之外,还有很多诗人也创作了为数不少的艳体之作。如李贺也创作了大量的艳诗且具有自己独特的风格,刘禹锡、张籍、王建等也有数量众多的艳体之作,从而形成了艳诗创作百花齐放、争奇斗艳般兴盛的局面。在南朝艳诗兴盛之后,中唐再次掀起了艳诗创作的高潮,但这种高潮并不是对南朝艳诗的简单重复和单纯模仿,而是形成了自己新的风格和范式。在中唐以前,艳诗的创作往往体现出两种模式:其一是汉乐府艳歌的形式,往往多用女性代言体来抒发对爱情的质朴纯真之情,盛唐的一部分艳诗回归了这一传统。其二是南朝宫体艳诗的模式,诗人往往以客观赏玩的眼光欣赏玩味女性的相思哀怨以及容貌、神情和舞姿,并对之进行细致的描写,诗中女性往往呈现出经过男性具有色情意味的目光过滤的千篇一律的矫揉作态、娇媚含羞而缺乏个性特征,初唐的大部分艳诗因袭了这一传统,只是少了些色情意味。

元稹、白居易的艳诗多实写自身的恋情经历和冶游狎邪的生活,表现男性抒情主人公的复杂恋爱心理,在一定程度上标志着文人个性意识的觉醒。这些诗往往是"诱于一时一物,发于一笑一吟"之作②,诗人摘下了"非礼勿视,非礼勿听,非礼勿言,非礼勿动"的封建士大夫的道德面具,抒发了作为平凡个体的真实性情,也抛开了堂而皇之但却空洞的儒家诗教说,而在一定程度上回归了具有喜、怒、哀、乐、爱、欲等多重情感的文人本色。这些诗由传统的以女性代言来表

---

① (唐)令狐楚选:《御览诗》,见(唐)元结、殷璠等选《唐人选唐诗》(十种),上海:上海古籍出版社,1958年版,第255页。

② (唐)白居易撰,朱金城笺校:《白居易集笺校》卷四五,上海:上海古籍出版社,1988年版,第2795页。

达爱情相思转变为以男性口吻直接叙事和抒情。由于这些恋情多数都是对已逝去的恋情的回忆,中间的岁月过滤掉了其中一些不重要的细枝末节,所以留下来的往往都是一些深刻的片段和瞬间,因而也多了一些感人的因素。"写实"与"追忆"是它的一大特点,语言风格上则表现为细腻和轻艳。

与元、白相比,李贺的艳诗则在继承楚辞和汉魏乐府艳诗传统的基础上形成了自己独特的风格特色,于元、白的艳诗之外另树一帜,以深隐秾丽的风格和通过环境景物烘托等抒情方式表现诗人内心幽艳的爱情幻想,对晚唐温庭筠、李商隐等人的艳诗产生了重要影响。另外,张籍、王建等人的艳诗则在传统的题目和主题中增加了新的时代内涵,增强了艳诗的写实色彩和个性特征,使宫词和闺怨这两种被前代诗人写得滥熟的题材呈现出焕然一新的面貌。

中唐艳诗,尤其是元和、长庆时期的作品,开辟了艳诗的尽可能多的创作领域。举凡与男女恋情相关的各种题材和主题都尽收笔下,冶游恋情的经历、复杂的爱情心理、闺怨、宫怨、赠妓等都在诗中得到了表现。虽然有些领域诸如对爱情的深刻体验、对情感的内省意识等还有待其后的诗人们去进一步完善,但中唐的艳诗作者们毕竟已迈出了非常重要的富有开创性的一步。

第三章　晚唐艳诗

晚唐时期①出现了艳诗创作的高潮,这恰好和士人们这一时期政治上的抑郁失意、沉沦辗转紧密相联。这一时期,国家的政治时局每况愈下,士人们的处境也更加艰难。

晚唐之初的唐文宗虽然"恭俭儒雅"②,"知两朝之积弊"③,"思所以克己复礼,修政安人,宵兴匪宁,旰食劳虑"④,但身陷于种种积弊之中,实际上难以有所作为。当时河北藩镇的跋扈之势愈演愈烈,朝廷不仅没有能力控制这种局面,而且内部以牛僧孺、李宗闵和以李德裕为代表的两党之间相互倾轧,明争暗斗,闹得朝中人人不自安。

牛李党争是从长庆元年(821年)科举考试的争议开始的。当年制举考试结果公布后,前宰相段文昌发现,录取名单中多是朝廷显宦的子弟,有一个是李宗闵的女婿,还有一个是副主考官的弟弟,段文昌便上奏宪宗,抗议主考官录取惟亲和"通关节",元稹、李绅、李德裕也站在段文昌一边。结果,宪宗下令由白居易等人重新主持考试,这一次,原来中举的士子大多落第。此后,以牛僧孺、李宗闵为代表和以李德裕为代表的两党互相攻讦,政治上相互排挤打击。从文宗大和(827~835年)至武宗会昌(841~847年)年间,两党进行了长期的

---

① 一些文学史著作把文宗开成初(836年)至唐朝灭亡(903年)这段时期都划归晚唐,本文有所改动,把唐懿宗咸通(860~874)年以后划入唐末。

② (后晋)刘昫撰:《旧唐书》卷一七,北京:中华书局,1975年版,第579页。

③ (后晋)刘昫撰:《旧唐书》卷一七,北京:中华书局,1975年版,第524页。

④ (后晋)刘昫撰:《旧唐书》卷一七,北京:中华书局,1975年版,第523页。

斗争,而宦官势力也融入了党争之中,使当时的政治局势更加混乱复杂。晚唐大多数文人都自觉不自觉地卷入了党争之中,身受其害。李商隐便是一生生活于党争的夹缝之中,政治上抑郁不得志,成了两党政治斗争的牺牲品。

牛李党争使士人们在政治上陷入一种无所适从、如履薄冰的状态,而宦官专权及由此而导致的甘露事变则使他们心中对政治充满了畏惧之感。

甘露事变是朝官与宦官之间长期政治斗争发展到极致的结果。唐文宗即位后,不甘心受宦官的控制,想利用朝中大臣来诛除宦官。大和九年,他与李训、郑注合谋,企图诛除宦官。大和九年十一月,宰相李训等伪称金吾左仗院石榴树夜降甘露,请文宗亲自前往观看,暗地里伏甲兵于院内,想诛杀随同前来的宦官,不料宦官仇士良等人先到,窥见了甲兵,急忙召来禁兵,并大肆杀害李训、郑注等大臣。《资治通鉴》卷二四五记此事:"(仇)士良等命左、右神策副使刘泰伦、魏仲卿等各帅禁兵五百人,露刃出阁门讨贼。王涯等将会食,吏白:'有兵自内出,逢人辄杀!'涯等狼狈步走,两省及金吾吏卒千余人填门争出;门寻阖,其不得出者六百余人皆死。士良等分兵闭宫门,索诸司,捕贼党。诸司吏卒及民酤贩在中者皆死,死者又千余人,横尸流血,狼藉涂地,诸司印及图籍、帷幕、器皿俱尽。又遣骑各千余出城追亡者,又遣兵大索城中。……坊市恶少年因之报私仇,杀人,剽掠百货,互相攻劫,尘埃蔽天。"①当时宰相王涯、舒元舆等十一家被族灭,李训、郑注、郭行余等千余人被杀,流血成河,朝野骇然。据《邵氏闻见后录》卷九引《唐野史》载:"甘露祸起,北司方收王涯。卢仝者适在坐,并收之。仝诉曰:'山人也。'北司折之曰:'山人何用见宰相?'仝语塞。疑其与谋。自涯以下,皆以发反系柱上,钉其手足。方行刑,

---

① (宋)司马光撰:《资治通鉴》卷二四五,北京:中华书局,1956年版,第7913~7914页。

仝无发,北司令添一钉于脑后。"①其手段之残忍令人发指。甘露事变彻底消弭了士人们的用世之心,政治风云的变幻莫测令他们望而却步,代之而起的是全身远祸、对政治冷眼旁观的冷漠自保心态。白居易在甘露事变后曾作有一首《九年十一月二十一日感事而作》,感慨"祸福茫茫不可期,大都早退似先知。当君白首同归日,是我青山独往时"。杜牧在甘露事变后也发出了"胆薄多忧惧"(《李甘诗》)的感叹。士人们在政治上惶恐不安,时时刻刻担心祸患的降临,既忧心忡忡,又敢怒而不敢言。因为矛盾,所以更多了一份痛苦,而痛苦却又不能明言,则痛苦更深。政治上的恐怖扭曲了士人的心态,也改变了中晚唐诗坛的面貌。理想幻灭、热情减退后,只有沉溺于另一种世俗的感官世界,以放纵佯狂的方式求得暂时的沉醉和满足,听歌赏舞,或追寻一种深挚的爱情。对于晚唐的士人们来说这也是一件理所当然的事情。既然现实的政治已经如此不堪,他们不妨在心灵中、在诗歌中构建另一个温柔绮丽繁华的梦土,在内心的感受和细腻的体验中消除现实的抑郁和哀愁。同时,晚唐时期城市的商业经济更加繁荣,一些城市如长安、扬州等地酒楼林立,伴随着商业的繁荣,市井私妓也日益增多,文人多徜徉于青楼楚馆之中。此外,晚唐文人多投身幕府,与幕府营妓的交往也成为其生活中的一个重要内容。大量的艳诗由此应运而生,如吴乔《围炉诗话》卷一说:"宫体始淫,至晚唐而极。"②乔亿在《剑溪说诗》中则说:"唐末三十六体并作,语多秽亵,其宫体之职志,诗人轻薄之号,有由然矣。"③罗大经在《鹤林玉露》中也说:"晚唐诗绮靡乏风骨。"④

---

① (宋)邵博撰,刘德权、李剑雄点校:《邵氏闻见后录》卷九,北京:中华书局,1983年版,第67页。
② (清)吴乔撰:《围炉诗话》卷一,见郭绍虞编选、富寿荪校点《清诗话续编》,上海:上海古籍出版社,1983年版,第471页。
③ (清)乔亿撰:《剑溪说诗》卷下,见郭绍虞编选、富寿荪校点《清诗话续编》,上海:上海古籍出版社,1983年版,第1100页。
④ (宋)罗大经撰,王瑞来点校:《鹤林玉露》卷六乙编,北京:中华书局,1983年版,第226页。

晚唐温庭筠、杜牧、李商隐等大诗人都创作了大量艳诗,而他们的艳诗在很大程度上受中唐艳诗的影响,或者主动地去模仿中唐艳诗创作。温庭筠的绮丽艳体之作承袭了中唐李贺艳体诗虚构想象、浓墨重彩的创作路数,杜牧的实写自己艳情经历、表现冶游狎邪和描写歌妓舞女的作品则与元、白二人写实的元和体艳诗有某些近似之处,而李商隐则融合了二者之所长而又加进了自己对爱情、身世的深切感受,创作出了具有高度艺术成就的典范之作。

第一节　放浪才子的风流吟唱
——杜牧、张祜等人的艳诗

晚唐诗人杜牧在《陇西李府君墓志铭》中曾借李戡之口对元、白的轻艳之作大加指责:"尝痛自元和已来,有元、白诗者,纤艳不逞,非庄人雅士,多为其所破坏,流于人间,疏于屏壁,子父女母,交口教授,淫言媟语,冬寒夏热,入人肌骨,不可除去。"①这里虽是转述李戡之言,但是从文中语气来看,实表明了杜牧对元和体艳诗的态度。杜牧大肆指责元、白艳诗的纤艳不逞和流传人口,鄙薄其"艳"与"俗"。可是,在他的集中,表现狎游恋情和描写女性的艳体之作并不少,有50多首,占其全部诗作的十分之一,并且在当时和后世产生了较大影响。所以宋代的张戒在《岁寒堂诗话》中说:"杜牧之诗只知有绮罗脂粉。"②苏雪林在《唐诗概论》中也说:"杜牧诗以豪迈称,而且缘情绮

---

① （唐）杜牧撰:《樊川文集》卷九,上海:上海古籍出版社,1978年版,第137页。

② （宋）张戒撰:《岁寒堂诗话》卷上,见(清)丁福保辑《历代诗话续编》,北京:中华书局,1983年版,第464页。

靡之作亦甚多。"①不仅如此,评论者还喜欢把他与元、白进行比较。如明代杨慎在《升庵诗话》中说:"牧之诗淫媟者,与元、白等耳,岂所谓睫在眼前犹不见乎?"②王世贞《艺苑卮言》卷四也说:"杜紫微掊击元、白不减霜台之笔,至赋《杜秋》诗,乃全法其遗响,何也?"③杜牧在批评元、白艳诗的同时,自己又创作了大量艳诗作品,这看似矛盾,实际上,这与其个性及经历有关。在他身上,有着和元、白二人相近似的风流才子习气;同时,在诗歌追求上,他又与元、白不同。所以,其艳诗有意地在艺术上进行了一些"雅化"。

一、杜牧的艳情经历

杜牧出身于一个具有浓厚学术气氛的家庭。其祖父是中唐时期著名宰相、学者杜佑。杜牧也曾怀有壮志理想,可是自二十六岁中举之后,仕途失意,不得不长期辗转于各地的幕府任职。先是受沈传师之辟到洪州、宣州担任幕僚。沈调任京城后,又受牛僧孺之聘,到扬州担任淮南节度府推官、掌书记。扬州在当时是十分繁华的城市,中唐诗人王建曾说:"夜市千灯照碧云,高楼红袖客纷纷。如今不似承平日,犹自笙歌彻晓闻。"(《夜看扬州市》)徐凝也在诗中说:"天下三分明月夜,二分无赖是扬州。"(《忆扬州》)在这样一个极富风情的纸醉金迷之地,政治上深感失意的杜牧经常出入于妓馆。《太平广记》引《唐阙史》曰:"(杜牧)少隽,性疏野放荡,虽为检刻,而不能自禁。会丞相牛僧孺出镇扬州,辟节度掌书记。牧供职之外,唯以宴游为事。扬州胜地也,每重城向夕,倡楼之上,常有绛纱灯万数。……牧

---

① 苏雪林著:《唐诗概论》,上海:上海书店,1992年版(据商务印书馆1947年版影印),第171页。

② (明)杨慎撰:《升庵诗话》卷九,见(清)丁福保辑《历代诗话续编》,北京:中华书局,1983年版,第821页。

③ (明)王世贞撰:《艺苑卮言》卷四,见(清)丁福保辑《历代诗话续编》,北京:中华书局,1983年版,第1015页。

常出没驰逐其间,无虚夕。"①另据《唐语林》载:

> 杜牧少登第,恃才,喜酒色。初辟淮南牛僧儒幕,夜即游妓舍,厢虞候不敢禁,常以榜子申僧儒,僧儒不怪。逾年,因朔望起居,公留诸从事从容,谓牧曰:"风声妇人若有顾盼者,可取置之所居,不可夜中独游。或昏夜不虞,奈何?"牧初拒讳,僧儒顾左右取一箧至,其间榜子百余,皆厢司所申。牧乃愧谢。②

而且,杜牧本人姿容甚美,喜好歌舞,其出众的仪表再加上出众的才华、放荡不羁的个性,使当时的歌妓中多有对其爱恋、追慕者。如他的朋友赵嘏曾作有一首《代人赠杜牧侍御》,写到一位女子对杜牧的爱慕及思恋:

> 郎作东台御史时,妾长西望敛双眉。一从诏下人皆美,岂料恩衰不自知。高阙如天萦晓梦,华筵似水隔秋期。坐来情态犹无限,更向楼前舞柘枝。

杜牧的风流韵事在他自己的诗文和唐人笔记中记载颇多。《唐诗纪事》载:"牧佐宣城幕,游湖州,刺史崔君,张水戏,使州人毕观,令牧间行,阅奇丽,得垂髫者十余岁。后十四年,牧刺湖州,其人已嫁生子矣。乃怅而为诗曰:'自是寻春去校迟,不须惆怅怨芳时。狂风落尽深红色,绿叶成荫子满枝。'"③《本事诗》载:

---

① (宋)李昉等编:《太平广记》卷二七三,北京:中华书局,1961年版,第2151页。
② (宋)王谠撰,周勋初校证:《唐语林校证》卷七,北京:中华书局,1987年版,第621~622页。
③ (宋)纪有功撰,王仲镛校笺:《唐诗纪事校笺》卷五六,成都:巴蜀书社,1989年版,第1520页。

> 杜为御史,分务洛阳。时李司徒罢镇闲居,声伎豪华,为当时第一,洛中名士,咸谓见之。李乃大开宴席,当时朝客高流,无不臻赴,以杜持宪,不敢邀置。杜遣座客达意,愿与斯会。李不得已,驰书。……杜独坐南行,瞪目注视,引满三卮,问李云:'闻有紫云者,孰是?'李指示之。杜凝睇良久,曰:'名不虚得,宜以见惠。'李俯而笑,诸妓亦皆回首破颜。杜又自饮三爵,朗吟而起曰:'华堂今日绮筵开,谁唤分司御史来。忽发狂言惊满座,两行红粉一时回。'意气闲逸,傍若无人。①

正因为有这种风流放荡的行止,所以杜牧在同时及后代人的心目中往往是一个风流才子的形象,是"江郡风流真绝世"(张祜《江上旅泊呈池州杜员外》),"年少风流杜牧之"(张祜《读池州员外〈杜秋〉诗》),是"想得扬州醉年少,正围红袖写乌丝"(黄庭坚《往岁过广陵值早春尝作诗曰春风十里珠帘卷仿佛三生杜牧之红药梢头多茧栗扬州风物鬓成丝今春有自淮南来者道扬州事戏以前韵寄王定国二首》)。他自己也曾在诗中说:"才子风流咏晓霞,倚楼吟住月初斜。"(《偶作》)杜牧还曾自供:"十载飘然绳检外"(《念昔游》)、"落魄江湖载酒行,楚腰纤细掌中轻"(《遣怀》),有时甚至把诗酒风流、狎游放纵之事看得比功名事业更有价值:"男儿事业知公有,卖与明君直几钱。"(《醉赠薛道封》)当然这只是愤慨与颓废之中的故作放达不羁之语。

二、杜牧艳诗的情感蕴涵及其与元、白艳诗之异同

首先,杜牧与元、白一样,也喜欢在艳诗中以写实笔法表现与自己的冶游狎邪经历相关的内容,抒发自我情感,并流露出文人的风流情调,如《赠沈学士张歌人》、《不饮赠官妓》、《旧游》、《书情》、《宣州留赠》、《留赠》、《送人》等。在这些作品中,也有的详细描写歌妓舞女的姿容神韵,如:

---

① (唐)孟棨撰,李学颖校点:《本事诗》,见(清)丁福保辑《历代诗话续编》,北京:中华书局,1983年版,第15~16页。

　　　　闲吟芍药诗,怅望久嚬眉。盼睐回眸远,纤衫整髻迟。重寻春昼梦,笑把浅花枝。小市长陵住,非郎谁得知?(《旧游》)

　　　　谁家洛浦神,十四五来人。媚发轻垂额,香衫软着身。摘莲红袖湿,窥渌翠蛾频。飞鹊徒来往,平阳公主亲。(《书情》)

但是,杜牧艳诗中没有元、白的"纤艳不逞"、"淫言媟语"。其批评元、白艳诗是着眼于指责其"淫言媟语",即直露地描写性爱的场面。元、白的艳诗中体现出了更多的"俗"的色彩,杜牧的艳诗则是以内容上的情感升华和形式上的多种手法来将艳情"雅"化,使艳诗进一步回归到文人士大夫的审美趣味中来,而且进一步主体化。在杜牧的艳诗中,多了一份"情"的抒发而少了几分"欲"的表现。有一些作品用代言体的形式,以女性口吻,细腻而真切地表现出女子内心的痛苦与情思,其中的女性形象大都是柔弱、天真、善良而让人同情的,可以感受到诗人寄寓其间的细意体贴。如《代吴兴妓春初赠薛军事》一诗是以代言体的形式来写的,写吴兴妓对薛军事的思念。这本是艳诗中一个常见的内容,在白居易的艳诗中也出现过,但白居易以戏谑与调笑口吻出之,杜牧此诗却真实写出了此妓人的内心之悲:"自悲临晓镜,谁与惜流年"是担心红颜的易逝,"金钗有几只,抽当酒家钱"则是表现生存的困窘,充满了辛酸、无奈之感。有的诗是目睹了妓人的不幸命运或其与文人的离别,内心有所感触而写的,如《池州李使君殁后十一日处州命始到后见归妓感而成诗》便充满了内心的真情实感,在"巨卿哭处云空断,阿鹜归来月正明。多少四年遗爱事,乡间生子李为名"的感叹中蕴含了诗人对妓人无限的理解和同情。再如《见刘秀才与池州妓别》,以"远风南浦万重波,未似生离别恨多"写其离别之悲,也很真挚感人。

　　其次,杜牧的艳诗往往流露出一种哀愁与落寞。对于白居易来说,狎妓冶游是少年得志时的欢乐往事,他沉醉于美酒与美女之中,享受着文人的诗酒风流,正如其《追欢偶作》一诗道出的其内心的真实想法:"追欢逐乐少闲时,补帖平生得事迟。何处花开曾后看,谁家酒熟不先知。石楼月下吹芦管,金谷风前舞柳枝。十听春啼变莺舌,三嫌老丑换蛾眉。乐天一过难知分,犹自咨嗟两鬓丝。"冶游狎妓是其志得意满之时对生活的享乐,体现出的是一种优游闲适与满足。而对于杜牧来说则不同,从二十六岁到三十六岁期间只有一年多的时间他是在长安和洛阳任职,其余大部分时间是在江西、宣州、扬州等幕府中度过的,大量的艳诗作于这一时期。他踌躇满志,而在现实中却被排斥在政治中心之外,无法一展才能,内心充满痛苦,因而其狎妓生活含有江湖落魄之中寻找短暂慰藉的意味,放浪形骸之中蕴含着深深的落寞情怀,并体现出一种不甘心沉溺其中而寻求超脱的努力。由于融入了人生失意的感慨,所以其艳诗中呈露的往往是一种复杂交织的矛盾着的感情,对狎游的痴迷与对颓废生活的否定同时存在,感伤哀愁与放达超脱相对并举。如《遣怀》:

　　落魄江湖载酒行,楚腰纤细掌中轻。十年一觉扬州梦,赢得青楼薄幸名。

纵酒狂欢,与妓狎游,这一切带给诗人的并非沉醉与快慰,而是忏悔和愧疚,并非对繁华旧梦的沾沾自喜,而是梦醒后的凄凉,还有年华虚度的无奈。如葛晓音先生所说,此诗"虽然勾出了一幅佻达无行的自画像,但貌似轻浮的口气中包含着十年落魄江南、壮志消磨、一事无成的深沉痛苦,这种内在的风骨正是他的风情诗高出于元、白的地方"①。

　　第三,毫无疑问,杜牧和元、白一样虽然都在艳体诗中描写自身的艳情经历,并注入了一定的自我情感,但他们都未执著于忠贞而惟一的爱情,而是表现出文人的风流情调。所不同的是:元、白的狎妓诗中还具有文人的矜持,和歌妓之间保持着一定的心理和情感距离,

---

① 葛晓音著:《唐诗宋词十五讲》,北京:北京大学出版社,2003年版,第174页。

或者说,诗人在心中,是把自己作为地位更高一层、以更具优越感的心态来对待歌妓舞女的,难以有一种平等的感觉,所以诗人多是戏谑或肆意地调笑而使当时的场面气氛较融洽活跃,所有的一切似乎都只是一场游戏,曲终人散后,游戏也便收场。而杜牧诗中的风流情调则显示出了浪子似的肆无忌惮,不去顾及自己的身份,政治上的失意不偶加之放浪形骸的个性,使他表现出了对礼教的蔑视,他能以相对平等的态度对待歌妓,视为知音,与她们打成一片,因此拉近了与妓女在心理和情感上的距离,他的艳诗也因此而增添了真情实感。如《赠别》其二:

> 多情却似总无情,惟觉樽前笑不成。蜡烛有心还惜别,替人垂泪到天明。

离别之际,心里明明很悲伤,却还要强作欢颜来安慰所爱的人,减少他的悲伤,而别宴上的蜡烛也似乎了解人的悲愁,替人垂泪直到天明。此诗于离愁别绪中蕴含了与情人的相依相恋,凄美动人。诗中之女子已不是那种单纯的狎玩对象,而成为与诗人平等的恋爱对象。再如《留赠》:

> 舞靴应任闲人看,笑脸还须待我开。不用镜前空有泪,蔷薇花谢即归来。

诗中有殷殷的叮嘱,有温情的劝慰,有真诚的许诺,体现出对对方的珍重和爱恋。再如《送人》:

> 鸳鸯帐里暖芙蓉,低泣关山几万重。明镜半边钗一股,此生何处不相逢?

诗中充满了真挚的感情与离别的哀愁,却又想努力超脱这份哀愁而故作放达之语,而"此生何处不相逢"的劝慰中实含着未来渺茫、相见无期的悲哀。

杜牧与元、白艳诗中所表现的这种风流情调的不同与诗中表现的女性身份不同有关。在元、白艳诗中,"妓"多为官妓或家妓,而杜牧艳诗中的"妓"则多为营妓或市井私妓。在官妓和家妓面前,文人往往还要在一定程度上保持封建士大夫的身份和尊严,显得矜持一些,即便是调笑也是有节制的;而在那些市井私妓面前,诗人暂时忽略了作为封建官吏的身份而与一个普通人没什么两样,因而更容易无所顾忌,也便会多些真实性情。

三、杜牧艳诗艺术表现上的雅化

元、白的短小艳体之作多用绝句体,以白描手法描写女性的风姿,语言浅切平易。元稹的近60首艳诗中绝句占了30首之多,白居易艳诗有近60首,绝句也有22首,而杜牧艳诗也多用绝句体,50余首艳诗中绝句占了20多首。这些艳诗都很少用典。但杜牧与元、白在表现手法上还是有所不同,他喜欢用一些绝妙的比喻和新颖的构思将冶游狎邪的经历雅化。元、白多喜从实处着笔,而杜牧往往并不用直白的语言,而是从虚处传神,做到了"超以象外,得其环中",将女子写得风情万种,韵调悠扬,令人生发出无穷的美感想象。元稹写莺莺的诗也有一些风情宛然、摇曳多姿的作品,但在表现手法上杜牧与之也有所不同。试比较他们同是描写情人的两首诗:

> 殷红浅碧旧衣裳,取次梳头暗淡妆。夜合带烟笼晓日,牡丹经雨泣残阳。依稀似笑还非笑,仿佛闻香不似香。频动横波娇不语,等闲教见小儿郎。(元稹《莺莺诗》)

> 娉娉袅袅十三余,豆蔻梢头二月初。春风十里扬州路,卷上珠帘总不如!(杜牧《赠别》)

元诗写情人莺莺的美丽,颇为传神地写出了其含蓄朦胧的韵致;首二句是采用白描手法直接描写其外貌;接下来两句则以环境来烘托渲染一种朦胧迷离、似真似幻的意境;后四句则集中通过描写人物的神态、身上的香气等来表现一种淡雅素朴之美和一份淡淡的惆怅的情调,使人物的神态宛然逼真。杜诗是写一个少女的美丽,也并无深刻的内容:首句以"娉娉袅袅"形容少女的轻盈;次句以初春二月枝头含苞的豆蔻比喻少女之美丽,便避免了浅俗而增添了无限风情,显得清爽俊逸,未直说美人如花,也未直言少女之美,却"不著一字,尽得风流"。所以此诗博得了不少人的赞赏,如清人姚莹便曾说:"十里扬州落魄时,春风豆蔻写相思。谁从绛蜡银筝底,别诗谈兵杜牧之。"(《论诗绝句》)再如杜牧的《叹花》一诗:

  自恨寻芳到已迟,往年曾见未开时。如今风摆花狼藉,绿叶成阴子满枝。

此诗显然是描写其艳情经历中的遗憾,而用"绿叶成阴子满枝"一句来形容女子已婚和有子显得十分新颖奇特、贴切生动,也使此诗中原本容易写得轻薄的内容雅化了。

  杜牧的艳体诗中还往往运用了起伏跌宕、虚实相生的抒情方式。明代杨慎的《升庵诗话》中说:"宋人评其诗豪而艳,宕而丽。"①即豪迈俊逸中有绮情艳思,跌宕起伏与流丽宛转融而为一。如前面所引的《送人》一诗,诗的前一句写情人眠于鸳鸯帐中,一派暖意融融,次句诗境陡然一转,进入相反的另一极致:美人低声幽咽地啜泣,悲伤万分。上下句的对比鲜明,形成强烈反差,但诗的后两句又突然将情绪高高扬起,以达观之语出之。"此生何处不相逢"虽是达观之语,却又含着无奈与悲哀,笑中含泪。《赠别》其二中"多情却似总无情,惟觉樽前笑不成"与此有着相似的效果。

  由此可见,杜牧艳诗在情感基调及表达方式上与元、白的同类艳诗都是有所不同的。当然,这并不意味着杜牧艳诗达到了很高的艺

---

① (明)杨慎撰:《升庵诗话》卷五,见(清)丁福保辑《历代诗话续编》,北京:中华书局,1983年版,第738页。

术成就。他的艳诗没有表现出爱情心理的幽深曲折及爱情带给人的复杂体验,更没有表现出爱情的情感内省及其超时空的永恒特质,诗中的真情也只是此时此地的瞬间真情,它仍然没有真正摆脱文人的风流情调的意味。

应该说,杜牧的大量艳诗作品是晚唐享乐风气盛行、文人在政治上灰心失意转而向倚红偎翠中寻找内心慰藉的产物,是与其自身的风流浪漫生活分不开的。杜牧自幼钻研经世致用之学,具有经邦济民的壮志宏图,其人生理想是"平生五色线,愿补舜衣裳"(《郡斋独酌》)。不仅如此,由于出身于名门望族,其身上体现出贵公子的豪逸俊爽的气质,即所谓的贵族气,所以其诗歌主张是"某苦心为诗,本求高绝,不务奇丽,不涉习俗,不今不古,处于中间"(《献诗启》)。即使诗歌这种"雅"的文学样式"不涉习俗",不去迎合市民大众的喜好,而保持其文学应有的面貌。因此,杜牧所推崇的前代诗人是诗风雄奇壮大的杜甫、韩愈。其在《冬至日寄小侄阿宜诗》中说:"李杜泛浩浩,韩柳摩苍苍。"在《读韩杜集》中说:"杜诗韩集愁来读,似倩麻姑痒处搔。天外凤凰谁得髓,无人解会续弦胶。"对杜、韩之诗雄奇壮大的意境给予了充分肯定。正是由于他对诗歌这种文学样式的"雅"的追求,使其艳诗表现出了不同于元、白艳诗的特点。

从以上的分析我们可以看出,杜牧由于其出身与元、白不同,其诗歌观念具有"雅"的色彩。他虽然也创作了大量的艳体之作,并且其艳诗多是表现自身的艳情经历,和元、白的艳诗一样具有强烈的主体性,体现出文人的风流情调,但杜牧在诗中更重视"情"的表现而较少"欲"的呈露,其对元、白的批评也主要是着眼于那些细致铺陈性爱细节的作品。同时其艳诗在艺术表现手法上也具有"雅"化的色彩,因此他对具有"俗"的特点的元、白艳诗大加指责。

四、张祜、赵嘏等人的艳诗

晚唐时期,张祜、赵嘏、薛能、李群玉等人在个性气质及行止方面也与杜牧相近,有的还与杜牧交情颇深,他们大都性格狂傲放诞,不拘礼法,纵情于狎邪之游,因而也都创作了大量表现狎游生活和风流情调的艳诗。

张祜生活于中晚唐之交,他与杜牧相交好。据《云溪友议》记载:"后杜舍人之守秋浦,与张生为诗酒之交,酷吟祜宫词,亦知钱塘之岁,自有非祜之论,怀不平之色,为诗二首以高,则曰:'谁人得似张公子,千首诗轻万户侯。'"①他因仕途不顺而放浪行迹,纵情声色,流连诗酒。《唐才子传》载:"同时崔涯亦工诗,与祜齐名,颇自放行乐。或乘兴北里,每题诗倡肆,誉之则声价顿增,毁之则车马扫迹。"②他在诗中曾描述这种冶游放浪的生活是"一年江海恣狂游,夜宿倡家晓上楼"(《到广陵》)。他在《途次扬州赠崔荆二十韵》中则说:"酒浆曾不罢,风月更何逃。赤塔排云直,闾门架水牢。烟笼春树薄,日映曙楼高。碧草连除巷,青旗指浊醪。粉胸斜露玉,檀脸慢回刀。"后来的皮日休曾评价他的诗:"祜元和中作宫体诗,词曲艳发。"③赵嘏也与杜牧相友善,《唐才子传》载:"嘏尝早秋赋诗曰:'残星数点雁横塞,长笛一声人倚楼。'杜牧之呼为'赵倚楼',赏叹之也。"④他也曾有过冶游狎妓的生活,沉醉于美酒佳人之中,放浪形骸,并曾经自道:"诗家才子酒家仙,游宦曾依积水边。……罗浮道士分琼液,锦席佳人艳楚莲。"(《答友人》)在《广陵》中则说:"广陵城中饶花光,广陵城外花为墙。高楼重重宿云雨,野水滟滟戏鸳鸯。"薛能也与杜牧有些交往,他"资性傲忽,又多佻轻忤世"⑤,少年时也有过狎游放浪的生活,他曾在诗中自述:"少年流落在并州,裘脱文君取次游。携挈共过芳草流,

---

① (唐)范摅撰:《云溪友议》卷中,北京:古典文学出版社,1957年版,第32页。

② (元)辛文房撰,傅璇琮主编:《唐才子传校笺》第三册,北京:中华书局,1990年版,第175页。

③ (唐)皮日休:《论白居易荐徐凝屈张祜》,见(唐)皮日休撰《皮子文薮》附录一,上海:上海古籍出版社,1981年版,第240页。

④ (元)辛文房撰,傅璇琮主编:《唐才子传校笺》第三册,北京:中华书局,1990年版,第303页。

⑤ (元)辛文房撰,傅璇琮主编:《唐才子传校笺》第三册,北京:中华书局,1990年版,第317页。

登临齐凭绿杨楼。庭前蛱蝶春方好,床上樗蒲宿未收。坊号偃松人在否,饼炉南畔曲西头。"(《并州》)

这几位诗人的艳诗创作数量虽然不少,内容却较为单一,多是描写歌妓舞女的声容技艺之作。张祜的艳诗约有 20 首,如《观宋州于使君家乐琵琶》、《筝》、《歌》、《笙》、《五弦》、《觱篥》、《笛》、《舞》、《箫》、《箜篌》、《听崔莒侍御叶家歌》、《题宋州田大夫家乐后家筝》、《李家柘枝》、《寿州裴中丞出柘枝》、《池州杜员外出柘枝妓》、《赠柘枝妓》、《赠柘枝妇》等;也有几首赠妓之作,如《赠女仙》、《代人赠别》、《赠歙州妓》、《代人听琴二首》等,其中《赠歙州妓》一诗可以看出是对杜牧《赠别》一诗的模仿:"滟滟横波思有余,庚楼明月堕云初。扬州寒食春风市,看遍花枝尽不如。"就连所用的韵脚字也与杜诗相同。薛能艳诗也有 10 余首,如《戏题》、《赠歌者》、《舞者》、《赠欢娘》、《赠解诗歌人》、《吴姬十首》等。李群玉的艳诗有将近 20 首,也大多是歌舞宴席场合的赠妓观妓之作,有的还是狎妓宴饮之中与别人的唱和之作,如《戏赠魏十四》、《同郑相并歌姬小饮戏赠》、《醉后赠冯姬》、《赠回雪》、《龙安寺佳人阿最歌八首》、《和人赠别》、《伤柘枝妓》、《赠琵琶妓》、《赠人》、《赠妓人》、《赠魏三十七》、《酬魏三十七》等。这些艳诗中,有的把妓人的技艺描写得形象而动人,如"陇雾筛凝水,砂风雁咽群"(张祜《观宋州于使君家乐琵琶》)、"雪飞红烬影,珠贯碧云声"、"向月轻轮甲,迎风重纫条"(张祜《箜篌》)、"玉瓶秋滴水,珠箔夜悬风"(张祜《五弦》);有的诗也暗示出色情意味,显然是在与歌妓调情,如"须臾曲罢归何处,称道巫山是我家"(张祜《赠柘枝》)、"看看舞罢轻云起,却赴襄王梦里期"(张祜《观杨瑗柘枝》)、"长恐舞时残拍尽,却思云雨更无因"(张祜《李家柘枝》)、"谁人得似青楼宿,便是仙郎不是夫"(赵嘏《赠歌者》)、"曾留宋玉旧衣裳,惹得巫山梦里香。云雨无情难管领,任他别嫁楚襄王"(李群玉《赠人》)、"愿托襄王云雨梦,阳台今夜降神仙"(李群玉《醉后赠冯姬》),有时甚至写得十分露骨,如"未入鸳鸯被,心长似火烧"(李群玉《龙安寺佳人阿最歌八首》)。

除了这种表现冶游狎妓生活的艳诗之外,张祜还有一些乐府体形式的艳诗,如《折杨柳》、《团扇歌》、《乌夜啼》、《苏小小歌》、《拔蒲歌》《莫愁乐》《襄阳乐》《采桑引》等,在内容与风格上都与齐梁艳诗很相似,也有不少是借咏物来写女子及男女恋情的,与南朝宫体诗的手法如出一辙,如:

  名花八叶嫩黄金,色照书窗透竹林。无奈美人闲把嗅,直疑檀口印中心。(张祜《蜀蜀葵花》)

  散乱随风处处匀,庭前几日雪花新。无端惹著潘郎鬓,惊杀绿窗红粉人。(张祜《杨花》)

赵嘏有仿隋朝薛道衡《昔昔盐》二十首,每首诗以薛诗中的一句为题,其中有的写得空灵优美,以流畅自然的语言表达了闺中之人对丈夫的思念,如《昔昔盐二十首》之十八:

  万里飞书至,闻君已渡辽。只谙新别苦,忘却旧时娇。烽戍年将老,红颜日向凋。胡沙兼汉苑,相望几迢迢。

  总体而言,这些表现与妓狎游生活的诗并没有杜牧艳诗中的对歌妓的同情和知音相赏之感,更谈不上深挚的感情,而与元、白的那些赠妓、咏妓、嘲妓诗更为接近,是他们听歌观舞的艳情生活的表现,体现出的只是文人的风流情调,创作上具有更多的随意性和即兴性,在表现手法上也无新颖之处,很少用典,多用明白晓畅的语言道出,风格也是大同小异。

第二节　唯美的世界与绮怨的情怀
—— 温庭筠的艳诗

温庭筠是晚唐一位大量创作艳诗的诗人，在他现存的 325 首诗作中，描写女性或表现男女恋情，具有脂粉气息的艳诗作品有 60 余首，占全部诗作的近五分之一。他的艳诗具有强烈的唯美色彩，诗中以五彩缤纷的自然景物、华丽炫目的居所物象以及娇媚多姿、凝愁含怨的"美人"形象构成了一个光影离合、充满芳香气息、如梦似幻的美的世界。

一、温庭筠的个性及艳情经历

温庭筠"尝研穷简籍，耽味声诗"①，和唐代的许多读书人一样，他希望通过读书科举来入仕，但晚唐官场十分黑暗，加之他个性狂放不羁，因而这一愿望难以实现。在当时及后代，温庭筠都以放浪无检著称。《旧唐书》本传记载：

> 温庭筠者，太原人，本名岐，字飞卿。大中初，应进士。苦心砚席，尤长于诗赋。初至京师，人士翕然推重。然士行尘杂，不修边幅，能逐弦吹之音，为侧艳之词，公卿家无赖子弟裴諴、令狐滈之徒，相与蒱饮，酣醉终日，由是累年不第。徐商镇襄阳，往依之，署为巡官。咸通中，失意归江东，路由广陵，心怨令狐绹在位时不为成名。既至，与新进少年狂游狭邪，久不刺谒。又乞索于

---

① （唐）温庭筠：《上蒋侍郎君二首》，见（清）董浩等编《全唐文》卷七八六，北京：中华书局，1983 年版，第 8224 页。

杨子院,醉而犯夜,为虞候所击,败面折齿,方还扬州诉之。令狐绹捕虞候治之,极言庭筠狭邪丑迹,乃两释之。自是污行闻于京师。①

另据《唐诗纪事》载:"庭筠旧名歧,才思艳丽,工于小赋。每入试,押官韵作赋,凡八叉手而八韵成,时号温八叉。多为邻铺假手,号曰救数人也。而士行尘缺,缙绅薄之。""宣宗爱唱《菩萨蛮》词,丞相令狐绹假其新撰密进之,戒令勿泄,而遽言于人,由是疏之。温亦有言云:'中书堂内坐将军。'讥相国无学也。宣宗好微行,遇于逆旅,温不识龙颜,傲然而诘之曰:'公非长史、司马之流?'帝曰:'非也。'又曰:'得非大参、簿尉之类?'帝曰:'非也。'谪为方城尉,其制词曰:'孔门以德行为先,文章为末。尔既德行无取,文章何以补焉?徒负不羁之才,罕有适时之用。'竟流落而死。""令狐绹曾以故事访于庭筠,对曰:'事出《南华》,非僻书也。'或冀相公燮理之暇,时宜览古。绹益怒,奏庭筠有才无行,卒不登第。庭筠有诗曰:'因知此恨人多积,悔读《南华》第二篇。'"②《玉泉子》载:"初从乡里举,客游江淮间。扬子留后姚勖厚遗之。庭筠少年,其所得钱帛,多为狎邪所费。"③

从这些记载可知,温庭筠颇有文学和音乐方面的才能,为人不修边幅,恃才傲物,喜欢狂游狎邪,放浪不羁。其一生多混迹于秦楼楚馆,艳情经历十分丰富。温庭筠自己及其友人在诗歌中对此亦有反映,如其《偶题》诗中说:"自恨青楼无近信,不将心事许卿卿。"他的好友段成式有《嘲飞卿七首》,其中多写温与歌妓舞女交往的艳情经历,如:"曾见当垆一个人,入时装束好腰身。少年花蒂多芳思,只向诗中写取真。"(其一)还有《柔卿解籍戏呈飞卿三首》,诗中说:"良人为渍

---

① (后晋)刘昫撰:《旧唐书》卷一九〇下,北京:中华书局,1975年版,第5078〜5079页。

② (宋)纪有功撰,王仲镛校笺:《唐诗纪事校笺》卷五六,成都:巴蜀书社,1989年版,第1474〜1475页。

③ (唐)阙名撰:《玉泉子》,上海:上海古籍出版社,1958年版,第11页。

木瓜粉,遮却红腮交午痕。"一个被称为"柔卿"的歌妓与温庭筠相好,温为之"解籍",段作诗戏谑。明代的胡应麟曾说:"飞卿北里名娼,义山狭斜浪子。"①

恃才凭傲、狂放不羁的个性自然也引来了时人的指责,并且被视为品行有缺而久困科场,对此,温庭筠内心不能不感到遗憾和痛苦。他在《上裴相公启》中说:"至于有道之年,犹抱无辜之恨。"②但是,也正如迟宝东所说:"其性格中缺乏一种强烈而执著的人生追求,终其一生温庭筠都生活在对传统人生理想的怀疑与惶惑之中。他有建功立业的入世之心,也有超然物外的出世之想,可他在哪一个方面都没能坚持下去,而是徘徊游离于二者之间,在歌楼舞榭中放浪形骸。"③

二、温庭筠艳诗的唯美境界

温庭筠的艳诗以乐府体为主,具有浓郁的唯美色彩。其中很大一部分诗中人物活动的背景往往是春日的水边林下,描写的都是江南春日草长莺飞、水光潋滟的景物之中的恋情,充满了梦幻般的旖旎风情。美丽的景物似乎成了画面的主体,而含颦凝眉、风情万种、姿容娇媚的"美人"则已经完全融入了这自然之景中,成为了自然世界的一部分。如《莲浦谣》、《照影曲》、《吴苑行》、《张静婉采莲曲》、《春洲曲》、《阳春曲》、《江南曲》、《惜春词》、《钱塘曲》等等。在这些诗里,诗人往往以细致的笔触铺陈描写春日的水乡风光,也即美人活动的背景,在此背景上淡笔烘托,轻轻点染,人物便鲜活灵动起来。

在飞卿笔下,对江南水乡风光最具特征性的描绘就是水。水具有流动性,因而使景物灵动飘逸,具有动感。水又具有镜子的作用。

---

① (明)胡应麟撰:《诗薮》外编卷四,上海:上海古籍出版社,1979年版,第188页。

② (唐)温庭筠:《上裴相公启》,见(清)董浩等编《全唐文》卷七八六,北京:中华书局,1983年版,第8225页。

③ 迟宝东:《词别是一家:古典诗词美学特质异趣论》,载《天津社会科学》1999年第5期,第91页。

水边景物和人的影像倒映水中,使水中虚景与岸上实景两相辉映,增强了诗的画面视觉效果。微风拂动,水面涟漪层层扩散开来,水中之景也在粼粼波光中摇荡、破碎、扭曲、变形,重新整合,水面上散发的水气弥漫开来,迷离、湿润,又给人以恍惚、如梦似幻的感觉。飞卿艳诗中的水又多是池塘中的水,满满的一池,融融荡漾,摇晃不定,仿佛饱和得就要溢出。如:"鸣桡轧轧溪融融"、"水清莲媚两相向"(《莲浦谣》),"门前沟水波粼粼"、"秋罗拂水碎光动"、"鸂鶒交交塘水满"(《张静婉采莲曲》),"摇艳云塘满"、"红溆荡融融"(《黄昙子歌》),"金鲜不动春塘满"(《照影曲》),"塘水汪汪凫唼喋"、"镜里芙蓉照水鲜"(《兰塘词》),"水极晴摇泛滟红"(《晚归曲》),"绿湿红鲜水容媚,融融浦日鹡鸰寐"(《春洲曲》),"水漾晴红压叠波"(《牡丹二首》其一)。江南的水在飞卿笔下是"满",是"滟",是"媚",是"清",是"融融",是"汪汪",是"荡",仿佛处处充满了融融水波,处处弥漫了一种湿润、迷离的水气,给人一种氤氲、润泽、温暖的感觉。而水又总是和莲花、白蘋这些美丽的花草相映生辉,和鹡鸰、鸂鶒、凫这些水禽相伴相随的。水清莲媚,波摇蘋浮,加之鹡鸰、鸂鶒婉转和鸣,美丽的采莲女子荡舟其间,晚霞夕照映于水面之上,景色美丽如画。如下面这首《兰塘词》:

    塘水汪汪凫唼喋,忆上江南木兰楫。绣领金须荡倒光,团团皱绿鸡头叶。露凝荷卷珠净圆,紫菱刺短浮根缠。小姑归晚红妆浅,镜里芙蓉照水鲜。东沟潏潏劳回首,欲寄一杯琼液酒。知道无郎却有情,长教月照相思柳。

诗的前六句写兰塘风景,塘水汪汪,野鸭在水面唼喋浮游,不禁想起当时荡着小船去江南的情景,绣领金须的美好影像倒映水中,水面上飘浮着鸡头叶,呈现团团绿色;诗的后六句写小姑的容妆和内心情思。整首诗的意境具有唯美的色彩。

    与"水"紧密相联的是对"光"的描写。阳光照耀水面,波光粼粼,晚霞映于水面,夕阳一片。光使水中倒映的世界参差、变幻,无限扩大,光使诗中的世界变得透明,与真实之世界融而为一,亦实亦虚,亦真亦幻。如"秋罗拂水碎光动,十五十六清光圆"(《张静婉采莲曲》),"绣领金须荡倒光"(《兰塘词》)、"孤光斜起夕阳多"(《晚归曲》),"刻金作凤光参差"、"万里孤光含碧虚"、"光碎玉波满船月"(《水仙谣》),"微光奕奕凌曙河"(《七夕歌》)。光可以使景物连成一片,增加景物的鲜亮度和炫目感,增强感官效果,使画面更刺目更明亮。

烟草迷离是美人活动背景的另一特点。那些迷离含情的萋萋芳草,与那波光融融、柔媚多姿的春水莲花一起,构成了一个恍惚如梦、温暖迷人、温柔甜美的江南的春天。诗人写"草"常与"烟"连在一起。如"春草芊芊晴扫烟"(《汉皇迎春词》)、"草平春染烟绵绿"(《晚归曲》)、"废绿平烟吴苑东"(《莲浦谣》)、"岸上扬鞭烟草迷"(《春洲曲》)、"漠漠沙堤烟"(《故城曲》)、"乳燕双双拂烟草"(《春晓曲》)等。草色如烟,既给人以朦胧、温暖的感觉,同时,烟的弥漫又淡去了景物的轮廓,使诗中的世界变得混沌、迷离、浑融,远处与近处融为一体,烘托出如梦如幻的气氛,活动在这一春天舞台上的,则是那些妩媚深情的女子。

同时,温庭筠艳诗中还有许多描写歌妓、舞女、思妇以及贵族宴会场面的作品。在这类作品中,人物活动的环境之美同样得到了充分的铺陈渲染,但它不再是江南水乡的春天,而是华丽的殿堂和寂寞的深闺。这类诗作总体上并不多,约有10首。

在这些诗中,往往通过对居所景物的铺陈来展示一个错采镂金的华美寂寞世界。更漏、琼瑟、画屏、梧桐、华烛、熏炉、锦褥、罗幕、帐、玉墀、骊珠、绮阁、砌、兰堂、小苑、金壶、香车、金梭等是这类诗中经常出现的意象。这类景物意象往往含有富贵气象和色彩美,可谓工笔重彩,雕绘满眼。如果说水边春日的江南风光整体诗境是暖意融融、令人沉醉的,那么,此类诗中意境则多是冷清、寂寞、幽深的。许多朦胧绮艳但非实指的景物也出现于诗中,如"楚宫"、"青琐"、"玉堂"等,增强了诗的视觉形象美,给人以强烈的感官刺激。如《春愁曲》:

　　　　红丝穿露珠珠帘冷,百尺哑哑下纤绠。远翠愁山入卧屏,两重
　　云母空烘影。凉簪坠发春眠重,玉兔熠香柳如梦。锦叠空床委
　　坠红,飔飔扫尾双金凤。虫喧蝶驻俱悠扬,柳拂赤阑纤草长。觉
　　后梨花委平绿,春风和雨吹池塘。

"红丝"、"珠帘"、"云母"、"玉兔熠香"、"锦叠"、"金凤"、"赤阑"等景物意象都是极华美的,构成了一个幽深寂寞的深闺环境,举目所见虽是一片耀眼夺目的色彩,但整体氛围却是冷清而寂寞的。再如《织锦词》:

　　　　丁东细漏侵琼瑟,影转高梧月初出。簇簇金梭万缕红,鸳鸯
　　艳锦初成匹。锦中百结皆同心,蕊乱云盘相间深。此意欲传传
　　不得,玫瑰作柱朱弦琴。为君裁破合欢被,星斗迢迢共千里。象
　　齿熏炉未觉秋,碧池中有新莲子。

诗的前两句是以环境景物渲染,宛若摄像的远镜头。三至六句则转换到室内,刻绘织锦的情形和锦上的图案花纹。簇簇金梭织出片片艳丽的红锦,上面是鸳鸯的图案。锦中的百结象征着同心,象征着一种深挚的爱恋。上面缭乱的花蕊、盘旋的云朵相互纠结,象征着一种难以言说的缠绵的情意。但愿这绚丽的锦,可以为爱人裁成合欢被。室内熏炉依旧燃着,女主人公丝毫未感觉到秋天的来临,然而,窗外的碧池中长出了新的莲子,时令又到了秋天。诗中的"细漏"、"琼瑟"、"金梭"、"万里红"、"鸳鸯艳锦"、"玫瑰"、"朱弦琴"等都是华美、绚丽的意象,烘托出女主角的千回百转、寂寞无聊的心绪和对情人的思念。

　　除了美丽的景物,飞卿在艳体乐府中还极力描写佳人之美。对美人的描写是《诗经》以来的诗歌作品中屡见不鲜的题材,从宋玉《登徒子好色赋》中"增一分则太长,减一分则太短;著粉则太白,施朱则太赤"的"东家之子",到汉乐府中让人顾盼流连的罗敷姑娘,古代的这些绝世佳人曾经丰富了无数文人的想象。汉乐府习惯于以美人衣

饰妆容的华美来写其美,齐梁宫体诗喜欢通过对女性的容貌形体声色进行细针密缕的工笔描摹来写其美,飞卿艳诗中对女性美的描写则更加多样化。

诗人善于运用比拟映衬的手法,描绘女性容貌的美丽动人、形体的娇柔多姿。如:"芙蓉力弱应难定,杨柳风多不自持"(《舞衣曲》)以芙蓉、杨柳来比喻舞女的娇美;"桃花百媚如欲语"(《照影曲》)以鲜丽娇媚的桃花来比喻临池照影的美人;"镜里芙蓉照水鲜"(《兰塘词》)更是亦花亦人,既写出了荷花的美丽鲜艳,也映衬出小姑妩媚多姿;《春洲曲》中以"绿湿红鲜水容媚"来映衬苏小的娇弱;《春野行》中写"金丸惊起双鸳鸯",以双鸳鸯比喻少年与佳人;《春晓曲》中有"衰桃一树近前池,似惜红颜镜中老"的句子,以衰桃比喻美人的容颜难以久驻,亦人亦桃,人和桃融合为一体。

诗人也善于通过衣饰、装扮来刻画女性的轻柔娇媚之美。如"长钗坠发双蜻蜓"(《夜宴谣》)、"兰膏坠发红玉春,燕钗拖颈抛盘云"(《张静婉采莲曲》)、"凉簪坠发春眠重"(《春愁曲》)、"蝉鬓觉春来,玉钗风不定"(《咏春幡》)、"鬓轻金作影"(《太子西池二首》其一)、"绣衫金骠袅,花簪玉珑璁"(《握柘枝》),是描写女子的发式之美。女子的发常是"坠发",给人一种慵倦、娇弱之感。而女子所穿的衣衫则常为薄薄的轻罗,衣带上结成各种美丽的图案,如"蝉衫麟带压愁香"(《舞衣曲》)、"秋罗拂水碎光动"(张静婉采莲曲》)、"罗衫袅回风,点粉金鹂卵"(《黄昙子歌》)、"扇薄露红铅,罗轻压金缕"(《江南曲》)、"画带双花为君结"(《三洲词》)、"夜轩红粉陈香罗"(《七夕歌》)、"绣衫金骠袅"(《握柘词》)等,罗衫的轻薄飘逸更衬出女性身姿的轻盈柔媚。

在温庭筠的艳诗之中,女性的美总是与娇慵、无力、轻柔等联系在一起的。诗人还通过描写表情、动作来刻画女性的美,从而使"美人"成为一个活生生的个体而非一尊雕像。飞卿笔下的女性最常见的表情是不语而"含颦"、"敛眉",内心既有无限愁思,却又怨而不怒,脉脉含情,无限娇羞,无限哀怨,如"眉敛湘烟袖回雪"(《夜宴谣》)、"烟机漠漠娇蛾颦"(《舞衣曲》)、"不语两含颦"(《湘宫人歌》)、"菱刺惹衣攒黛蛾"(《晚归曲》)、"楚女含情娇翠颦,欲上香车俱脉脉"(《湘东宴曲》)、"含羞更问卫公子"(《春野行》)、"秦女含嚬向烟月"(《惜春词》)、"掩抑复含情"(《西洲曲》)、"嚬浅未成眉"(《太子西池二首》)。显然,女子"含嚬"含有眉目传情、故意作态以显风情的意味。当然,飞卿也写到女性的笑,但这笑也是一种含有娇媚之态的笑,有故作媚态的意味。

统观温庭筠的艳诗,可知其对女性的审美趣味倾向于娇媚、轻柔、慵懒、倦怠之美,其笔下的女子往往带有一点颓废的气息而又惹人怜爱。如"马上修蛾懒"(《黄昙子歌》)、"欲照澄明香步懒"(《照影曲》)、"苏小慵多兰渚间"(《春游曲》)、"懒逐妆成晓"(《太子西池二首》其一),慵懒无力的美人与暖意融融的江南春天恰好和谐地融于一体。与"懒"相对应的是"娇",是"媚"。如"水清莲媚两相向"(《莲浦谣》)、"桃花百媚如欲语"(《照影曲》)、"绿湿红鲜水容媚"(《春洲曲》),蛾是娇蛾——"烟机漠漠娇蛾嚬"(《舞衣曲》),语是娇语——"管含兰气娇语悲"(《舞衣曲》)。

三、温庭筠艳诗的情感蕴涵

温庭筠的艳诗因为多用乐府体的形式,因而诗中往往不是直接记叙和表现个人情感经历,所描写的女性也不是某个具体的人,更未出现姓名,她不是铭刻于作者心中的某一个恋人形象的再现,而是普泛化的某一些人的代表。对于诗人来说,她们虽是理想化的想象,但所体现出来的却是一种具有世俗性的美感,也即重视其外在形象姿容之美。与此相应,诗中所抒发的感情更多的是女子的绮怨情怀,即一种美丽的感伤与哀怨,这种感伤与哀怨缺少个性化的特征,缺少复杂感和深厚感人的力量,因而无论将其放在哪朝哪代似乎都无可非议,却又不能引起人深长的回味。所以明代的陆时雍在《诗镜总论》中说:"温飞卿有词无情,如飞絮飘扬,莫知指适。"①

温庭筠在艳诗中把女子作为美的化身,这些女子有着美丽的容

---

① (明)陆时雍撰:《诗镜总论》,见(清)丁福保辑《历代诗话续编》,北京:中华书局,1983年版,第1422页。

貌,内心有着对真挚爱情的追求,对美好生活的渴望,有着缠绵不尽的绮怨情怀和坚贞执著的爱情信念。但她们内心缺少一份清醒的认识。有些艳诗于美好春光洋溢的自然景物之中,烘托描写出男女相恋的甜蜜,将情爱的美好与自然景物之美融而为一,同时也流露出美好春光难驻、应当珍惜眼前欢聚、及时行乐的意味。如《晚归曲》:

格格水禽飞带波,孤光斜起夕阳多。湖西山浅似相笑,菱刺惹衣攒黛蛾。青丝系船向江木,兰芽出土吴江曲。水极晴摇泛滟红,草平春染烟绵绿。玉鞭骑马白玉儿,刻金作凤光参差。丁丁暖漏滴花影,催入景阳人不知。弯堤弱柳遥相瞩,雀扇圆圆掩香玉。莲塘艇子归不归,柳暗桑秋闻布谷。

水禽在湖上格格地鸣叫,掠起水波飞翔,夕阳映红了摇荡的一波春水。远处的春山浅淡如笑,岸上如茵的春草平展地铺向远方,刚刚出土的兰芽遍布于曲曲折折的江岸上。一切都给人一种春意融融之感,使人欲醉欲眠。一对恋人便在这一背景中出现,演奏出一曲温柔甜美的恋歌。船中佳人因菱刺牵衣而黛蛾微颦,将青丝系在江边的树上,泊舟上岸。而岸上,白马玉鞭的贵公子正在等待。二人幽期密约,缱绻情浓。远处的艇子依旧系在莲塘的树上。自然界已是一片柳暗桑秋,布谷声声,江南的春色已经深了。

甜蜜的爱情虽然美好,但现实生活中,这样的爱情并不多,更多的时候,佳人们面对的是情人远去且一去不归的现实。于是离愁哀怨,剪不断、理还乱的种种复杂情思便织成了美人们心头挥不去的心事之网。年年花开,岁岁人老,她们心头充满了别离的惆怅,却又执著地抱着一丝希望等待着,盼望着,安慰深闺中的寂寞情怀。飞卿艳诗中的这些水乡多情的女子对情人的思念总是与美丽的自然之景相融合,同时,也与她们对红颜易老、芳华难以久驻的惆怅担心融而为一。如"门前有路轻别离,惟恐归来旧香灭"(《三洲词》),她们的思念中怀着淡淡的哀怨,但却极为含蓄,而非深刻的愁思怨怼。她们似乎永远也不会绝望,永远一如继往地对情人怀着几分期待。一年又一年,虽然情人总是无情地轻易离去,可她们却从不醒悟,从来不去憎恨那无情的负心人,从来认识不到自身的可悲,依旧一年年地在如梦如幻的水乡唱着永不厌倦的思恋之歌。因此,那因思念而起的一点点哀怨和对情人不归的一点点愁,最终也像那软软的微风拂过那一池春水,吹起一点浅浅的涟漪,带有一种软媚和娇柔,让人怜爱却不让人感动。如下面这首《苏小小歌》:

买莲莫破券,买酒莫解金。酒里春容抱离恨,水中莲子怀芳心。吴宫女儿腰似束,家在钱唐小江曲。一自檀郎逐便风,门前春水年年绿。

诗的开头两句以"买莲莫破券,买酒莫解金"暗寓离情。三、四句直接点出女子的离别情怀和对爱情的美好期待。后四句则写盼望情人归来,但写得十分含蓄:"吴宫女儿腰似束"两句写出了女子仪态的娇美和所居环境的美好。末两句以情人乘舟离去之后春水年年常绿写出了女子伫立凝望的神情。春水依旧年年常绿,而情人却一去不归,令人惆怅,同时也以春水年年绿暗示美好年华的匆匆流逝。这一富含形象的景语,包蕴了丰富细微的情感内涵。

在温庭筠的艳诗中,即便是表现爱情中的悲剧意味,也不是那种能够震撼人的心灵的深悲巨痛,而是一种美丽的哀怨与无可奈何。如《张静婉采莲曲》,这个题目本是乐府古题,相传为南朝羊侃所创。张静婉是羊侃的一名舞妓,据《梁书》载:"(羊)侃性豪侈,善音律,自选《采莲》、《棹歌》两曲。姬妾媵侍,穷极奢靡。……有舞人张净婉,腰围一尺六寸,时人咸推能掌中舞。"[①]诗人用这一乐府古题写出了一个舞妓的生活和内心世界。她姿容艳丽,舞姿优美,因而成为"麒麟公子"的宠妓,过着笙歌欢宴的生活。她的舞姿如秋罗拂水一般轻盈。可是,望着门前池塘中双双嬉戏的水鸟,看到"一夜西风送雨来,粉痕零落愁红浅",她又担心自己青春的容颜也如同这落红一样转瞬

---

① (唐)姚思廉撰:《梁书》卷三九,北京:中华书局,1973年版,第561页。

即逝,而公子的怜爱也会烟消云散。担心忧虑之余,她又依然对这美好而温馨的爱情充满期待,认为"藕根莲子相留连",虽然"郎心似月月易缺",但至少"十五十六清光圆"。诗中表现了女子内心美丽的哀怨和淡淡的忧虑,但它没有掩盖总体的唯美色彩。女子的柔弱、凄楚亦构成了美的一部分,而张静婉心中那美丽的哀怨和无可奈何最终也融入了那一池碧波春水之中。温庭筠笔下那些美丽的女子因为生活经历的不同而有着各自的悲欢苦乐,她们为了内心真纯的爱情而或欢笑或歌哭;她们"不学杨白花,朝朝泪如雨"(《西洲曲》);她们"不作浮萍生,宁为藕花死"(《江南曲》);她们对爱情有着美好的憧憬和执著的追求,曾发出"与君便是鸳鸯侣,休向人间觅往还"(《偶游》)的誓言;她们有着"捣麝成灰香不灭,拗莲作寸丝难绝。红泪文姬洛水春,白头苏武天山雪"(《达摩支曲》)的高洁与忠贞。"三秋庭绿尽迎霜,唯有荷花守红死"(《懊恼曲》),迎霜的庭绿反衬荷花的坚贞执著,凄艳美丽的荷花正是女子的象征,守红而死则充满了美被毁灭的悲剧感。"悠悠楚水流如马,恨紫愁红满平野。野土千年怨不平,至今烧作鸳鸯瓦"(《懊恼曲》)则表现了怨郁之情。诗人在这些艳诗中突出了女子的美丽品质和心灵追求,她们内心的怨郁不平也是对美好理想追求而得不到实现后的表现。飞卿在这些美丽的女子身上展现了美质,寄托了自己的审美理想。

四、温庭筠艳诗与李贺艳诗之异同

温庭筠艳诗在女性审美、艺术表现形式等方面都与李贺艳诗有许多相似之处,如他的《晚归曲》颇似李贺的《湖中曲》,《晓仙谣》与李贺的《天上谣》在风格上近似。罗宗强先生认为:"温庭筠学李贺,用力于学李贺用辞的瑰丽,追求辞语的色感。"[①]但温庭筠艳诗并非是对李贺艳诗的单纯模仿,而是在继承的基础上有所创新,形成了自己独特的风格,且以其独具的美感特质丰富了艳体诗的园地。

---

① 罗宗强著:《隋唐五代文学思想史》,北京:中华书局,1999年版,第327页。

首先,李、温二人的艳诗都以乐府体为主,与六朝的乐府民歌有着密切的渊源关系。温庭筠创作的乐府诗有少数几首是依照汉魏六朝的乐府旧题,如《西洲曲》《懊恼曲》等,此外大部分是自拟新题,有的是因旧乐曲而吟咏其本事以补乐府辞,如《张静婉采莲曲序》就说:"静婉,羊侃伎也,其容绝世。侃自为《采莲》二曲,今乐府所存失其故意,因歌以俟采诗者。"根据这段序文可知,此诗是咏张静婉的本事以补羊侃旧诗。而南朝乐府大多具有想象和虚拟的性质,如胡大雷在《宫体诗与南朝乐府》一文中所说的:"除本辞是与特定对象联系在一起外,其他之作或者是在依曲调而衍化本辞故事,或者是拟作就他人他事抒发情感,或者是民间百姓借以在吟咏其自我经历但没有点明,反正是与文士群体或文士个体的情感抒发没有什么关系。"①因而,李、温二人的艳体乐府中往往是以女性代言体的形式表现她们的内心怨郁,或者以第三者的视角描绘一个绮丽的爱情画面,而作者自身似乎与这画面隔着一段距离,自身的艳情经历并未涉入其中,表达的感情多是对诗中女子的同情、赞赏等一般化情感,而未表达自身对于爱情经历的深沉痛苦和刻骨相思等体验。与元稹、白居易等人实写艳情经历的艳诗相比,李、温的艳诗少了些写实的色彩和赤裸裸的欲望描写而更多了想象的成分和理想的美质。在李、温集中,都有一些描写江南水乡美丽景物中的美好恋情的作品,如李贺的《大堤曲》、《江楼曲》《湖中曲》《莫愁曲》《石城晓》等,温庭筠的此类诗作就更多,《兰塘词》《晚归曲》《春洲曲》《钱塘曲》《三洲词》等皆是,而温庭筠对江南水乡风物与恋情的描绘更显活泼多姿。李、温二人的主要不同是,李贺的一些艳诗,往往受楚辞的影响更大些,因而于爱情的幻想之外,自我感慨寄托的意味更浓,往往将作者自身的人生失意的苦闷寄寓其中,表达的感情也更怨郁幽深一些;而飞卿的艳诗对女性心理情思、精神世界的描写感情较为含蓄,自我寄托的意味要少得多。

---

① 胡大雷:《宫体诗与南朝乐府》,载《文学遗产》2001年第6期,第32~33页。

其次,从艳诗中的女性形象来看,李、温二人的艳诗也有许多相同和不同之处。相同之处是二人对女性的审美往往都倾向于娇媚慵懒、柔弱无力,近于一种病态。如李贺的艳诗中有"注口樱桃小,添眉桂叶浓"、"发重疑盘雾,腰轻乍倚风"、"春迟王子态,莺嘿谢娘慵"(《恼公》),"弱蕙不胜露,山秀愁空春。团鬓分蛛巢,秋眉笼小唇。弄蝶和轻妍,风光怯腰身"(《兰香神女庙》),"美人懒态燕脂愁"(《染丝上春机》),"春风烂熳恼娇慵,十八鬟多无气力"(《美人梳头歌》);而温诗中类似的诗句更多。

李贺笔下的女子,虽然外表形象幽艳美丽,却往往显得有些飘忽神秘,仿佛离你时而远、时而近;而温庭筠笔下的女子则仿佛就在你面前,向你嗔巧笑,脉脉含情,故作姿态,挑逗的意味更浓些,也更多了些世俗气和人间气。李贺艳诗中的女性多为妓女和神女,而温诗中则主要是妓女和商妇。他们有些诗中表现了女子对爱情的追求和期待,但李诗中的女性往往更为执著,感情更为强烈。

第三,在诗的意境上,李贺艳诗境界幽艳冷峭,诗中描写了大量超现实的仙界、鬼界的女子和爱情,具有幽艳的幻想的色彩;而温庭筠艳诗的意境以温暖柔润为主,更多地着眼于人间世俗世界,那迷离含情的萋萋芳草,那波光融融、柔媚多姿的春水莲花,迷人而又令人感伤。李、温二人都有一首描写苏小小的诗,但在意境上却有很大区别,同是写苏小小的爱情悲剧,李贺诗中的情感是近于绝望的,带着露珠的幽兰、若有若无的烟花、乍明乍灭的鬼火,使诗的境界异常幽冷、阴森;温庭筠的诗中则是一种淡淡的哀怨与感伤,是一种含着期待的愁绪,莲子、春水这些美好的景物使诗中充满了春光明媚、温暖融润之感。

温、李艳诗均充满色感,绮艳夺目。他们都喜用"红"、"绿"、"金"等色彩艳丽的词语,而且诗中的意象往往具有通感的特征,可以调动人的多重感官。但李贺艳诗中喜用"寒"、"冷"、"幽"、"重"等字,从而使诗的境界幽冷凄暗,诗的感情也呈现出一种滞重、下沉、浓缩之感;温庭筠的艳诗与之相反,喜用"暖"字,具有一种柔润融融之感,在芳草萋萋、莲花照水、佳人起舞、晚霞西照、暗露凋零、漏声迢递等意象中，让人的感官处于一种迷醉状态，给人以情感的轻飘飞升之感。

总体看来，温庭筠的艳诗创造的世界是一个充满温馨甜美、香艳、颓废气息的美的世界，这个世界中的女子都有着美丽的外表和绮怨的情怀，她们的美和哀怨都具有更多的世俗人间气息，有更多的挑逗意味。而诗人构筑的这个美的世界正是他在现实的极度失意中用诗歌建造出的理想桃源，以便在唯美的温柔乡中、在声色歌乐中自我沉醉和满足。因而，这些诗中所抒发的感情往往都是一种客观化、普泛化的感情，并没有融入作者深切的爱情体验或恋情追忆，它与汉魏六朝乐府民歌有着渊源关系，如蒋长栋在《李商隐及晚唐缘情诗派》中所说："温氏所走的路，正是南朝诗人'缘情体物'的道路。他是将中唐元、白某些爱情描写的刻露与南朝宫体诗的绮丽结合起来，再配以李贺的丰艳奇谲，便使他的诗也如他的词一样香软柔媚。"①同时，在内容、风格、抒情方式、艺术手法等方面，温庭筠的艳诗都与李贺艳诗有许多相近之处。

第三节　深挚缠绵的爱情绝唱
——李商隐的艳诗

诗人李商隐的一生，可以用他的友人崔珏的一句诗来概括，那就是"虚负凌云万丈才，一生襟抱未曾开"（崔珏《哭李商隐》）。他虽有强烈的功名心和出众的文学才能，但是仕途多舛，沉沦下僚，四处漂泊，"中路因循我所长，古来才命两相妨"（李商隐《有感》）。仕途的不顺使他感叹、忧伤、苦闷、彷徨，而不幸的爱情更使他的心头笼罩上抹

---

① 蒋长栋：《李商隐及晚唐缘情诗派》，载《阴山学刊》1999年第1期，第11页。

不去的悲伤与怅惘。关于李商隐的爱情经历今天已经难以确考,但可以肯定的是多为具有悲剧意味的爱情。

　　李商隐的艳诗取得了很高成就,对当时和后代都产生了重要影响。他的艳诗按表现对象的不同大体可以分为三类,其一是歌舞宴席上的应酬赠妓之作。这些诗多是即兴而作,没有寄托什么深意,也不表现内心真挚的爱情,而与其他文人在酒宴歌席之间所作的游戏笔墨之作没有什么不同,也是用艳情的暗示来与席上的文人好友相互调侃,既活跃了气氛,又见文人风雅。此类诗中也有的写得很有情调,以自己的徒自多情和歌妓的难以接近来戏谑自嘲,风情婉转,颇含情韵。如《赠歌妓》其二:

　　　　白日相思可奈何,严城清夜断经过。只知解道春来瘦,不道春来独自多。

白天里相思之情已难以忍受,无可奈何,清夜里则严城夜禁,断绝经过,更加不堪;你只知道我春来消瘦,却不知道我春来经常是独自一人啊。全诗含戏谑自嘲口吻。类似这样的作品在李商隐的艳诗中为数不少,如《饮席戏赠同舍》、《代赠二首》、《代应二首》、《追代卢家人嘲堂内》、《代元城吴令暗为答》、《闻歌》、《歌舞》等。

　　李商隐还有一类艳诗是一些没有明确的表现和赠与对象的爱情诗,但写得深情绵邈、哀感绮艳。这类诗作很多,也代表了李商隐艳诗的主要风格和主体成就。

一、李商隐艳诗的情感内蕴

　　李商隐的大量艳诗既没有运用代言体的形式,又非表现狎邪冶游的风流韵事,没有对情爱细节的详尽铺叙,也没有对女性外貌体态的细致描摹,而是将情感高度浓缩,升华为真正的爱情,表现了内心对爱情的各种复杂深刻体验。

　　首先是爱情的心灵化。在李商隐爱情诗中,爱情超脱了单纯的感官欲念而上升到纯粹精神的高度,是心灵世界的纯情歌唱。清代的赵臣瑗在评"春蚕到死丝方尽,蜡炬成灰泪始干"两句时说:"言情至此,真可以惊天地而泣鬼神,《玉台》、《香奁》其犹粪土哉!"①对于李商隐来说,爱情最重要的是心灵的相通、契合与相知。"身无彩凤双飞翼,心有灵犀一点通"(《无题》),即便由于外界阻隔,两人不能在一起,但只要两心相通,两情相悦,仍会在心灵的超越空间的共鸣中感受欣喜,在情感的交融中获得慰藉。在这些诗中,女性形象不再是与文人恣意调笑的市井私妓,也不再是男性以观赏或狎玩的眼光审视的对象,更不只是外在美的化身,她们已作为在情感与心灵上和诗人平等的恋爱对象出现,与诗人相知相依,相恋相思。诗人在爱情诗中描绘的往往是爱情场景中最深刻难忘的瞬间片段,爱情追求中的悲伤、欣喜、执著、痛苦、无奈等真实复杂的内心体验相互交织,无论是两情相悦的温馨、心有灵犀的默契,还是黯然神伤的离别、刻骨相思的苦痛,都是心灵深处对爱情的真实体验。诗中对爱情的追求往往超越了时空、超越了生死而显示出一种痴顽挚烈和至死不悔的执著,所表现的多是一种纯粹属于心灵化的精神性的体验。如《无题》:

相见时难别亦难,东风无力百花残。春蚕到死丝方尽,蜡炬成灰泪始干。晓镜但愁云鬓改,夜吟应觉月光寒。蓬山此去无多路,青鸟殷勤为探看。

相爱的两个人因相见不易而在离别之际难舍难分,心情黯然,但心心相印的爱情却像春蚕吐丝、蜡炬成灰一般永恒坚贞、生死不渝。诗的后四句则表现出对所爱之人的细心体贴和爱惜,想象所爱之人清晨对镜理妆,一定会叹息红颜易逝,夜晚在月下吟诵,一定会感到月光的凄清寒冷。整首诗把爱情追求过程中的复杂矛盾心理表现得深刻而真实,"他表现的沉缅绵邈、难以自解的浓重情思,是一种强烈恋情受着某种压抑时产生的失望凄伤,于失望凄伤中有强烈的追求、向往、爱恋,故凄而艳。但是,这浓烈的追求、向往、爱恋,却又是更侧重

---

① (清)赵臣瑗撰:《山满楼笺注唐诗七言律》卷四,山满楼藏本,第61页。

于精神的,而非感官的。因此它也就显得更为纯美而且执着"。①

其次是爱情的悲剧性体验。虽然李商隐爱情诗中表现的恋爱对象难以确切考证,但可以肯定的是她绝非市井私妓,因而这种感情带给诗人的往往是一种悲剧体验。悲剧体验在李商隐的诗中主要具体表现为外界的阻隔导致与所恋爱的对象无法接近,既不可望也不可即,因此而带来巨大的痛苦和无望感,爱情也在一种极度压抑和渴求的状态中变得更炽烈和凄艳而成为一种近于单相思式的痴情苦恋,对爱情的期待与对爱的幻灭感相伴共生。于是,诗人只能怅然徘徊,追忆着爱情的缱绻温馨,独吟着爱的悲情绝唱,如"车走雷声语未通"、"曾是寂寥金烬暗,断无消息石榴红"(《无题二首》其一),"红楼隔雨相望冷,珠箔飘灯独自归"(《春雨》),"星沉海底当窗见,雨过河源隔座看"(《碧城三首》其一)等。最典型地体现出这种因阻隔而带来长久怅恨的是他的《无题四首》其一:

> 来是空言去绝踪,月斜楼上五更钟。梦为远别啼难唤,书被催成墨未浓。蜡照半笼金翡翠,麝熏微度绣芙蓉。刘郎已恨蓬山远,更隔蓬山一万重!

"空言"、"绝踪"写出了一种强烈的阻隔感:来已是空言,情人一去便杳无踪迹,梦醒时分,已是五更钟鸣,楼上只有月光斜照;中间两联写梦中和幻想中的情景,在梦中情人远别,啼哭难唤,醒来时立即秉笔倾诉衷情,墨尚未研浓便奋笔疾书,而室内的翡翠灯笼透出的摇曳不定的烛光,使主人公仿佛觉得意中人的余香依旧存于芙蓉帐边。前面六句对远别之恨和相思之苦的反复描绘渲染,使结尾爱情阻隔的无望更具悲剧感:蓬山已是无限缥缈遥远之地,而自己与意中人相隔竟好比万重蓬山。

当然,深挚的情的力量是可以冲破时间和空间及种种人为的阻

---

① 罗宗强著:《隋唐五代文学思想史》,北京:中华书局,1999年版,第337页。

隔的,如《无题》(飒飒东风细雨来)颔联所说"金蟾啮锁烧香入,玉虎牵丝汲井回",即使锁再坚、井再深,绵邈不绝的情仍可以如同香烟袅袅穿锁出入,如同柔韧深长的井绳汲水而回,有情之人终成眷属,多情的人死后亦可以与所爱之人相会。再如《无题》(昨夜星辰昨夜风)中"身无彩凤双飞翼,心有灵犀一点通"一联,"'身无'句在表现对爱情阻隔这一无情现实的担当承载同时,又仍旧体现了希望突破这种现实的不甘之意愿与不屈之精神,而'心有'句更是一种在体验'身'受阻隔的无情现实中升华出来的'心'对爱情的深切向往。它昭示人们,身虽不能相接,心却可以相通,正是在这种痛苦中有欣慰、苦涩中有欢愉的审美体验中,爱,具有了不同寻常的价值与意义,从而显示出它的弥足珍贵"①。

爱情的长久阻隔和相见的艰难无期也带来了爱情的幻灭与绝望。但看清了爱情的悲剧性幻灭并不等于就获得了超脱,放弃了对爱情的回忆与期待。恰恰相反,"直道相思了无益,未妨惆怅是清狂"(《无题二首》其二),明知"相思了无益",却依然因此而惆怅清狂,明知道相思终将成灰,却依然无法泯灭对爱情的追求和思念。爱之幻灭与无望带给诗人的不是瞬间起伏跌宕的巨大悲痛,而是挥之不去、笼罩其一生的怅惘、感伤和人生如梦、梦如人生的恍惚,是一种剪不断、理还乱的复杂难言的内心情绪。诗人无法从这种情绪中超脱,而是一遍又一遍地咀嚼和追忆着往日的美好爱情和这份爱情带给他的痛苦。最典型地体现出他的这种怅惘追忆情绪的是《锦瑟》:

> 锦瑟无端五十弦,一弦一柱思华年。庄生晓梦迷蝴蝶,望帝春心托杜鹃。沧海月明珠有泪,蓝田日暖玉生烟。此情可待成追忆,只是当时已惘然。

首联的"思"体现出一种追思、追忆的状态;颔联庄生梦蝶之典表现出一种梦亦人生、人生亦梦的恍惚迷惘,而望帝啼鹃之典则蕴含了一种

---

① 胡遂:《论义山诗之"隔"》,载《文艺研究》2004年第4期,第60页。

苦苦追寻而终究无结果的徒然和悲哀;颈联则表现了一种感伤而美好的境界,或者也象征了曾经爱情的美好;尾联点明这种美好在追忆中带给人的只是一种"惘然",与开头的"无端"相呼应。

其三是爱情的超越性。追忆也好,惘然也罢,因为隔着一段时间和空间距离,所以其间自然多了些理性内省意识,而且与这种内省相伴随的是对生命孤独感的体认,是将爱情的无望升华为具有普遍意义的对生命的整体性体验,使这种富有世俗色彩的人类感情与人内心更高一层的精神追求相通,从而使这种悲剧色彩的爱情获得了超越具体时空的升华。虽然爱情是生命中不可分割的一部分,与生命相伴始终,然而爱而不得的痛苦、温馨相聚的不易、遥远漫长的等待却使相爱之人只能面对各自的生命孤独,体味人生的沉寂和悲凉。"红楼隔雨相望冷,珠箔飘灯独自归"(《无题》)是一种于凄冷氛围中独自归去的孤独。"芭蕉不展丁香结,同向春风各自愁"(《代赠》)是一种彼此隔绝只能各自怀着无限愁肠的孤独。再如《碧城》中"星沉海底当窗见,雨过河源隔座看。若是晓珠明又定,一生长对水晶盘",同样表现了心中体验的孤独感。与他看清了爱情的悲剧性幻灭却未能获得超脱一样,他从爱情的内省中体味到生命的孤独却又未能超越这种孤独,而是更加沉溺于这种情绪之中,自我追忆,自叹自伤。

总之,李商隐爱情诗表达的是对爱情的各种复杂深刻体验,它是抒情性的而非叙事性的,诗中表现的爱情已摆脱了肉欲的沉溺而上升到灵魂的高度,这也正是他的爱情诗高于他以前和他以后的爱情诗的地方。

二、李商隐艳诗的艺术表现

其一,意象的含蓄朦胧。

李商隐爱情诗中的意象往往较绵密,自然现象都被诗人以独特的感觉心象化了,将比喻与象征巧妙地融为一体,具有了多义性和朦胧美感,通过诗心的巧妙生发,将复杂矛盾甚至惆怅莫名的情绪铸造成为水中之月雾里之花般朦胧凄艳的诗境。他的爱情诗中比喻用得很多,而且非常恰当贴切,如"春心莫共花争发,一寸相思一寸灰"

（《无题六首》其六）以春花之争相绽发来比喻爱情的无法泯灭，"春蚕到死丝方尽，蜡炬成灰泪始干"（《无题》）以春蚕之吐丝、蜡炬之燃烧来比喻爱情的与生命相终始和自我献身、至死不渝，"身无彩凤双飞翼，心有灵犀一点通"（《无题》）以彩凤之双飞和灵犀之相通比喻相爱双方身虽阻隔而心灵相通。诗人通过比喻将抽象的感情具体化为美好的事物，给人以丰富的美感想象。

李商隐喜欢在诗中运用具有朦胧美感的自然意象，如月、风、露、雨、雾等，如"月斜楼上五更钟"（《无题》）、"晓镜但愁云鬓改，夜吟应觉月光寒"（《无题》）、"风波不信菱枝弱，月露谁教桂叶香"（《无题》）、"如何雪月交光夜，更在瑶台十二层"（《无题》）等句中，月光使一切染上了朦胧冷寒的色调。同时，李商隐诗中的意象又具有主观幻想的特征，喜欢用悲、愁、啼、泪、断肠等表现悲愁情感的意象，如"梦为远别啼难唤，书被催成墨未浓"（《无题》）、"肠断秦台吹管客，日西春尽到来迟"（《相思》）。诗人还善于描写迷离惝恍的梦境，从而使诗境幽深曲折，似真似幻，如"远路应悲春畹晚，残宵犹得梦依稀"（《春雨》）、"重衾幽梦他年断，别树羁雌昨夜惊"（《银河吹笙》），梦境是内心情绪的曲折反映，或者是现实的幻象化，它往往给人以幽深恍惚之感。

象征手法在李商隐的爱情诗中也被广泛运用，而且，它往往与比喻相融合，借助于客观物象，将诗人惝恍幽微的心绪传达出来。如"一春梦雨常飘瓦，尽日灵风不满旗"（《重过圣女祠》），渲染出了圣女祠幽眇迷蒙的环境氛围，同时，又含有"象外之象，景外之景"，含有一丝淡淡的忧郁和感伤，有有余不尽之意。再如《锦瑟》一诗，以庄生梦蝶、望帝啼鹃、沧海珠泪、蓝田玉烟这四个极具象征意味的意象表现了诗人复杂的人生体验，从而使诗意深曲而不可解，却也因此而显出一种独特的美。清代的叶燮曾在《原诗·内篇》中说："诗之至处，妙在含蓄无垠，思致微渺，其寄托在可言不可言之间，其指归在可解不可解之会；言在此而意在彼，泯端倪而离形象，绝议论而穷思维，引人于冥漠恍惚之境,所以为至也。"①李商隐的爱情诗正是在一种朦胧深曲的境界中,在一种处于可解和不可解之间的境界中体现出它的美,蕴含着诗人对人生的独特感受。

正因为李商隐的一些诗中往往将内在心象与客观的物象融铸到一起,以一种深具比喻、象征意味的意象来表达一种朦胧幽微的心境,所以也增添了其爱情诗深曲朦胧的特色,使诗中情感意绪更加隐晦。

其二,身世悲慨融入艳情。

李商隐的艳诗,尤其是那些无题之作,到底是表现自身爱情经历与爱情体验,还是别有寄托,历来众说纷纭,莫衷一是。一些人认为他的诗都是有"寄托"的微言大义之作,在男女爱情的背后,表现的是君臣遇合的政治理想或自身怀才不遇的郁闷。也有的研究者把他的艳诗看作是单纯描写爱情的作品而大加指责,认为其有害于风俗教化。黄子云在《野鸿诗的》中曾感叹:"噫!如义山者,谓之为《三百篇》之罪人可也。"②现代人苏雪林则认为,"《无题》艳情诸作篇篇都是恋爱的本事诗,真真实实的记录,并无寄托的踪影",尽为"爱情、艳遇"篇什。③ 陈贻焮先生也认为李商隐的无题诗"纯写恋情,别无深意"。④ 还有一种观点是认为李商隐的艳诗有的是纯写爱情本事,有的是有所寓托,应区别对待。

李商隐生于晚唐末世,当时的朝廷局势已经如江河日下,日薄西山,呈现出不可挽回的衰败颓势,面对此夕阳西下之惨状,有志之士难免忧心忡忡,渴望扭转乾坤,有所作为。李商隐对自己的才华是充满了自信的,具有着"永忆江湖归白发,欲回天地入扁舟"(《安定城

---

① (清)叶燮撰:《原诗》,见(清)丁福保辑《清诗话》,上海:上海古籍出版社,1978年版,第584页。
② (清)黄子云撰:《野鸿诗的》,见(清)丁福保辑《清诗话》,上海:上海古籍出版社,1978年版,第853页。
③ 苏雪林著:《唐诗概论》,上海:上海书店,1992年版,第159页。
④ 陈贻焮:《李商隐恋爱事迹考辨》,见陈贻焮著《唐诗论丛》,长沙:湖南人民出版社,1980年版,第282页。

楼》)的理想。可是处于牛李两党斗争最激烈之时,他一步入仕途,便受到了党争的牵连。先是"令狐楚奇其才,使游门下,授以文法,遇之甚厚"①,并在令狐楚的奖誉之下中进士,接着王茂元因赏爱其才而表为掌书记,并将女儿嫁给他。由于令狐楚属牛党,而王茂元是李党之人,所以李商隐背上了一个"背恩"、"无行"的恶名,受到朝士的鄙薄和排挤,"士流嗤谪商隐,以为诡薄无行,共排摈之"②,以致其一生于仕途上始终沉沦下僚,辗转飘荡。先是在朝廷任秘书省正字、弘农尉等小官,后又辗转于桂州、徐州、梓州等幕府,一生虽有才华而未得施展,虽有理想而壮志难酬。他在诗中感叹:"古来才命两相妨"(《有感》),"古人常叹知己少,况我沦贱艰虞多"、"身闲不睹中兴盛,羞逐乡人赛紫姑"(《正月十五夜闻京有灯恨不得观》)。诗人痛感仕途艰难,怀才不遇,一筹莫展,却不甘心才华被埋没,不甘心放弃"安危须共主君忧"(《重有感》)的政治理想,这种无法排遣而又不被理解的难言之隐郁结于胸中。但同时因生活于牛李党争的夹缝中,被双方所猜忌,举步维艰,为避祸全身,很多事情难以明言,只能采用隐约曲折的方式表现出来。清人朱长孺说:"古人之不得志于君臣朋友者,往往寄遥情于婉娈,结深怨于蹇修,以序其忠愤无聊缠绵宕往之致。唐至太和以后,阉人暴横,党祸蔓延。义山厄塞当途,沉沦记室。其身危,则显言不可而曲言之;其思苦,则庄语不可而谩语之。计莫若瑶台琼宇,歌筵舞榭之间,言之可无罪,而闻之足以动。"③而这种政治上的追求与幻灭、希望与失望和其爱情追求中的爱而不得和得而复失相契合。他年轻时代的爱情以没有结果的悲剧而告终,只带给他心灵的创痛和永久的哀伤,他与王氏的婚姻,本来可算幸福,却又无

---

① (元)辛文房撰,傅璇琮主编:《唐才子传校笺》第三册,北京:中华书局,1990年版,第266页。

② (元)辛文房撰,傅璇琮主编:《唐才子传校笺》第三册,北京:中华书局,1990年版,第270页。

③ (清)朱长孺:《朱长孺笺本序》,见(唐)李商隐撰、(清)冯浩笺注:《玉溪生诗集笺注》附录,上海:上海古籍出版社,1979年版,第832页。

端地与牛李党争相牵连,加之王氏早亡,留下他一个人孤单地颠沛于各地的幕府之中,爱情上的这种刻骨铭心之痛与政治上的追求无望、辗转沦谪之悲往往复杂地交织在一起,所以他在表达爱情上的悲伤憾恨、相思绝望之时往往自觉不自觉地将人生失意、抑郁不平的身世之感渗入其中,二者水乳交融地结合在一起。

身世悲哀与仕途失意之感的融入,拓展了诗的意境,使李商隐的有些艳诗往往含蓄蕴藉,具有丰富的多层次的内涵。如《无题四首》其四:

> 八岁偷照镜,长眉已能画。十岁去踏青,芙蓉作裙衩。十二学弹筝,银甲不曾卸。十四藏六亲,悬知犹未嫁。十五泣春风,背面秋千下。

该诗具有乐府风调,写一少女少而聪慧,才艺俱佳,结尾二句则写少女背面春风,独自哀泣,有怀春而担心无良媒之意,同时也暗示出对才士之不为时所遇的忧虑。正如刘学锴、余恕诚所说:"诸家之解少异,然均以为此篇乃托寓少年有才、忧虑遇合之作。诗中描绘之少女,美丽早慧,勤于习艺,向往爱情,而幽闺深藏,青春虚耗,无法掌握自身命运。托喻痕迹显然。"[①]再如他的另一首《无题》:

> 照梁初有情,出水旧知名。裙衩芙蓉小,钗茸翡翠轻。锦长书郑重,眉细恨分明。莫近弹棋局,中心最不平!

此诗写一姿容艳丽的少女内心对失去爱情的怨恨,"照梁"、"出水"写其容颜的美丽,"翡翠"、"芙蓉"见其妆饰的华艳,她虽多次寄书传达情意却不被珍惜,因此内心含怨抱恨,充满不平之气,所以结尾两句直言"莫近弹棋局,中心最不平"。从诗中能够明显感受到诗人仕途

---

① (唐)李商隐撰,刘学锴、余恕城集解:《李商隐诗歌集解》,北京:中华书局,1988年版,第26页。

失意、怀才不遇的不平之气和深沉感慨,少女的美丽姿容含有对自身出众才华的隐喻意味,而"有情"、"知名"之言也寓含对理想的追求之意,女子爱情上的失恋也寓含着诗人政治上的失意。

总之,在李商隐的艳诗中,在描写爱情的复杂体验中往往夹杂着失意、落寞、孤独的身世悲慨,二者不是简单的"为芳草以怨王孙,借美人以喻君子"的寓托或比喻,而是一种不自觉的渗透,是一种经过理性的内省沉淀后对爱情的超越特定时间与空间的升华性认识。如果没有这种爱情体认,其诗不会那样悱恻缠绵。而如果没有那些身世悲慨,爱情诗也不会获得如此复杂深沉的悲剧感和超越感性的升华。这种超越于单纯香草美人的寓托传统之上的身世悲慨与艳情的水乳交融正是艳诗创作的一个巨大超越,是一个里程碑式的发展。它使艳诗具有了更深厚、更耐咀嚼的内涵和更感发人心的力量,这是此前的元、白、李贺、杜牧、温庭筠诸人都没有达到的。从这个意义上说,李商隐艳诗是中晚唐艳诗创作的最高成就,也为后代树立起了爱情诗的典范。

其三,仙道典故的运用。

仙道典故在李商隐艳诗中得到了大量运用,使其艳诗充满了仙情道韵,奇幻而迷离,如钟来因先生所说:"以道家词语入诗;描绘的爱情背景是仙山道观;涉及的生活是尚未公开的私情;运用的手法是隐比:这样的诗给读者展示了一幅瑰丽多姿的、极富仙家色彩爱情画卷。它显得那么浪漫、神秘、极富魅力,它又是那么隐晦、艰深。"①大量的道教典故的运用,在李商隐爱情诗中具有隐比、暗示、象征的意味,增加了诗的表现内涵,它既向读者透露出内心隐约的情感,又使这种情感迷离隐晦、神秘难测,难以坐实到现实生活中来。"义山运用道教秘诀隐文之手法,把某些特殊的词系列化、类型化,使之成为

---

① 钟来因:《唐朝道教与李商隐的爱情诗》,载《文学遗产》1985年第3期,第35页。

具有固定含义的词语。"①其中,诸如云、雨、楚梦、楚女等词,用来表现男女性爱,而"蓬山"、"青鸟"等词则侧重于象征爱情中的阻隔之感。如"刘郎已恨蓬山远,更隔蓬山一万重"(《无题》),因为是道教传说中虚无缥缈的蓬山,非现实中某一实际处所,所以更加重了心理空间上的遥不可及感与爱的追求的艰难。再如"蓬山此去无多路,青鸟殷勤为探看"(《无题》)、"三星自转三山远,紫府程遥碧落宽"(《当句有对》),同样有种人仙殊隔、难以接近的距离感。再如"十二城"这一词语典故,本出自《墉城集仙录》:"西王母所居宫阙在阆风之苑,有城千里,玉楼十二。"②李商隐艳诗中多次运用这一词语,用来暗指女仙或女道士的居所,如"碧城十二曲栏干"(《碧城》其一)、"十二玉楼空更空"(《代应》)、"更在瑶台十二层"(《无题》)、"门梯十二云九关"(《日高》)等,所表达的都是对方高高在上、缥缈而难以接近、令诗人可望而不可即的遥远的距离感。

  因为仙界传说本身便似有若无,难以指实,神秘莫测,让人遐想不已,所以这种仙道典故的运用也自然增加了诗的意境的迷离恍惚、若隐若现、空灵缥缈之感,而诸如"嫦娥"、"圣女"、"紫姑"、"麻姑"等仙道词语指称也使诗中的女性形象增添了一份远离人间烟火的孤寒气质和冰肌玉骨,增添了一份可远观而不可亵玩的超逸出尘的美致,超越了男性的世俗目光下的肉欲感性色彩而使爱情具有了一份心灵相通的"灵"的超越之美,多了一份庄重诚挚的精神追求的因素。如:"昨日紫姑神去也,今朝青鸟使来赊"(《昨日》)、"紫府仙人号宝灯,云浆未饮结成冰"(《无题》)、"阆苑有书多附鹤,女床无处不栖鸾"(《碧城三首》),这些诗都在仙道的神光离合中透出女性形象及内心情感的凄艳秾丽、悱恻缠绵。再如"嫦娥衣薄不禁寒,蟾蜍夜艳秋河月"(《河内诗二首》)、"兔寒蝉冷桂花白,此夜嫦娥应断肠"(《月夕》),诗

---

① 钟来因:《唐朝道教与李商隐的爱情诗》,载《文学遗产》1985年第3期,第37页。

② (唐)杜光庭撰:《墉城集仙录》,见《道藏》洞神部谱录类,上海涵芬楼1924年影印,第560~561页。

中的女性形象都多了一份仙肌道骨,冰寒高逸,与那些含颦巧笑、莺歌燕舞的世俗人间女子相比更多了些来去无踪、无迹可求的风神气韵,这是灵光一现、转瞬即逝、难以捕捉的美,令人不敢狎玩。所以,仙道典故的运用"使得其爱情诗中的总体时空构架具有了虚拟性,也使得诗中女性形象穿越了时间的隧道,脱离了沉重的现实环境,飞升飘浮于远古虚幻的时空中而获得了情感表现自由度,而同时也获得了超自然的神性"①。

三、李贺艳诗对李商隐艳诗的影响

李商隐的诗歌受到了李贺诗风的影响,对于此点,研究者论述颇多。张采田曾分析说:"长吉诗派之佳处,首在哀感顽艳动人,其次练字调句,奇诡波峭,故能独有千古。"又说:"唐人能学长吉者首推玉溪,其次则温飞卿。"②他还对李商隐的这类作品赞赏有加:"晚唐昌谷之峭艳,飞卿之哀丽,皆诗家正宗。玉溪则合温、李而一之,尤擅胜境。"③李商隐生于李贺之后,李贺诗那种幽艳奇谲、不蹈故常、奇峭浓丽、具有唯美色彩的风格曾令他赞叹,他在《李长吉小传》中更是对李贺的天才奇旷称颂不已,对长吉的早亡深为感慨。

李贺艳诗中有几首明显模仿齐梁艳诗之作,如《冯小怜》、《追赋画江潭苑四首》、《花游曲》等。李商隐曾对李贺的这类艳诗进行仿作,如《效长吉》:

> 长长汉殿眉,窄窄楚宫衣。镜好鸾空舞,帘疏燕误飞。君王不可问,昨夜约黄归。

这首诗与李贺的《冯小怜》情调十分相像:

---

① 蔡燕、张西虎:《李商隐爱情诗女性形象神化倾向及其对诗风的影响》,载《汉中师范学院学报》(社会科学版)2003年第4期,第53页。
② 张采田撰:《玉溪生年谱会笺》,北京:中华书局,1963年版,第471页。
③ 张采田撰:《玉溪生年谱会笺》,北京:中华书局,1963年版,第414页。

湾头见小怜,请上琵琶弦。破得东风恨,今朝值几钱。裙垂竹叶带,鬓湿杏花烟。玉冷红丝重,齐宫驾妾鞭。

二诗都以轻艳、流丽的语言描写了女子的容颜妆饰,写出宫中女子爱情的失意,情调温婉含蓄,有余不尽。诗中没有浓密的意象和深奥的典故,表达的情感也不晦涩。

但李商隐学习李贺更多的是那些意象秾丽密集、词采华艳和诗境迷离冷艳之作,而诗中表现的感情则隐晦、幽深,往往通过象征、暗示、比喻等手法隐约朦胧地传递出来。如《燕台诗四首》、《柳枝五首》、《镜槛》、《房中曲》、《李夫人三首》、《河阳诗》、《河内诗三首》、《碧瓦》、《拟意》、《日高》、《和郑愚汝阳王孙家筝妓二十韵》等。这些诗都是古体,诗中词采都华艳秾丽,绚烂夺目,意象则密集滞重,诗句之间呈现出很大的跳跃性,诗人的情感隐约迷离、顽艳诡峭,整个诗境也显现出一种光怪陆离的风格。如《燕台诗四首》,意象迷离跳跃,情感隐约断续,隐隐地传达出一个哀艳动人的爱情悲剧,很明显地学习了李贺艳诗的用语秾丽、浓墨重彩和丰富新奇的想象以及诗句之间的跳跃性,但"它不象长吉诗那样奇而入怪、艳中显冷;而是将奇幻的想像用于创造迷离朦胧的境界,用华艳的词采表达炽热痴迷、执著缠绵的感情,使人读后既深为诗中所表现的哀感顽艳的悲剧性爱情而悲叹,同时又感到其中荡漾着一种悲剧性的诗情,一种执著追求的深情,一种令人心田滋润的诗意"[①]。

李商隐和李贺艳诗中的情感内涵往往都扑朔迷离,令人聚讼纷纭。李商隐与李贺在出身、才华、经历、遭遇等方面都有很多相似之处。李贺自称是唐诸王孙,是皇室后代,李商隐也说过"我系本王孙"(《哭遂州萧侍郎二十四韵》),他们都天才奇旷,对自己的才华十分自负,在政治上却都困顿失意,难展抱负。李贺因避父讳而不得参加进

[①] 刘学锴著:《李商隐诗歌接受史》,合肥:安徽大学出版社,2004年版,第408页。

士考试,一生只做过奉礼郎等小官。李商隐也因党争牵连而沉沦下僚,"虚负凌云万丈才"(崔珏《哭李商隐》),加之妻子早亡,漂泊辗转,一生抑郁落寞。李贺发挥天才的想象写了许多意象诞幻、意境幽隐的诗作,这种风格对李商隐的影响使李商隐也在诗歌中融铸奇异的想象,许多非现实中实有的意象出现于诗中,如"瑶台"、"蓬山"、"海宫"、"青鸟"、"灵犀"、"玉烟"、"珠泪"等,为诗歌罩上一层神奇、斑斓的色彩。

李贺在艳诗中喜欢用"死"、"啼"、"泣"、"冷"等词语,使诗境酸辛刺目,荒疏冷寂,甚至是阴森可怖,李商隐艳诗中对此也有所学习。如钱钟书在《谈艺录》中所说:"长吉好用'啼''泣'等字……此皆有所悲悼,故觉万汇同感,鸟亦惊心,花为溅泪"①,"李义山学昌谷,深染此习"②。在李商隐艳诗中,这种用"啼"、"泣"、"冷"、"死"等词的诗句很多,无生命的物仿佛化作了有生命、有感情的人,诡异、阴冷、神奇、艳丽等复杂的感觉相互交织,给人以强烈刺目感,如"芳根中断香心死"、"蜡烛啼红怨天曙"(《燕台诗四首·秋》)、"粉蛾帖死屏风上"(《日高》)、"雾吃香难尽,珠啼冷易销"(《碧瓦》)、"一曲送连钱,远别长于死"(《和郑愚赠汝阳王孙家筝妓二十韵》)等。

李商隐艳诗在结构上与李贺艳诗一样喜欢跳跃变幻,诗句与诗句之间缺少逻辑联系,因而留有很大的空白空间,也使诗境略去了对事件与情节的描绘叙述而呈现出浮光掠影式的片段。诗中时间与空间都变幻无定,只是不同的奇幻境象跳荡而出,仿若电影的蒙太奇镜头一般,因而使诗中情感意脉更加朦胧深曲、变幻莫测。

但李商隐艳诗与李贺艳诗也有很大不同,李贺的艳诗没有或很少表现自己对爱情的复杂深切体验,他对爱情的表现往往只是一种想象性的描绘,且停留于感性的层次,而李商隐艳诗却是自身情感体验升华后的再现。他们艳诗中都有一些作品表现出一种凄寒幽冷的境界,而女性形象则具有神化、仙化的色彩,如李贺描绘了兰香神女、

---

① 钱钟书著:《谈艺录》,北京:三联书店,2001年版,第161页。
② 钱钟书著:《谈艺录》,北京:三联书店,2001年版,第164页。

姮娥、贝宫夫人等,李商隐艳诗中此类人物形象就更多了。他们的不同在于李贺艳诗是对神仙世界的艳情幻想,而李商隐更多地是将其作为典故来象征和暗示自身的爱情体验。总体看来,李贺艳诗对李商隐艳诗的影响主要是在艺术表现手法和风格技巧等方面,而在爱情诗所具有的情感内涵方面二人其实是迥然有别的。

第四节 艳诗创作的高潮
——晚唐艳诗小结

  晚唐是艳诗创作的高潮时期。这表现为艳诗作者多,作品数量多,当时的诗坛大家如李商隐、杜牧、温庭筠、张祜等人都创作了数量众多的艳诗,而且艳诗作品的情感内涵和艺术成就也超越了前期而达到一个新的高峰。

  与中唐元、白等人均经历过永贞革新和宪宗朝前期的中兴局面不同,晚唐的诗人在政治上多未能有大的作为,而是辗转于幕府之间,行为上也更加不拘礼法、放旷恣意。正因为如此,晚唐时期与自身狎游恋情相关的作品更多,且更加放肆坦率地表现内心的欲望和情感。

  晚唐三大诗家温、李、杜的艳诗大体上沿着中唐以来实写自身艳情经历与运用乐府体进行艳情想象两种创作路数而有所发展。杜牧虽然对元、白的"元和体"艳诗不遗余力地批判,但在创作上实与元、白有着曲折的渊源关系,艳诗写作都与自己的艳情经历相关,都体现出轻艳流丽的风格;当然,在情感内蕴和艺术特色等方面又与元、白有相异之处。温庭筠的艳诗有意学习李贺的艳诗风格与表现手法,追求一种绮丽唯美的风格,浓墨重彩,意象华美密集,富于画面感。

  李商隐的优秀艳诗作品继承了中唐元、白实写和追忆自己的情感经历的写法,而更着重于刻画人物的心灵世界,表现抒情主人公对爱情的深刻情感感受,同时融入了复杂难言的身世悲慨和人生体验,深情绵邈,思绪迷离。在表现手法上,他则较多地受到了李贺艳诗的影响,以种种想象、虚幻的意象对环境景物进行烘托和渲染,意境深曲,色彩浓艳,辞采华美。他的爱情诗开创了艳诗的新境界,对情感的复杂体验的表现达到了一个新的深度,从而取得了中晚唐艳诗创作的最高成就。

此外,张祜、赵嘏、薛能、李群玉等人的艳诗多与自己狎游的艳情生活相关,表现出文人的风流情调。

第四章　唐末艳诗

唐懿宗咸通以后的时期,是唐王朝的末期,一些文学史著作将之从晚唐这一阶段独立出来,称为唐末。唐末的几十年间,国家出现了十分混乱的局面,皇帝庸弱,宦官、朝士、藩镇几股势力之间展开了复杂而激烈的权力争夺。而各地风起云涌的农民起义更是使原本就岌岌可危的唐朝政权处于风雨飘摇之中。唐宣宗大中十三年(859年)底,浙东农民军裘甫起兵,攻陷象山,咸通元年(860年)正月又攻陷剡县,四方云集,军队不断壮大,声震中原。此时,边镇局势也更加紧张,而懿宗皇帝却只知游宴玩乐,《资治通鉴》卷二五〇载:咸通四年正月,"上游宴无节,左拾遗刘蜕上疏曰:'今西凉筑城,应接未决于与夺;南蛮侵轶,干戈悉在于道途。旬月以来,不为无事。陛下不形忧闵以示远近,则何以责其死力!望节娱游,以待远人乂安,未晚。'弗听"。① 裘甫的起义虽然最终被镇压下去,但混乱的局面并未止息。咸通九年,徐州赴桂林戍卒八百人推举庞勋为头领,掀起暴动,并迅速蔓延开来,他们攻城掠地,使官军节节败退、溃不成军,直到咸通十年九月才被平定下去,而唐王朝在平定叛乱的过程中也元气大伤。

此一时期,士人们大多已对政治不抱什么希望,表现出一种疏离心态,而这一时期城市经济畸形繁荣,当时的金陵是"满耳笙歌满眼花,满楼珠翠胜吴娃。因知海上神仙窟,只似人间富贵家"(韦庄《陪金陵府相中堂夜宴》),而长安则是"长安二月多香尘,六街车马声辚辚。家家楼上如花人,千枝万枝红艳新"(韦庄《长安春》)。繁华旖旎的城市生活为人们的享乐提供了客观条件,所以士人们普遍陷入一种"破产竞留天上乐,铸山争买洞中花"(韦庄《咸通》)和"相逢且快眼

---

① (宋)司马光撰:《资治通鉴》卷二五〇,北京:中华书局,1956年版,第8103页。

前事,不厌狂歌酒百杯"(李成用《途中逢友人》)的末世狂欢之中,更加放肆无忌,在现实中寻求更为实际的精神慰藉与心理补偿。"笙歌锦绣云霄里,独许词臣醉似泥"(韩偓《苑中》),艳诗创作正是他们这种狂欢放荡生活和心态的表现,因此,这一时期的诗坛也是"浮华重发作,雅正甚淹沦"(郑谷《故少师从翁岩别墅》),出现了艳诗泛滥的局面。

懿宗之后的僖宗朝,权力依然把持在宦官手里,皇帝不恤群臣,朝臣皆若路人。① 僖宗即位的第二年(874年),爆发了王仙芝、黄巢领导的农民大起义,并迅速波及全国,广明元年(880年)十二月,起义军攻入长安,僖宗仓惶避往蜀地,被弃于朝中的百官很多人惨遭黄巢义军的杀害,而唐王朝也在平息起义的过程中耗尽了元气,彻底步入了不可救药的末路穷途。昭宗时期,各藩镇之间为争权夺利而混战不已,朝廷内部的宦官权势也达到了极致,皇帝遭强藩朱全忠胁迫,毫无权力,士人们的处境则更加危险,稍有不慎,即会引致杀身之祸。昭宗天祐二年(905年)六月,朱全忠在宰相柳璨的巧言谗毁下制造了令人胆战心寒的"白马之祸":"六月,戊子朔,敕裴枢、独孤损、崔远、陆扆、王溥、赵崇、王赞等并所在赐自尽。时全忠聚枢等及朝士贬官者三十余人于白马驿,一夕尽杀之,投尸于河。"② 昭宗时而为宦官幽禁,时而因藩镇攻击而四处避难,整日惶惶然,终于在朱全忠的逼迫下迁都洛阳,被弑身亡,大唐王朝终于风流云散。在唐之将亡的乱世,虽然有士人重倡儒学,力图挽救危亡,但其声甚弱,影响甚微,艳体之风依然绵延不绝,只不过发生了某些转化,"艳"的题材逐渐转入了词中。

---

① 参见(宋)司马光撰:《资治通鉴》卷二五〇,北京:中华书局,1956年版,第8255页。
② (宋)司马光撰:《资治通鉴》卷二五六,北京:中华书局,1956年版,第8643页。

第一节 绮靡香艳的末世狂吟
——咸通、乾符年间的艳诗

一、艳诗的泛滥

兴起于中唐的艳体诗在唐末的咸通(860~873年)、乾符(874~879年)年间风靡当时的诗坛,呈现出全面泛滥、汹涌的态势。诗人黄滔曾在《答陈磻隐论诗书》中说:"咸通、乾符之际,斯道陵夷,郑卫之声鼎沸,号之曰'今体才调歌诗'。援雅音而听者懵,语正道而对者睡。"①这里的"今体才调歌诗"即指当时的艳体之作,由于在当时它是可以配音乐歌唱的,所以被称为"歌诗"。同一时期的另一位诗人吴融也曾经感叹:"下笔不在洞房蛾眉神仙诡怪之间,则掷之不顾。"②咸通年间,孙发以百篇宫体引起轰动,皮日休在诗歌中称赞他"百篇宫体喧金屋,一日官衔下玉除"(《孙发百篇将游天台请诗赠行因以送之》)。

唐末艳诗的泛滥首先表现为出现了群体性的大规模创作和彼此间的艳诗唱和。在中唐及晚唐前期,虽也曾出现诸如元、白之间以艳诗唱和的现象,但毕竟还只限于作为知己好友的二人之间,艳诗创作多数时候仍是文人的个体行为。而在唐末,艳诗群体创作与唱和已成为一种较为普遍的现象。据《唐才子传》卷九载:"(赵光远)恃才不

---

① (唐)黄滔:《答陈磻隐论诗书》,见(清)董诰等编《全唐文》卷八二三,北京:中华书局,1983年版,第8672页。
② (唐)吴融:《禅月集序》,见(清)董浩等编《全唐文》卷八二〇,北京:中华书局,1983年版,第8643页。

拘小节,皆金鞍骏马。尝将子弟恣游狭邪"①,"有孙棨、崔珏,同时恣心狂狎,相为唱和,颇陷轻薄"②。赵光远、孙棨、崔珏以及郑仁表等人都是当时与北里妓冶游狎邪的文人,他们的艳诗主要直写自己这种狎邪的经历。孙棨曾经自供其行状:"予频随计吏,久寓京华,时亦偷游其中。"③王定保《唐摭言》称赵光远:"咸通、乾符中,以为气焰,温、李因之。恃才不拘小节,常将领子弟,恣游侠斜。"④《北梦琐言》载:"咸通中前进士李昌符有诗名,久不登第,常岁卷轴,息于装修。因出一奇,乃作婢仆诗五十首,于公卿间行之。"⑤狎邪诗人们的艳诗多作于与妓狎游交往的过程中,很多诗是即兴创作,或调侃戏谑,或具有实用交际的功能。《北里志》中所记载的楚儿与郑昌图、小子弟辈与杨莱儿、赵光远与杨莱儿、王福娘与孙棨、李标与王苏苏之间的诗歌赠答都是在交往过程中以诗作为机敏应对、传达心意的。如李标第一次光顾妓女王苏苏家之时,写了一首题壁诗:"春暮花株绕户飞,王孙寻胜引尘衣。洞中仙子多情态,留住刘郎不放归。"而王苏苏却不喜欢这个人,而作诗嘲戏:"怪得犬惊鸡乱飞,羸童瘦马老麻衣。阿谁乱引闲人到,留住青蚨热赶归。"⑥显示出一种机智妙对。再如王福娘与孙棨在交往中也是以诗来表达心事。《北里志》记载:"(王)宜之每宴洽之际,常惨然郁悲,如不胜任,合坐为之改容,久而不已。

---

① (元)辛文房撰,傅璇琮主编:《唐才子传校笺》第四册,北京:中华书局,1990年版,第97页。
② (元)辛文房撰,傅璇琮主编:《唐才子传校笺》第四册,北京:中华书局,1990年版,第101页。
③ (唐)孙棨撰,曹中孚校点:《北里志》,见《唐五代笔记小说大观》,上海:上海古籍出版社,2000年版,第1403页。
④ (五代)王定保撰,阳羡生校点:《唐摭言》卷一〇,见《唐五代笔记小说大观》,上海:上海古籍出版社,2000年版,第1670页。
⑤ (五代)孙光宪撰,林艾园校点:《北梦琐言》卷一〇,见《唐五代笔记小说大观》,上海:上海古籍出版社,2000年版,第1897页。
⑥ (唐)孙棨撰,曹中孚校点:《北里志》,见《唐五代笔记小说大观》,上海:上海古籍出版社,2000年版,第1413页。

静询之,答曰:'此踪迹安可迷而不返耶?又何计以返?每思之,不能不悲也。'遂鸣咽久之。他日忽以红笺授予,泣且拜。视之,诗曰:'日日悲伤未有图,懒将心事话凡夫。非同覆水应收得,只问仙郎有意无。'余因谢之曰:'甚知幽旨,但非举子所宜,何如?'又泣曰:'某幸未入系教坊籍,君子倘有意,一二百金之费尔。'未及答,因授予笔,请和其诗。予题其笺后曰:'韶妙如何有远图,未能相为信非夫。泥中莲子虽无染,移入家园未得无。'览之因泣,不复言,自是情意顿薄。"①在孙、王二人的交往过程中,诗歌具有了更多的交际实用功能,他们彼此间的诗歌赠答是陈述心事、表达想法的一种手段。狎邪诗人们的艳诗写作正是这种将交际实用功能与机敏巧妙应对和文字戏谑等相融合的一种形式,如日本学者斋藤茂所说:"人们在妓馆作诗时,只重视机敏的应答,而不注重创作好诗。"②

狎邪诗人们的艳诗作品留存下来的数量很少,这一时期保存艳诗数量更多的另一创作群体是韩偓、吴融、唐彦谦、罗虬、秦韬玉等人,他们的艳诗创作呈一时之盛,且形成了相互唱和、分题赋诗等风气。据韩偓《无题并序》记载:"余辛酉年戏作《无题》十四韵,故奉常王公相国首于继和,故内翰吴侍郎融、令狐舍人涣、阁下刘舍人崇誉、吏部王员外涣相次属和。余因作第二首,却寄诸公。二内翰及小天亦再和。余复作第三首,二内翰亦三和。王公一首,刘紫微一首,王小天二首,二学士各三首。余又倒押前韵成第四首。二学士笑谓余曰:'谨竖降旗,何朱研如是也。'遂绝笔。"③现存韩偓《无题》诗二首,还有一首倒押前韵,均是表现男女艳情的作品,风格绮艳靡丽,与李商隐的《碧瓦》、《镜槛》、《拟意》等篇有近似之处。吴融有《和韩致光

---

① (唐)孙棨撰,曹中孚校点:《北里志》,见《唐五代笔记小说大观》,上海:上海古籍出版社,2000年版,第1411页。

② [日]斋藤茂:《关于〈北里志〉——唐代文学与妓馆》,见《唐代文学研究》第三辑,桂林:广西师范大学出版社,1992年版,第612页。

③ (唐)韩偓撰,陈继龙注:《韩偓诗注》卷四,上海:学林出版社,2001年版,第415页。

侍郎无题三首十四韵》,还有一首倒次元韵,均是艳诗,所用的韵与韩诗用韵相同,应该就是韩偓在序中所说的"相次属和"之作,而其他人的和作已不可见。除韩偓、吴融等人之外,其他诗人也有相互唱和的艳诗,如崔珏有《和友人鸳鸯之什》、《和人听歌》。分题赋诗的状况,虽因存下来的作品较少而难窥其全貌,但从吴融《赋得欲晓看妆面》一诗仍可见当时分题所赋艳诗之一斑。

艳诗的泛滥还表现为较多的组诗涌现出来。虽此前的中唐已出现王建的《宫词百首》和王涯的《宫词三十首》等,但都只限于宫词,且作家较为有限,而唐末时期很多诗人都写有艳体组诗,大有形成规模之势,如唐彦谦有《无题十首》,王涣有《惆怅诗十二首》,吴融有《和韩致光侍郎无题诗三首十四韵》,罗虬有《比红儿诗一百首》,司空图有《歌者十二首》,方干有《赠美人四首》,曹唐有《大游仙诗五十首》、《小游仙诗九十八首》,其中多数是艳体之作。

艳诗的泛滥还表现为大量的咏物诗也都与男女艳情沾上了边。诗人们往往对一些可以用来暗示女性娇美或男女艳情的物象格外感兴趣,大量摄入诗中,一些自然界的植物、动物或者室内器具、陈设等都具有了艳情的意味。如双宿双栖的鸳鸯是"两心和影共依依"、"可怜生死两相随"、"琴上只闻交颈语,窗前空展共飞诗"(崔珏《和友人鸳鸯之什》),春日开满枝头的杏花也像娇媚的女子般妖娆多姿、无限风流、脉脉含情而又不胜含羞:"粉薄红轻掩敛羞,花中占断得风流。软非因醉都无力,凝不成歌亦自愁。"(吴融《杏花》)。

二、香艳气息与狎玩趣味

唐末艳诗追求感官刺激,往往具有浓厚的香艳气息,呈现出更强烈的色情狎玩趣味。内容既与诗人自身的情感经历无关,也非借乐府旧题来渲染,而仿佛以色欲的目光来观看美人在闺中的举动,美人的形象都是千篇一律的娇羞不禁、柔弱妩媚,富有挑逗性。韩偓的《昼寝》与萧纲的《咏内人昼眠》内容相近,《三忆》与沈约的《六忆诗四首》极为相似,可以看出其间的传承关系。再如:

再整鱼犀拢翠簪,解衣先觉冷森森。教移兰烛频羞影,自拭香汤更怕深。初似洗花难抑按,终忧沃雪不胜任。岂知侍女帘帷外,剩取君王几饼金。(韩偓《咏浴》)

锦里芬芳少佩兰,风流全占似君难。心迷晓梦窗犹暗,粉落香肌汗未干。两脸天桃从镜发,一眸春水照人寒。自嗟此地非吾土,不得如花岁岁看。(崔珏《有赠》)

云鬟枕落困春泥,玉郎为碾瑟瑟尘。闲教鹦鹉啄窗响,和娇扶起浓睡人。银瓶贮泉水一掬,松雨声来乳花熟。朱唇啜破绿云时,咽入香喉爽红玉。明眸渐开横秋水,手拨丝簧醉心起。台时却坐推金筝,不语思量梦中事。(崔珏《美人尝茶行》)

诗中没有流露出诗人主体的内心情感,也未着眼于歌妓的才艺和内心情思。

在很多诗中,女性的肢体,诸如粉胸绵手、软腰香肌、纤纤玉指等成为诗人经常吟咏的对象,而诗的字里行间则渗透着作者狎玩的目光和具有色情意味的调侃。韩偓、赵光远、秦韬玉等均有以咏手为题的艳诗:

一双十指玉纤纤,不是风流物不拈。鸾镜巧梳匀翠黛,画楼闲望擘珠帘。金杯有喜轻轻点,银鸭无香旋旋添。因把剪刀嫌道冷,泥人呵了弄人髯。(秦韬玉《咏手》)

妆成皓腕洗凝脂,背接红巾掬水时。薄雾袖中拈玉罄,斜阳屏上撚青丝。唤人急拍临前槛,摘杏高揎近曲池。好是琵琶弦畔见,细圆无节玉参差。(赵光远《咏手》其一)

撚玉搓琼软复圆,绿窗谁见上琴弦。慢笼彩笔闲书字,斜指瑶阶笑打钱。炉面试香添麝炷,舌头轻点贴金钿。象床珍簟宫

棋处,拈定文楸占角边。(赵光远《咏手》其二)

腕白肤红玉笋芽,调琴抽线露尖斜。背人细撚垂胭翼,向镜轻匀衬脸霞。怅望昔逢褰绣幔,依稀曾见托金车。后园笑向同行道,摘得蘼芜又折花。(韩偓《咏手》)

这些艳诗与梁陈宫体诗几乎并无二致,充满恶俗、浅薄与平庸的趣味,无一点风流情韵可言,看到的只是色欲横流,是一群庸俗无聊的文人在以同样庸俗猥亵的目光打量着女性,窥视着闺阁中的一切琐事,或者诗人主观地将自己想象中女子的矫揉造作的肢体语言强加于女性身上,并形之于文字,而在他们看来,这种不胜娇柔的动作之中仿佛蕴含了无限的美感和诗意,也含有着无限的挑逗和诱惑。梁、陈宫体诗中那种几近病态的审美在此时此际有所复归,且在唐之末世的享乐意识与"郑卫之声鼎沸"的现实土壤中更加肆无忌惮。

巫山云雨的典故在唐末艳诗中大量出现,诗人往往喜欢对女子的各种外在姿态衣饰作色情的联想和性的暗示,一些对妓女的戏谑和调侃也没有了白居易、杜牧艳诗中的文人风流情调,而是充满了赤裸裸的色情意味。如裴虔余的《柳枝词咏篙水溅妓衣》:

半额微黄金缕衣,玉搔头袅凤双飞。从教水溅罗裙湿,还道朝来行雨归。

水溅罗裙湿,这本是很普通的现象,诗人却将之联想为云雨性事留下的痕迹。

无论是何时何地所作的艳诗往往都具有一种泛性化倾向,酒席之上的赠妓之作也大多以性事来暗示和戏谑,更多了游戏色彩和放诞个性。如吴融《即席》:

家住丛台旧,名参绛圃新。醉波疑夺烛,娇态欲沈春。伴雨聊过楚,归云定占秦。桃花正浓暖,争不浪迷人。

不仅吟咏歌妓的"醉波"、"娇态",而且公开以"伴雨"、"归云"来暗示男女性爱,对歌妓多了几分戏谑和调侃而不再停留在对其美貌与技艺的欣赏。即便是对还俗的出家人,诗人也不忘揶揄一番。如吴融的《还俗尼(本是歌妓)》说:"三峡却为行雨客,九天曾是散花人。"悼亡诗是一种本应含有庄重沉痛的感情的诗作,但此时期也往往失去了应有的真挚情感而轻佻化为"腰肢暗想风欺柳,粉态难忘露滞花"(王涣《悼亡》)的感官欲望,这是艳诗向"欲"方向的发展。

　　唐末艳诗中也有一些抒发了内心的真情实感而颇具情韵的作品,除韩偓的《香奁集》中颇多这样的作品外(详见本章第二节),韦庄的一些悼念亡姬的诗也颇为感人,与那些充满香艳色彩的作品不可同日而语,如《独吟》:

　　　　默默无言恻恻悲,闲吟独傍菊花篱。只今已作经年别,此后知为几岁期。开箧每寻遗念物,倚楼空缀悼亡诗。夜来孤枕空肠断,窗月斜晖梦觉时。

再如《悼亡姬》:

　　　　凤去鸾归不可寻,十洲仙路彩云深。若无少女花应老,为有姮娥月易沉。竹叶岂能消积恨,丁香空解结同心。湘江水阔苍梧远,何处相思弄舜琴。

韦庄的悼亡姬之作还有《悔恨》、《虚席》、《旧居》、《悼杨氏妓琴弦》等,诗中抒发了二人"也同欢笑也同愁"的情感,追忆了"才闻及第心先喜,试说求婚泪便流"(《悔恨》)的生活细节,以及眼前"鼠偷筵上果,蛾扑帐前灯"(《虚席》)的凄凉清冷,哀伤无限,深挚感人。

三、对温、李的追摹

　　唐末的艳诗作者大多师法晚唐温庭筠、李商隐。如范文澜先生在《中国通史》中所说:"在晚唐,李商隐是旧传统的结束者,温庭筠是新趋势的发扬者。晚唐诗人温李称首,其余诗人都不能和他们比高下,因为此后诗人(包括词人)都是温李的追随者。"①他们与晚唐的温、李两位艳诗作者之间也有着各种各样的联系,具体说来,韩偓是李商隐的外甥,少年时代便得到李商隐"雏凤清于老凤声"(李商隐《韩冬郎即席为诗相送一座尽惊他日余方追吟连宵侍坐徘徊久之句有老成之风因成二绝寄酬兼呈畏之员外》)的赞赏;唐彦谦曾师事温庭筠,《旧唐书·文苑传》言其"尤能七言诗,少时师温庭筠,故文格类之"②,《唐才子传》卷九则说他:"初师温庭筠,调度逼似,伤多纤丽之词。"③他也学李商隐,《唐诗纪事》认为"彦谦学义山为诗"④,宋代江少虞《宋朝事实类苑》卷三四"玉谿生"条引《杨文公谈苑》云:"鹿门先生唐彦谦慕玉谿,得其清峭感怆,盖圣人之一体也。"⑤崔珏曾与李商隐有过诗文往来,李商隐曾经作有《送崔珏往西川》,崔珏作有《哭李商隐》、《早梅赠李商隐》。有的艳诗学习李商隐艳诗扑朔迷离的意象,如胡震亨认为:"唐彦谦诗律学温、李,'下疾不成双点泪,断多难到九回肠'何减'春蚕'、'蜡烛'情藻耶?"⑥有的艳诗则学习李商隐的典丽精工,如赵光远赠妓杨莱儿的诗:

---

① 范文澜著:《中国通史》第四册,北京:人民出版社,1949年版,第322页。
② (后晋)刘昫撰:《旧唐书》卷一四〇下,北京:中华书局,1975年版,第5063页。
③ (元)辛文房撰,傅璇琮主编:《唐才子传校笺》第四册,北京:中华书局,1990年版,第50页。
④ (宋)计有功撰,王仲镛校笺:《唐诗纪事校笺》卷六八,成都:巴蜀书社,1989年版,第1827页。
⑤ (宋)江少虞撰:《宋朝事实类苑》卷三四,上海:上海古籍出版社,1981年版,第435页。
⑥ (明)胡震亨撰,《唐音癸签》卷八,上海:上海古籍出版社,1981年版,第80页。

鱼钥兽环斜掩门,萋萋芳草忆王孙。醉凭青琐窥韩寿,闲掷金梭恼谢鲲。不夜珠光连玉匣,辟寒钗影落瑶樽。欲知肠断相思处,役尽江淹别后魂。(《题妓莱儿壁》)

诗也是用七言律体,诗中用典与李商隐诗也很相似,"醉凭青琐窥韩寿"与李商隐诗中"贾氏窥帘韩掾少"(《无题》)句意相近,诗中兽环、金梭、珠光、玉匣、钗影等具有浓重色彩的意象也与李商隐艳诗极为相似。当然,师法李商隐艳诗的最明显的表现是无题诗的写作,如前所述,在吴融、唐彦谦、韩偓等人的艳诗中都有《无题》作品,而且他们的无题诗都是表现男女艳情,没有政治上或个人身世的寄托。唐彦谦的《无题十首》,"用组诗的形式叙写男女双方完整的离合相思历程,这是一种新的创造。与义山《无题四首》、《无题二首》之貌似组诗,实则各首间并无关连的情况显然有别。这组诗虽有叙事的成分(前四首尤为明显),但就整体来说,并不是用叙事诗的笔法写离合之事,而是用抒情诗的笔法写离合之情。这一点和义山《无题》以写情为主仍是一致的。诗深情绵邈,清辞丽句,艳而不亵,也深得义山《无题》之神韵"[①]。韩偓和吴融的《无题诗》则与李商隐的无题诗并不相像,而更像其《镜槛》、《拟意》等作,可是只取义山之绮艳之语而未得其深情之神韵,可谓舍本逐末。

唐末的大部分艳诗作品虽透着感伤情调,但无李商隐诗中的执著与悲剧感受;其风格往往朦胧,而不像李商隐艳诗那样隐晦深曲,也不像温庭筠艳诗那样充满繁缛密集的意象;多追求一种自然风格,体现出一种平淡之中的风致,却缺少一种深厚的回味感。在构思上也不像李商隐诗那样回环往复,超越具体时空的束缚,多内在的虚幻缥缈的情绪流动,而是呈现出自然流畅的特征,语言轻浅流丽,像云烟薄雾那样易飘散。如吴融的《情》:

[①] 刘学锴著:《李商隐诗歌接受史》,合肥:安徽大学出版社,2004年版,第419~420页。

  依依脉脉两如何,细似轻丝渺似波。月不长圆花易落,一生惆怅为伊多。

  所以唐末诸诗人的艳诗"浅俗者多,而艳丽者少,较之温、李相去甚远"①,唐彦谦"气浮伤骨,词缛害体"②,吴融"为诗靡丽有余,而雅重不足"。③ 唐末艳诗中的意象也不像李商隐艳诗中那样是生活中并不存在的事物,融铸了心灵的幻想,从而寄寓一种朦胧隐约、难以名说的情怀,而多是取自自然界实有之物象,清新自然、平和浅淡,避免了作品的晦涩难解,又留下了一定的心理想象空间,具有一种清新而蕴藉的风格。从诗的实际表现效果来看,有不少艳诗与元、白的篇幅短小的艳诗更为相近,具有宛然风情和悠扬的韵致,轻灵短小,适合于演唱,如"寻芳陌上花如锦,折得东风第一枝"(唐彦谦《无题十首》之一)、"杜鹃啼落枝头月,多为伤春恨不休"(唐彦谦《无题十首》之九)、"云色鲛绡拭泪颜,一帘春雨杏花寒"(唐彦谦《无题十首》之十),"翠翘红颈覆金衣,滩上双双去又归。长短死生无两处,可怜黄鹄爱分飞"(吴融《鸳鸯》)。

  总体看来,唐末诗人虽学前辈大家,可是并未能真正继承其精神情感内蕴,达到形神兼备的境界,而更多地热衷于情爱的表现和形式美的追求,因而是法乎上而仅得乎下。这些诗在内容上并无新意,情感也显得单薄,往往陷入文字游戏和为作诗而作诗的状态。诗人不是因内心真实的情感而产生作诗抒怀的愿望,而往往是为了模仿某个人的作品,或者想在文字上逞才炫博,于是拈出无数相关的典故,或者围绕某个题目想象一下不同的佳人在此状态下应表现的情态,

---

① (明)许学夷撰:《诗源辩体》卷三二,北京:人民文学出版社,1987年版,第304页。
② 《三唐诗品》,转引自陈伯海主编《唐诗汇评》,杭州:浙江教育出版社,1995年版,第2830页。
③ (元)辛文房撰,傅璇琮主编:《唐才子传校笺》第四册,北京:中华书局,1990年版,第230页。

从而成诗。如罗虬的《比红儿诗》虽然洋洋百篇,数量可谓多矣,但内容只是赞美红儿的美貌,就连一般艳诗中常见的对歌妓才艺的表现和赞赏也没有。诗人几乎搬出了历史和传说中诸如杨妃、绿珠、张丽华、冯小怜、昭君等所有美女,都只是为了说明这些人的"不及红儿貌",百首诗与一首诗似乎没什么分别,只是将众多的美女罗列比并一番。王涣的《惆怅诗十二首》与此相类似,也是运用典故想象一些有名的爱情故事或有名的美女与所爱之人分别时的惆怅与忧伤,"悉古佳人才子深怀感怨者,以崔氏莺莺、汉武李夫人、陈乐昌主、绿珠、张丽华、王明君及苏武、刘、阮辈事成篇,哀伤媚妩"[①]。其中也偶尔表现一种"所思多在别离中"的惆怅情怀。应该说,这些组诗都具有较多的"咏"的性质和文字游戏的色彩,多了份客观的视角和赏玩的意味。

第二节　不胜情绪两风流
——韩偓的艳诗

韩偓是唐末创作了大量艳诗的一位诗人。他生于唐武宗会昌二年(842年),卒于后梁龙德三年(923年)。他将所作艳诗自编为《香奁集》。"香奁"本是古代妇女梳妆用的镜匣,这里用以作为一部作品集的名称,可知集中所收作品大都是吟咏女性的诗歌。

如前文所述,对《香奁集》的性质前人曾有较大争议,一种意见认为是艳诗,即表现闺阁琐事的裾裙脂粉之语,一种意见则认为是有政治寓托的诗作。实际上,如果将《香奁集》放到中晚唐艳诗兴盛及唐

[①] (元)辛文房撰,傅璇琮主编:《唐才子传校笺》第四册,北京:中华书局,1990年版,第286~287页。

末咸通、乾符年间艳诗泛滥的大背景下来考察,便不难确认其中作品大多为描写男女艳情之作。韩偓在政治上是一忠直耿介之臣,其诗作亦有很多充满了忠愤之气,但在艳体诗风盛行的当时,创作艳诗并不像后世评论家所认为的那样是一件有辱人格的事,相反,诗人自身对此是颇为自得的。韩偓在《香奁集序》中说:

> 自庚辰、辛巳之际,迄己亥、庚子之间,所著歌诗不啻千首。其间以绮丽得意者,亦数百篇也。……遐思宫体,未降称庾信攻文;却诮《玉台》,何必使徐陵作序。初得捧心之态,幸无折齿之惭。柳巷青楼,未尝糠粃;金闺绣户,始预风流。咀五色之灵芝,香生九窍;咽三危之瑞露,美动七情。若有责其不经,亦望以功掩过。①

可见,到了韩偓这里,对艳诗已远非元、白的心口不一、言不由衷的矛盾态度,而是大胆坦率地给予认可,因而,《香奁集》中大部分作品是描写闺中琐事和男女恋情的艳体之作。

一、韩偓艳诗的情感内蕴

与元、白和温、李等艳诗作者相比,韩偓的艳诗更加具有艳情趣味,从各种不同的角度表现男女之间的情爱及相思、苦闷等情绪。有的艳诗与冶游狎邪相关,表现了其间的经历与感受,充溢着香艳气息与色情趣味,某种程度上可以看到六朝宫体诗的影子,对女子的某一处动作细节的吟咏中流露出诗人真实的内心情绪;也有一些作品表现了对往昔恋情的追忆,充满了惆怅感伤的情调。

首先,《香奁集》中有很多作品描写闺中佳人于卧室闺帏之内的种种形态,《昼寝》、《半睡》、《懒起》、《懒卸头》等诗皆是。

这类诗中多具有一种吟咏观赏的意味,将美人"物化",仿佛成了

---

① (唐)韩偓撰,刘复校点:《韩致尧香奁集》,北京:北新书局,1926年版,第73~75页。

华丽而冰冷寂寞的背景陈设的一部分,在情调趣味上已与六朝宫体诗相去无几。如《昼寝》一诗与梁简文帝的《咏内人昼眠》极为相似,试作比较:

碧桐阴尽隔帘栊,扇拂金鹅玉簟烘。扑粉更添香体滑,解衣唯见下裳红。烦襟乍触冰壶冷,倦枕徐欹宝髻松。何必苦劳魂与梦,王昌只在此墙东。(韩偓《昼寝》)

北窗聊就枕,南檐日未斜。攀钩落绮障,插捩举琵琶。梦笑开娇靥,眠鬟压落花。簟纹生玉腕,香汗浸红纱。夫婿恒相伴,莫误是倡家。(萧纲《咏内人昼眠》)

简文帝的诗首二句写昼眠的环境和时间,三、四句写卧具陈设和睡前的准备。诗的后半部分写美人的睡姿与神情,包括梦笑、眠鬟乃至手腕上印的簟纹。韩诗首二句也是写午睡的环境,三、四句"扑粉"与"解衣"的动作描写、"香体滑"的触觉感与"下裳红"的色彩感极具色情意味;后四句也是写美人的睡姿,并想象美人于睡梦中与情人相会。全诗没有表现美人的心灵世界,字里行间渗透的是一种玩赏的眼光和内心欲望的流动,与简文帝的艳诗十分相似。

在这些"思极闺帏之内,止乎衽席之间"的艳诗中,佳人们总是一副娇羞、怯弱的样子,所做出的一切姿态似乎都是为了吸引、诱惑男人的目光。如《半睡》:"抬镜仍嫌重,更衣又怕寒。宵分未归帐,半睡待郎看。"诗人描写她们"垂泪"的表情,也并非是为了表现她们心灵的痛苦与悲剧,而只是想在她们矫揉作态、楚楚可怜的模样中获得一种赏玩尤物的诗意,"垂泪"只是与"媚霞"、"眼波"、"嗔怒"这些表情一样具有挑逗和诱惑力而惹人怜爱的神态之一种而已。如"那知本未眠,背面偷垂泪。懒卸凤凰钗,羞入鸳鸯被"(《懒卸头》),"坐久暗生惆怅事,背人匀却泪胭脂"(《松髻》)。有些诗句表露出比宫体诗更大胆的色情欲望,更具官能感受和香艳色彩,直接描写了自身与情人幽会狎邪的感受,笔致外露,言语轻薄。如《五更》:

往年曾约郁金床,半夜潜身入洞房。怀里不知金钿落,暗中唯觉绣鞋香。此时欲别魂俱断,自后相逢眼更狂。光景旋消惆怅在,一生赢得是凄凉。

元代方回评此诗:"前四句太猥、太亵;后四句始是诗。"①诗人毫不隐讳地道出自己因女子美貌的吸引及眼波的顾盼而引起的心中的欲望,对女性肢体的描写也更加肆无忌惮,写出了狎邪生活中的真实情景。

其次,《香奁集》中表现了敏感而多情的诗人的心灵因男女恋情或周遭环境的变化而产生的瞬间感触。自然界的一丝极细微的变化可能都会牵动心中的愁绪,这种情绪不具备情感的恒久性与深挚性,而是无端无绪、飘忽不定、稍纵即逝,深微幽曲而又不易捕捉。它的特质是轻。由于轻,便仿佛是随风飘起的柳絮一样时起时落,无声无息,不由自主,只能随风飘动;又像一缕轻烟般若有若无,空灵缥缈,似乎无处不在,却又让人难以觉察,说不清、理不明。韩偓自己也很喜欢用"情绪"一词,如"光阴负我难相遇,情绪牵人不自由"(《青春》)、"此意别人应未觉,不胜情绪两风流"(《复偶见三绝》其三)、"春牵情绪更融怡"(《多情》)等。

集中情绪的基调是惆怅与感伤。惆怅是一种淡淡的无法言说无法确指的失落情怀,是一种无所寄托无所依附无所归属时内心的茫然空落之感,它可能是由一件具体的事而引起,却迅速弥漫于整个心间,挥之不去。在《香奁集》中,自然景物与男女恋情带给抒情主人公的往往不是相聚的甜蜜、欣喜和愉悦,也不是刻骨铭心的深沉痛苦和生死相依的悲剧体验,而是一种瞬间的凄凉和惆怅的情绪。"惆怅"一词出现多次,如"把酒送春惆怅在,年年三月病恹恹"(《春尽日》)、"绕廊倚柱堪惆怅,细雨轻寒花落时"(《绕廊》)、"惆怅桃源路,惟教梦

---

① (元)方回选评,李庆甲集评校点:《瀛奎律髓汇评》,上海:上海古籍出版社,1986年版,第288页。

寐知"(《欲去》)、"光景旋消惆怅在,一生赢得是凄凉"(《五更》)、"收裙整髻故迟迟,两点深心各惆怅"(《蹋青》)、"倚醉无端寻旧约,却怜惆怅转难胜"(《倚醉》)、"坐久暗生惆怅事,背人匀却泪胭脂"(《松髻》)、"惆怅空教梦见,懊恼多成酒悲"(《六言三首》其二)、"此夜分明来入梦,当时惆怅不成眠"(《偶见背面是夕兼梦》)、"春色转添惆怅事,似君花发两三枝"(《中春忆赠》)。

  这种"惆怅"情绪其实是一种很浅层的很表面化的情感,轻飘而缺乏厚度,看似风也关恨、雨也有情,实则转瞬即逝,难以找寻。它的瞬间性与易逝性正与诗人"多情"的个性有关,或者说正是诗人既多情、多感却又缺乏深情所造成的。因为多情便会处处牵情,不能一往情深,也就没有深沉真挚的情感和刻骨铭心的爱恋,又因为并非完全无情,所以终究会有些愁绪。韩偓曾在诗中坦言自己的"多情",如"风光百计牵人老,争奈多情是病身"(《江楼二首》其二)、"春楼处子倾城,金陵狎客多情"(《六言三首》其一),还有一诗题目即为《多情》:

> 天遣多情不自持,多情兼与病相宜。蜂偷野蜜初尝处,莺啄含桃欲咽时。酒荡襟怀微骏骎,春牵情绪更融怡。水香剩置金盆里,琼树长须浸一枝。

既然是"天遣多情",生性多愁善感,便难免对月伤怀、看花落泪了,因而艳诗中的那份惆怅感伤情绪也是顺手拈来的一种类似程式化的毫不费力的情绪,它无所不在却又难以深刻感人。

  这种凄凉惆怅的基调也与唐末社会动荡、战乱频仍的时代环境中弥漫着的普遍的末世情绪有关,它在某种程度上超出了男女恋情所引起的失落怅惘之悲的意味,而成了一种笼罩于内心的夹杂着对时代的伤感和对人生的感叹的普遍性情绪,它一旦被触发便会弥漫开来,无边无际,无处不在。

  此外,《香奁集》中有很多诗作表现的都是人物内心曲折幽微、难以言说的情绪情感,诗人欲说还休、静默无语而又想通过某个动作细节或某个词语意象将这种无端难言的情绪暗示出来。许多情事都是显出无可奈何的寂寞之感,透露出更多的受束缚和"不自由"状态,只能暗藏于心,希望人所知又惟恐人所知,所以诗中的主人公往往都是郁郁寡欢,缺乏激情,黯然神伤而又无所适从,不表现出强烈的爱憎,既没有深刻的悲伤,也缺少真正的欢乐。如《幽窗》:

刺绣非无暇,幽窗自鲜欢。手香江橘嫩,齿软越梅酸。密约临行怯,私书欲报难。无凭谙鹊语,犹得暂心宽。

《唐诗成法》评此诗:"写美人从虚处比拟,不落熟径。临行转怯,欲报又难,写尽低回一寸心也。"①这种爱而不得和欲罢不能的情绪只能在主人公的心中潜滋暗长,挥之不去却又难以明言。

二、韩偓艳诗的艺术表现

首先,韩偓艳诗十分善于通过闺中琐事与细节描写来表现人物内心细腻幽微的情绪,有时也将某些复杂的内心情绪以典型的画面表现出来,写得韵致婉然、妙趣横生。如《新上头》:

学梳蝉鬓试新裙,消息佳期在此春。为要好多心转惑,遍将宜称问旁人。②

这首诗写一个刚刚进入成年的少女内心的喜悦心情。她梳起成年女子的发髻,穿起新制的衣裳,想到自己即将出嫁,不禁兴奋地对镜顾盼。她因为爱美心切,心中有些不相信自己的眼光,所以不住地问别人自己的打扮是否恰当入时。这一极富情趣的画面将女子进入成年时的复杂心理形象地表现出来,所以,《唐人绝句精华》评此诗:"写女

---

① (唐)韩偓撰,陈继龙注:《韩偓诗注》卷四,上海:学林出版社,2001年版,第328页。
② (唐)韩偓撰,陈继龙注:《韩偓诗注》卷四,上海:学林出版社,2001年版,第357页。

子爱好心情,亦极工细。"①《千首唐人绝句》说:"写将嫁少女爱好心情,刻画入微,如见其人,用笔极为细密。"②

有些艳诗善于通过描画女子瞬间的情态、神情细节来表现其美。诗人往往并不对女性的姿体容貌妆饰进行细致详尽的刻画,而是捕捉特定瞬间某个富有特征的动作神态和极富魅力的举止,将其定格于诗中,化动为静,化美为"媚",将片刻的瞬间化为永恒,就像拍得精妙绝伦、恰到好处的一张照片,人物的神情姿态、动作细节宛然可见、韵味无穷,具有遗貌取神的效果,也使美人不再是佩戴着华贵首饰的光艳照人的平面式的形象,而是真正地"活"了起来,具有了风流神韵,更加栩栩如生。如《忍笑》:

> 宫样衣裳浅画眉,晓来梳洗更相宜。水精鹦鹉钗头颤,举袂佯羞忍笑时。

宫人晓来梳洗、妆扮一新,水精鹦鹉在其钗头微微颤动,少女举袂含笑,半似娇羞,这一瞬间的美的神态便被定格于诗中。另一首《偶见》则是写一个少女打罢秋千见客走避时的神态,同样刻画细致,清新自然,《千首唐人绝句》评为:"活画打罢秋千见客走避之少女形象,生动传神,娇痴如见。"③

《香奁集》中很多诗写的是某一特定时刻和特定场景中的情恋心情及内心情绪,因而人物的神情、动作细节也都各有不同,各具特色,而且这一特定时刻和场景往往具有生活之真实感,并非虚幻的想象。《欲去》一诗写的是"总得相逢处,无非欲去时",此时二人"纷纭隔窗

---

① (唐)韩偓撰,陈继龙注:《韩偓诗注》卷四,上海:学林出版社,2001年版,第357页。

② (唐)韩偓撰,陈继龙注:《韩偓诗注》卷四,上海:学林出版社,2001年版,第357页。

③ (唐)韩偓撰,陈继龙注:《韩偓诗注》卷四,上海:学林出版社,2001年版,第380页。

语,重约踏青期",十分符合当时的场景。《踏青》一诗写的是"踏青会散欲归时",女子"收裙整髻故迟迟",表现出其不忍离去、与情人依依不舍又难以明言的心情,所以虽然"金车久立频催上",却以收裙整髻等小动作来拖延时间,想与所恋之人多相守一会儿。再如"忆行时,背手捋金雀。敛笑慢回头,步转阑干角"(《三忆》其二)、"忆去时,向月迟迟行。强语戏同伴,图郎闻笑声"(《三忆》其三)等通过特定时刻的特定动作神情将女性的心思表现得细腻入微;"密迹未成当面笑,几回抬眼又低头"、"半身映竹轻闻语,一手揭帘微转头"(《复偶见三绝》)写少女内心含有无限情意又娇羞不禁、欲说还休,只好借抬眼低头或欲去未去、转头顾盼的瞬间动作暗示出来;"也曾同在华堂宴,佯佯拢鬓偷回面"(《厌花落》),因为是在绮艳华堂之上,宾客众多,所以女子虽对某一士人有情,也不能表露出来,只好假作拢鬓,并借此时机偷偷回头看上一眼。此外如"低头闷把衣襟捻"(《厌花落》)、"转眼看天一长吐"(《秋千》)、"娇饶意态不胜羞"(《意绪》)、"举袂佯羞忍笑时"(《忍笑》)、"半似羞人半忍寒"(《复偶见三绝》其一),都是描写女子的神态,栩栩如生,如在目前。

其次,韩偓艳诗中还善于运用以实写虚手法来淡笔写情,达到含蓄不尽的效果,诗中所写多为朦胧凄迷的景物,仿佛罩上一层柔和的烟与雾。如《绕廊》:

> 浓烟隔帘香漏泄,斜灯映竹光参差。绕廊倚柱堪惆怅,细雨轻寒花落时。

此诗意境轻柔而朦胧,袅袅的浓烟从帘内缕缕散出,香气也随之若有若无,若明若暗的灯光映照着阶前的翠竹,留下斑驳婆娑的光影,而此时,细雨轻轻飘洒,空气中带着一缕微微的凉意,花儿在微风细雨中轻轻飘落,一切都无声无息。

韩偓的艳诗多从空灵处着笔,使诗含有余不尽的韵味,令人回味无穷。如"细雨轻寒花落时"(《绕廊》)、"风飘乱点更筹转"(《横塘》)、"恻恻轻寒翦翦风"、"楼阁朦胧烟雨中"(《夜深》)、"静中楼阁深春雨,远处帘栊半夜灯"(《倚醉》)、"云薄月昏寒食夜,隔帘微雨杏花香"(《寒食夜有寄》)、"空楼雁一声,远屏灯半灭"(《五更》)。为了增加诗境的轻柔朦胧之感,诗人经常在诗中使用"烟"、"雨"等意象,造成一种隔离效果,同时又非完全的阻隔,而只是增加了诗境的飘动感与朦胧感,隐隐约约,若有若无,诗中景物和情绪也都是若隐若现。如"杳杳微微望烟浦"(《江楼二首》其一)、"远随画艇泊烟江"(《咏灯》)、"浓烟隔帘香漏泄"(《绕廊》)、"和烟坠金穗"(《懒卸头》)。有些诗中纯是景物描写,仿佛并没有人,更没有直接抒发人物内心情绪的句子,但是,在凄迷的景物中,会感到人物的情绪无处不在。如《效崔国辅体四首》其一:

淡月照中庭,海棠花自落。独立俯闲阶,风动秋千索。

诗中写景具体而细致:淡淡的月光笼罩着中庭,海棠花开了,又落了,无人欣赏,无人在意,佳人含情独立,寂然无语,低头看阶,却只有凄凉的晚风吹动秋千而已。全诗在景物中可见人物内心情绪的一种微妙波动,一种从寂寞、百无聊赖到黯然神伤、无限怅惘的心情。《唐诗笺注》评此诗:"一片凄寂光景,凝情独立,不言而神自伤。"①另一首著名的《已凉》一诗更是以鲜明的画面蕴含着无尽的情绪,含蓄而委婉,令人生发出无限联想:

碧阑干外绣帘垂,猩血屏风画折枝。八尺龙须方锦褥,已凉天气未寒时。

诗中纯是写景,仿佛无人。碧阑干外,绣帘低垂;接着镜头一转,转入室内景色:深红色的屏风上画着花枝;第三句视角镜头转到床上,龙须草纺织的席子和锦缎的被褥交相辉映,而此时的天气正是乍凉未

---

① (唐)韩偓撰,陈继龙注:《韩偓诗注》卷四,上海:学林出版社,2001年版,第381页。

寒之时。全诗在镜头画面的转换展示中含蕴着有余不尽的情思,《唐诗三百首》认为:"通篇布景,并不露情思,而情愈深远。"①《千首唐人绝句》认为:"设色浓丽,大似宋人院画,妙在此中无人,而其人又未尝不在。"②

再次,《香奁集》中表现的世界多是深细而狭窄的,这个世界寂寞而又略带几分寒意,沉寂而缺乏生命的热情和活力。

诗中喜欢描写"静"的景物和画面,如"江静帆飞日亭午"(《江楼二首》其一)、"别绪静悄悄"(《别绪》)、"静中楼阁深春雨,远处帘栊半夜灯"(《倚醉》)、"但觉夜深花有露,不知人静月当楼"(《闺情》)、"夜静长廊下,难寻屐齿看"(《荐福寺讲筵偶见又别》)、"平时未卷西楼幕,院静时闻响辘轳"(《春恨》),而一些细小的事物发出的细微的声音如玉钗敲枕之声、梧桐叶落之声、铜壶滴漏之声等都能被明显地感觉到,如"罗帐四垂红烛背,玉钗敲著枕函声"(《闻雨》)、"梧桐叶落敲井阑"、"铜壶漏尽闻金鸾"(《寄远》)、"昼漏迢迢夜漏迟"(《有忆》)、"空楼雁一声,远屏灯半灭"(《五更》)。除了"静"之外,《香奁集》中的感觉世界便是一份微微的寒意,如"恻恻轻寒翦翦风"(《夜深》)、"细雨轻寒花落时"(《绕廊》)、"已凉天气未寒时"(《已凉》)、"香侵蔽膝夜寒轻"(《闻雨》)、"孤烛亭亭公署寒,微霜凄凄客衣单"(《寄远》)、"更衣又怕寒"(《半睡》)、"欲明天更寒,东风打窗雨"(《效崔国辅四首》)。无论是"静"还是"寒",都显示出诗境的狭小深细与感觉的敏锐细腻。

可以说,韩偓的艳诗无论是通过闺中琐事、人物动作细节来表现内心幽约细腻的情绪的特点,还是以实写虚、淡笔写情的表现手法以及诗境的狭窄深细,都更接近新兴的诗体——词。如果说晚唐温庭筠艳诗在具有画面感及运用暗示烘托手法方面具有词化倾向的话,那么韩偓的艳诗则在更多方面向词靠近,他的《香奁集》中有多首作

---

① (唐)韩偓撰,陈继龙注:《韩偓诗注》卷四,上海:学林出版社,2001年版,第342页。

② (唐)韩偓撰,陈继龙注:《韩偓诗注》卷四,上海:学林出版社,2001年版,第342页。

品被后来的辑录者收入他的词集中,也可看出他的艳诗与词的界限已很难分清了。

三、李商隐艳诗对韩偓艳诗的影响

韩偓艳诗受到了李商隐艳诗风格的影响,这一点不少评诗者都注意到了,如《驼庵诗话》说:"韩偓《香奁集》颇有轻薄作品,不必学之。李义山为其世伯,其诗盖受义山影响,义山有诗亦轻薄。"[1]

从艳诗作品来看,他受李商隐的影响是多方面的。

首先是其艳诗中对细约幽微、缠绵复杂的内心情绪的体验。《香奁集》中有些艳诗没有执著于具体的恋情细节的描绘,而是以抒情笔法写出了主人公内心对爱情的相思怅惘等情绪,具有较为真挚的内涵,如"此生终独宿,到死誓相寻"(《别绪》)、"光景旋消惆怅在,一生赢得是凄凉"(《五更》)、"把酒送春惆怅在,年年三月病恹恹"(《春尽》)、"惆怅空教梦见,懊恼多成酒杯"(《六言三首》其二)、"忆泪因成恨泪,梦游常续心游"(《六言三首》其三)、"若是有情争不哭,夜来风雨葬西施"(《哭花》)、"天遣多情不自持,多情兼与病相宜"(《多情》)等,这些诗句都表现出了一种较真挚的感情。

同时,李商隐爱情诗中经常表现的爱情带来的感伤情调,或者是爱情阻隔带来的心灵痛苦,在韩偓艳诗中也得到了表现。《香奁集》中所表现的也多是惆怅、幽怨哀伤的情感基调,如"绕廊倚柱堪惆怅,细雨轻寒花落时"(《绕廊》)、"两点深心各惆怅"(《踏青》)、"燕子不来花著雨,春风应自怨黄昏"(《宫词》)。只是韩诗中表现的情感远没有李商隐诗中表现的情感执著深沉、悱恻缠绵,或者说李诗中表现的爱情更具有沉潜、内敛的厚重感,而韩诗表现的情感却呈现一种轻飘、飞升的状态。

《香奁集》中有些作品和李商隐的一些艳诗一样,也是以男性主人公的口吻来抒情,具有一种主体化倾向。诗中往往从追忆的角度

---

[1] 顾随撰:《驼庵诗话》,见《顾随全集》第三册,石家庄:河北教育出版社,2000年版,第102页。

来写,因为其中隔着一定的时间与空间,所以更易对恋情本身进行理性的思考与省视,看透一些超越于恋情本身的更本质的东西,甚至引发对整个人生的思考,并且恋情与所恋对象也被滤去了一些具体的情事细节而只剩下一些印象深刻的片段和场景,具有了更多的概括性。如刘宁在《论唐末的香艳诗人》中所说:"追忆与相思虽然都指向爱情的心理体验,但它们毕竟有明显的区别,相思是爱情的直接经验,而追忆则来自对爱情经历的回忆与品味。中国爱情诗中的相思主题由来已久,但追忆的主题却是在元白之后才得到深入的拓展。"①这种以男性为抒情主体和以追忆为视角的艳诗在元稹描写莺莺的诗中已有所表现,但在元诗中还只表现于浅层次的感官印象的片段回忆,而未呈现出对整个恋情的更深层次的思考与内省。"真正将追忆主题发挥成熟的仍然是李商隐的作品。李商隐的一些无题诗,以及著名的《锦瑟》一诗,都是追忆人生情感经历的佳作。"②在韩偓的《香奁集》中也表现了这种追忆的主题。李商隐艳诗中的追忆带给诗人的是对爱情的痛苦地咀嚼与回味,其中饱含着爱的执著与深沉,韩偓艳诗中的追忆带来的则是无尽的凄凉和无奈,是"光景旋消惆怅在,一生赢得是凄凉"的爱情之失落和人生之萧索。

在意象与意境方面,韩偓艳诗也受到了李商隐艳诗的影响,但又有所不同。李商隐的艳诗意境朦胧如幻,隐晦深曲,而且是多层次的,一份感伤怅惘的情思似隐似现,无法实指,而韩偓艳诗的意境有时虽也如笼罩上一层烟雾,增加了一种朦胧轻柔之感,但总体上还是清晰的,人物的心理活动表现得十分细腻入微,并不令人费解。而且韩诗中的意境的朦胧凄迷也与李商隐不同,李商隐的朦胧诗境往往意象密集,而且意象往往具有虚幻的特征,如"沧海月明珠有泪,蓝田日暖玉生烟"(《锦瑟》),而韩偓的诗则往往是描写自然界实有之景

---

① 刘宁:《论唐末的香艳诗人》,见《唐代文学研究》第九辑,桂林:广西师范大学出版社,2002年版,第721页。

② 刘宁:《论唐末的香艳诗人》,见《唐代文学研究》第九辑,桂林:广西师范大学出版社,2002年版,第722页。

物,意象较为稀疏,且这些意象之间往往彼此相联系,可以引发人的联想。在李商隐艳诗中还充满了各种色彩炫目、雕金镂玉的华美意象,而在韩偓艳诗中,所有的景物已褪去了它的斑斓色彩和滞重密集的质感,不但室内的景物意象不再华丽精美、光彩夺目,不再有浓重的色彩,就是自然界的景物,也不再如李诗那样充满了桃红柳绿,一片秾丽,而变得素淡朦胧而轻柔。

此外,韩偓艳诗在形式上也受到了李商隐艳诗的影响。韩偓艳诗中也有《无题》的作品,诗作表现男女恋情,词语意象秾艳绮丽,但其风格却与李商隐的无题诗很不相同,诗中铺陈女子的衣饰、容貌和表现两情相通的欣喜,却与李商隐的《镜槛》、《拟意》等篇风格十分相似。在韩偓的艳诗中,化用李商隐艳诗句意的也很多。

第三节 艳诗的泛滥
——唐末艳诗小结

唐末的艳诗创作呈现出泛滥的局面。这一时期的艳诗承续了晚唐温庭筠、李商隐艳体诗风的遗绪,代表性的作家有吴融、唐彦谦、韦庄、韩偓等,同时,艳体诗风又作为一种总体性的创作趋向而向更大范围泛滥、蔓延,使艳诗呈现出群体性、大规模的创作态势,且"艳"风已渗透到咏物、咏史等题材中。

咸通、乾符年间的艳诗创作呈现出一种末世狂欢之态,更加放肆无忌,如陈寅恪先生在《元白诗笺证稿》中所说:"贞元元和间社会,其进士词科之人,犹不敢如后来咸通广明之放荡无忌,尽决藩篱。"[1]放

---

[1] 陈寅恪著:《元白诗笺证稿》,北京:生活·读书·新知三联书店,2001年版,第98页。

荡无忌的主要表现就是更加热衷于情爱的表现和形式美的追求。

唐末艳诗在艺术上虽学晚唐大家温庭筠、李商隐诸人,但在情感内蕴及精神气骨方面实与之相去甚远,而仅仅表现在对李商隐无题诗的模拟上,其中稍好些的只是以短小的含蓄委婉的形式表现了一种风流情韵和缥缈惆怅意绪,只以表现上的细腻、幽约、深微取胜,体现出更多的词化趋向,而下之者实已堕入单纯宣泄感官欲望的艳诗之末流,甚至比梁、陈宫体诗更猥亵。宋人便已指出"晚唐人诗多小巧,无风骚气味"。① 温庭筠艳诗中景物画面的重重跳跃、渲染铺陈,词彩的浓艳和意象的华美,李商隐艳诗中深沉炽烈、缠绵悱恻、悲喜交织的情感及深婉隐曲、欲说难言的表现方式,在唐末艳诗中体现得并不多。唐末艳诗的总体特点主要表现为:

首先,在情感的表现上,显得浅切自然,毫不隐晦,脱口而出,将心中情、眼前景直接道来,很少采用比兴、象征、托寓等手法,较少使用典故。即使用典,也是被前人用得滥熟了的"巫山神女"、"刘阮遇仙"、"石崇绿珠"、"韩寿偷香"、"萧史弄玉升仙"等艳情典故,这些典故的含义已是人人皆知,一目了然,缺乏深意和新意。这样,唐末艳诗在内涵上往往显得单薄而不够深厚,缺乏多层次的内蕴。即使有些作品写得清新自然,也只是给人以浅层的韵致,缺少长久的回味。唐末艳诗较多通过人物的动作细节,诸如倚楼、凭栏、敲阑干等来侧面表现内心情怀,从而使诗中表现的情思具有了具体特定的场景性特征。也有一些诗作通过淡笔描写景物来点染出情思,使情景交融。这些景物往往是生活中实有、常见的景物,而非如李商隐诗中那种充满想象和虚幻色彩之景。对这些景物也并不施以浓重的色彩,只仿佛以水墨轻轻点染,留下无限的虚空供人想象。这种手法在韩偓、韦庄的艳诗中运用得较多,形成其艳诗的一大特色。

其次,唐末艳诗往往属对工整,音韵和谐,抑扬有致,以巧取胜。在语言上虽也有唐彦谦艳诗中的相对典丽,但总体上则是浅切通俗,

---

① 《诗史》,见(宋)魏庆之编《诗人玉屑》卷一六上海:上海古籍出版社,1959年版,第358页。

明白易懂,自然流丽,不尚雕琢,缺少炼饰。在这一点上,与元、白的"小碎篇章"可谓异曲同工。有很多口语化的句子出现在诗中,往往意象疏落。诗句多用虚字,"若教"、"只"、"应"、"但"、"自"、"总"、"常"、"惟"、"虽然"等虚字较多地出现于诗中。虚字的运用能使句子宛转悠扬、流畅有韵致,但也会导致句子柔弱而缺少骨力。

唐末艳诗的这种轻艳、流丽、浮靡的风格受到了很多批评,许学夷在《诗源辩体》中批评韩偓"浅俗者多,而艳丽者少,较之温李相去甚远"①,《三唐诗品》批评唐彦谦"气浮伤骨,词缛害体"②,而《唐才子传》则批评吴融"为诗靡丽有余,而雅重不足"③。

可以说,唐末艳诗的这些特点在表象上体现出与齐梁艳诗很大程度的契合,且都作为混乱的末世中士人对感官欲望的沉醉的代表性作品而出现。但是,唐末艳诗在创作主体上却与齐梁诗有很大不同,后者是以南朝旧士族的贵族及其文人作为创作主体,而唐末的艳诗则主要以高宗、武后之后兴起的庶族寒士文人为创作主体,因而,"所体现的也就是广泛的社会风气与平民化审美情味"。④

进入五代以后,"艳"体之风依然不断,但发生了某些转化。当时的西蜀,成为声色歌舞最为繁盛之地,前蜀后主王衍所编《烟花集》(今已佚)及后蜀韦縠所编的《才调集》所选多数都是艳诗。韦縠在《才调集叙》中还说:"韵高而桂魄争光,词丽而春色斗美。"⑤但他们只是选"声诗"用来歌唱,更多的是从音乐的角度着眼,而他自己的创作涉及艳情的并不多。在一些既是诗人又兼词人的作品中,词往往

---

① (明)许学夷撰:《诗源辩体》卷三二,北京:人民文学出版社,1998年版,第304页。

② 《三唐诗品》,转引自陈伯海主编《唐诗汇评》,杭州:浙江教育出版社,1995年版,第2830页。

③ (元)辛文房撰,傅璇琮主编:《唐才子传校笺》第四册,北京:中华书局,1990年版,第230页。

④ 许总著:《唐诗史》,南京:江苏教育出版社,1994年版,第460页。

⑤ (后蜀)韦縠选:《才调集》,见(唐)元结、殷璠等选《唐人选唐诗》(十种),上海:上海古籍出版社,1958年版,第444页。

都是表现男女艳情,有时甚至流于淫亵,但诗却并非艳诗。如曾作有《花间集序》的欧阳炯,认为曲子词"不无清绝之辞,用助娇娆之态",①但其现存的六首诗却完全与艳情无涉,就连晚唐人惯于与艳情结合的游仙题材也无一点"艳"的色彩。

---

① (唐)温庭筠等撰,(后蜀)赵崇祚辑,李一氓校:《花间集校》,北京:人民文学出版社,1981年版,第1页。

第五章　中晚唐艳诗与诗学观念之变化

第一节　中晚唐的审美趣味

中晚唐艳诗的兴盛是中唐以来士人的审美趣味及诗歌观念的变化在创作上的反映。或者说,中晚唐时期士人审美趣味的多元化及对诗歌抒发情性的功能的进一步认识,为艳诗的兴盛提供了理论上的依据。总的说来,中晚唐人的诗学观念已发生了很多潜在的变化,其审美眼光已经更为开阔。

一、对齐梁诗态度的改变

中晚唐人诗学观念的变化首先表现在他们对齐梁诗持一种比较宽容的态度。在文学史上,齐梁诗代表了一种内容浮艳、注重形式、语言流丽、风格轻靡的文学风气。它往往是风骚兴寄精神的对立面,与"诗言志"的文学传统和"兴观群怨"的功利主义诗学观相背离,更与"经夫妇、成孝敬、厚人伦、美教化、移风俗"的儒家理念背道而驰,而其中的艳诗在这方面尤甚。正因为此,进入唐代以来,诗歌创作上仍无法摆脱齐梁诗风的影响,虞世南、欧阳询、陈叔达、李百药等人更是"承陈、隋风流,浮靡相矜"①,但另一方面,对齐梁诗风的批评之声也不绝于耳。初唐时的王勃便对受齐梁诗风影响、"争构纤微,竞为

---

① （宋）欧阳修、宋祁撰：《新唐书》卷二〇一,北京：中华书局,1975年版,第5738页。

雕刻"的龙朔变体表示了不满,将之斥为"骨气都尽,刚健不闻"①。"四杰"之后,陈子昂标举风雅兴寄的诗歌理想,批评"齐、梁间诗,彩丽竞繁而兴寄都绝"(《与东方左史虬修竹篇序》);李白也批评过齐梁诗歌"自从建安来,绮丽不足珍"(《古风》其一),"梁陈以来,艳薄斯极"②;大诗人杜甫虽主张"转益多师",但也"恐与齐梁作后尘"(《戏为六绝句》其五)。总而言之,盛唐的诗人们虽在创作中还时常受到齐梁诗风的影响,但在表达自己的文学观念时,却几乎众口一词地表达了对齐梁诗风的批判,表现了向"风雅"传统的回归和对刚健诗风的追求。

中唐以后,对齐梁诗的态度发生了一些转变。大历诗僧皎然的《诗式》是中唐的一部重要的诗歌理论著作,此书卷四说:"夫五言之道,惟工惟精。论者虽欲降杀齐梁,未知其旨。"并认为齐梁诗"格虽弱,气犹正,远比建安,可言体变,不可言道丧"。③ 其间已流露出较多的替齐梁诗辩解和翻案的意味,认为齐梁诗在五言诗的创作上之精工,不可降杀,其诗格虽弱而气犹正。

正是因为此,中晚唐的诗人不再像盛唐的诗人那样大肆批评齐梁诗风,而代表了一种绮丽风格的齐梁诗渐渐成了他们追摹的对象。权德舆作有《玉台体十二首》,模仿齐梁艳诗。李贺集中有直接模仿齐梁诗的《花游曲》、《追和柳恽》、《追和何谢铜雀妓》等作,还有代齐梁诗人言情的作品,如《还自会稽歌》,他在该诗序中说:"庾肩吾于梁时,尝作《宫体谣引》,以应和皇子。及国势沦败,肩吾先潜难会稽,后始还家。仆意其必有遗文,今无得焉,故作《还自会稽歌》以补其

---

① (唐)杨炯:《王勃集序》,见(唐)杨炯撰《盈川集》卷三,上海:上海古籍出版社,1992年版,第22页。

② (唐)孟棨撰,李学颖校点:《本事诗》,见(清)丁福保辑《历代诗话续编》,北京:中华书局,1983年版,第14页。

③ (唐)皎然著,李壮鹰校注:《诗式校注》卷四,北京:人民文学出版社,2003年版,第273页。

悲。"①这些诗虽并非全为艳体之作,但往往具有齐梁的绮丽风格。李商隐有《效徐陵体赠更衣》,赵嘏有仿薛道衡而作的《昔昔盐》二十首,而《昔昔盐》是"仿梁陈赋得之体"②,即是仿梁、陈宫体唱和之作。这种对齐梁诗风格的追慕和有意模仿是产生大量艳体之作的重要原因。

　　唐文宗开成年间,进士科考的诗,明确规定为齐梁体格。如唐人范摅所撰的《云溪友议》卷上说:"文宗元年秋,诏礼部高侍郎锴复司贡籍,曰:'夫宗子维城,本枝百代,封爵便宜,无令废绝。常年宗正寺解送人,恐有浮薄,以忝科名。在卿精拣艺能,勿妨贤路。其所试赋,则准常规;诗则依齐梁体格。'"③

　　晚唐诗人李商隐对包括齐梁在内的六朝文学更是抱着一种欣赏和赞同的态度。他充分肯定六朝诗人秾丽绮艳的创作倾向,喜欢以颜延之、徐陵、江淹、何逊等南朝诗人自比。在《献相国京兆公启》中曾说:"旧诗一百首,谨封如别。延之设问,希鲍照之一言;何逊著名,系沈约之三读。"④自比为颜延之、何逊。在《谢河东公和诗启》中则说:"思将玳瑁,为逸少装书;愿把珊瑚,与徐陵架笔。"⑤不但流露出对陈代诗人徐陵的欣赏之意,而且把文辞瑰丽与色彩的华美作为主动的艺术追求。在《樊南甲集序》中则明确地说明了与齐梁文学之间的师承:"樊南生十六能著《才论》、《圣论》……后又两为秘省房中官,

---

　　① (唐)李贺著,(清)王琦汇解:《李长吉歌诗王琦汇解》卷一,见《三家评注李长吉歌诗》,上海:上海古籍出版社,1998年版,第36页。
　　② 《三唐诗品》,转引自陈伯海主编《唐诗汇评》,杭州:浙江教育出版社,1995年版,第2517页。
　　③ (唐)范摅撰:《云溪友议》卷上,北京:古典文学出版社,1957年版,第15页。
　　④ (唐)李商隐撰:《樊南文集》卷三,上海:上海古籍出版社,1988年版,第196页。
　　⑤ (唐)李商隐撰:《樊南文集》卷四,上海:上海古籍出版社,1988年版,第236页。

恣展古集,往往咽噱于任昉、范云、徐陵、庾信之间。"①任、范、徐、庾都是六朝著名诗人,徐陵和庾信更是有名的宫体诗作家,受后人指责颇多,而李商隐却一反前代及同时代人对其批判的态度,公然仿效其风格。

虽然中晚唐时期对齐梁诗持批评态度的也不乏其人,但与盛唐时代相比,态度要宽容得多。毫无疑问,齐梁诗有其自身的许多弱点,而此时的艳诗更因其情感的苍白和格调的低下而为人诟病,但它们在抒发诗人的个性情感和追求绮丽清新的诗风方面仍可以带给人某些启示。中晚唐诗人对齐梁诗风抱有宽容的态度与时代审美趣味的多元化有关,也与他们绮丽唯美的审美追求相联系。总体而言,晚唐诗人更加注重形式,追求一种华丽绮美的风格。诗人杜牧在《李长吉歌诗叙》中评价李贺诗作时说:"云烟绵联,不足为其态也;水之迢迢,不足为其情也;春之盎盎,不足为其和也;秋之明洁,不足为其格也;风樯阵马,不足为其勇也;瓦棺篆鼎,不足为其古也;时花美女,不足为其色也;荒国陊殿,梗莽丘垅,不足为其恨怨悲愁也;鲸呿鳌掷,牛鬼蛇神,不足为其虚荒诞幻也。盖骚之苗裔,理虽不及,辞或过之。"②认为李贺的诗理虽不及骚,而辞采却可能超过了它。观杜牧文中语气,对长吉诗推崇、赞赏有加,对其"辞或过之"也并非批评之语,而有赞美之意。"辞"是诗歌的外在表现,由此也可看出,晚唐诗人对形式是颇为看重的。唐末五代时期的韦庄在《又玄集序》中曾说:"但掇其清词丽句,录在西斋。"③在另一篇《乞追赐李贺皇甫松等进士及第奏》中也说李贺、皇甫松、李群玉、陆龟蒙、赵光远、温庭筠等

---

① (唐)李商隐撰:《樊南文集》卷七,上海:上海古籍出版社,1988年版,第426页。
② (唐)杜牧撰:《樊川文集》卷七,上海:上海古籍出版社,1978年版,第149页。
③ (五代)韦庄选:《又玄集》,见(唐)元结、殷璠等选《唐人选唐诗》(十种),上海:上海古籍出版社,1958年版,第348页。

人"俱无显遇,皆有奇才,丽句清词,遍在词人之口"①。显然,其着眼的是诗人的奇才,赞赏的是其"丽句清词"。后蜀韦縠选编《才调集》,在序中说:"余少博群言,常所得志,虽秋萤之照不远,而雕虫之见自佳。……或闲窗展卷,或月榭行吟。韵高而桂魄争光,词丽而春色斗美。"②把"韵高"和"词丽"作为评选诗歌的一个标准了。这两者都是说的诗歌的外在形式,而《才调集》中所选多为艳体诗,所写内容多为艳情相思,这也说明,丽美的文词更易与其内容相称,因而往往更能达到"韵高"和"词丽"的效果。

二、世俗化的审美倾向

从文化与审美观念的发展变化来看,中晚唐时期,社会文化更多地向着都市俗文化方面发展。

中唐以后,文学创作主体的身份也发生了改变,主要是由科举而入仕的庶族寒士文人。科举制的发展使大量庶族寒士进入仕途,涌向社会上层,从而成为一股强大的政治力量。这些以新兴进士为主的世俗文人及寒士阶层逐渐在政治上和文化上与门阀士族相抗衡,并由此而形成了一种新的世俗文化。他们既对原有的士族文化有着强烈的反叛意识,同时由于他们来自社会下层,带有民间文化的气息,因而使诗歌这种原本属于雅文化的艺术形式也变得世俗化了,并形成了浅切与俗艳这种由雅入俗的审美潮流。

同时,这一时期,随着城市的繁荣,服务业、商业蓬勃发展。商业文化追求满足个人享乐,促使市井歌舞妓大量出现,声色歌舞充斥于都市之中,社会风气由此发生深刻变化,使置身其间的文人思想上受到很大冲击。由于城市的繁荣,市民阶层的队伍迅速扩大,他们也需要丰富的文化活动和娱乐活动。而且,他们的审美趣味不同于传统

---

① (五代)韦庄:《乞追赐李贺皇甫松等进士及第奏》,见(清)董诰等编《全唐文》卷八八九,北京:中华书局,1983年版,第9287—9288页。

② (后蜀)韦縠选:《才调集》,见(唐)元结、殷璠等选《唐人选唐诗》(十种),上海:上海古籍出版社,1958年版,第444页。

的文人士大夫追求雅的抒情言志的审美趣味,往往以娱乐为目的,追求感官刺激。这种商业文化的审美意识也迅速地渗透给文人,因此,文学创作在总体上呈现出一种世俗化的趋势,逐渐贴近市民生活,适应社会中普通民众尤其是市民阶层的文学观念、审美趣味和文化需求。而诗歌作品,即使它在产生之初是为了抒发一己之情,作者也往往希望它能得到读者的接受和认同,为自己赢得声望。作品传播的广泛程度、被群众所喜爱和传诵的程度在某种意义上可以成为衡量作品价值和作者价值的尺度,至少可以为作者播扬诗名。民间对诗作的传唱可以扩大诗人的影响,而诗人对此也是颇为看重的,白居易曾说过:"故妓数人凭问讯,新诗两首倩留传。"(《送姚杭州赴任,因思旧游二首》)他在《刘白诗唱和集解》中还说:

>　　予顷以元微之唱和颇多,或在人口,常戏微之云:"仆与足下,二十年来为文友诗敌,幸也,亦不幸也。吟咏情性,播扬名声,其适遗形,其乐忘老,幸也。然江南士女语才子者,多云元、白,以子之故,使仆不得独步于吴、越间,亦不幸也。"①

诗人创作时往往会考虑到普通市民百姓、歌妓乐工的欣赏趣味,风格轻俗的艳体诗歌更容易为他们接受和喜爱,艳诗的大量出现与诗人适应这种新的世俗化的时代审美思潮是分不开的。他们往往用通俗化的语言创作一些轻艳小诗以满足普通大众的"嗜艳"心理,元稹、白居易的艳诗都是被广为传唱的,韩偓的艳诗也是"其间以绮丽得意者亦数百篇,往往在大夫之口,或乐工配入声律,粉墙椒壁,斜笔小字,窃咏者不可胜记"②。

中唐以来,适应市民阶层审美情趣的多种民间文艺形式迅速发

---

① (唐)白居易撰,朱金城笺校:《白居易集笺校》卷六九,上海:上海古籍出版社,1988年版,第3711页。

② (唐)韩偓撰,刘复校点:《韩致尧香奁集》,北京:北新书局,1926年版,第73~75页。

展也对诗歌产生了潜移默化的影响。俗文学主要的形式有讲经、变文、话本、词文、俗赋等,它们以通俗化的语言对世俗生活津津乐道,以喜闻乐见的形式风格受到了普通市民的广泛喜爱。僧徒道士讲经,为了招徕吸引观众,往往加进许多艳情的内容,赵璘《因话录》载:"有文溆僧者,公为聚众谭说,假托经论所言,无非淫秽鄙亵之事。不逞之徒,转相鼓扇扶树,愚夫冶妇,乐闻其说,听者填咽。寺舍瞻礼崇奉,呼为和尚。教坊效其声调,以为歌曲。"①这种"俗讲"不但令普通市民沉醉痴迷,也得到了文人的喜爱,就连皇帝和公主也被它吸引。唐敬宗曾在宝历二年(827年)"幸兴福寺,观沙门文溆俗讲"②。宣宗大中二年(848年),万寿公主也"在慈恩寺观戏场"③。当时还有一种"说话"的通俗文艺也受到文人的喜爱,元稹在《酬翰林白学士代书一百韵》中曾有"翰墨题名尽,光阴听话移"之句,自注云:"乐天每与予游从,无不书名屋壁,又尝于新昌宅,说'一枝花'话。自寅至巳,犹未毕词也。"④"一枝花"话即是关于妓女李娃的故事。由此可见,在通俗文艺形式之中,艳情题材是较为常见的,它也受到了市民的喜爱,因而文人在民间通俗文学的基础上创作传奇时,也吸收了大量艳情内容。传奇小说是如此,作为正统文学的诗歌在创作中也不知不觉地受到了市井民间通俗文艺这种风格的影响而向世俗化、大众化、娱乐化方向发展,标志之一便是艳情题材的大量涌入。

---

① (唐)赵璘撰:《因话录》,见《唐国史补 因话录》卷四,上海:上海古籍出版社,1957年版,第94页。

② (宋)司马光撰:《资治通鉴》卷二四三,北京:中华书局,1956年版,第7850页。

③ (宋)司马光撰:《资治通鉴》卷二四八,北京:中华书局,1956年版,第8036页。

④ (唐)元稹撰,冀勤点校:《元稹集》卷一〇,北京:中华书局,1982年版,第116~117页。

第二节　言情诗学观的强化

中晚唐以来,虽然提倡诗歌言志、有补于教化的诗学观者一直不乏其人,但随着文人的审美趣味逐渐趋向多元,诗歌的抒写情性、娱心遣兴、消遣游戏功能不断增强。主张以诗来抒写生活琐事与闲情的首倡者是元稹和白居易,虽然他们提出了"文章合为时而著,歌诗合为事而作"的裨补时政的诗学观,但同时也对诗歌的抒情特质有了更进一步的认识。白居易在《与元九书》里说:"诗者:根情,苗言,华声,实义。"①把人的生、死、悲、喜、爱、欲等情感看作是诗歌创作之根本,强调了诗歌应抒发内心的真情实感。他在《不能忘情吟序》中还说:"予非圣达,不能忘情,又不至于不及情者。事来搅情,情动不可柅。"②在《与元九书》中则说:"或诱于一时一物,发于一笑一吟,率然成章,非平生所尚者,但以亲朋合散之际,取其释恨佐欢。"③"与足下小通则以诗相戒,小穷则以诗相勉,索居则以诗相慰,同处则以诗相娱",④相戒、相勉、相慰、相娱,说明文学并不仅仅是"为君,为民、为时、为事"而作,同时也是抚慰心灵、娱心遣兴的一种手段。他创作感

---

①　(唐)白居易撰,朱金城笺校:《白居易集笺校》卷四五,上海:上海古籍出版社,1988年版,第2790页。

②　(唐)白居易撰,朱金城笺校:《白居易集笺校》卷七一,上海:上海古籍出版社,1988年版,第3810页。

③　(唐)白居易撰,朱金城笺校:《白居易集笺校》卷四五,上海:上海古籍出版社,1988年版,第2795页。

④　(唐)白居易撰,朱金城笺校:《白居易集笺校》卷四五,上海:上海古籍出版社,1988年版,第2795页。

伤诗便是"事物牵于外,情理动于内,随感遇而形于咏叹者"①。诗歌可以不再只是"以干教化",不再只是一种公共性的背负太多政治责任和道德意义的工具,而可以用来抒写闲适之趣、生活琐事,具有了更多的私人性和随意性。"偶同人当美景,或花时宴罢,或月夜酒酣,一咏一吟,不知老之将至。虽骖鸾鹤、游蓬瀛者之适,无以加于此焉。"②吟咏诗歌已成为悠闲适意的生活的一部分。元稹也曾在《叙诗寄乐天书》中说:"每公私感愤,道义激扬,朋友切磨,古今成败,日月迁逝,光景惨舒,山川胜势,风云景色,当花对酒,乐罢哀余,通滞屈伸,悲欢合散,至于疾恙躬身,悼怀惜逝,凡所对遇异于常者,则欲赋诗。"③他和白居易一样,认为诗既可以有裨补时政的功能,也可以有娱乐游戏的功能,可以描写身边的生活琐事和人生的细微感受,身之所遇,心之所感,都可以用诗歌来表现,那么从前被封建正统士大夫羞于言及的男女恋情自然也可以毫不掩饰地诉诸笔端。

盛唐诗歌虽也有对楼阁深闺、小庭深院、儿女情怀、生活琐事的表现,但更多的是诸如江山大河、关塞大漠、沙场征战、友朋离别、山水田园等题材,所表现的情感多是建功立业、拯物济世、显身扬名等壮志豪情。中唐时期,随着诗人们对诗歌功能的新的认识及对身边琐事的关注,不论是友朋欢聚、当花对酒的内心惬意,抑或是伤怀惜逝、悲欢离合等细微的人生感受,都更多地出现于诗中,可以说无事无物无情不可以入诗,这也就使男女恋情、相思怨悱等在诗歌中获得了更多的位置。

诗歌的这种言情功能,经元、白提倡,得到了多数人的响应。到晚唐时期,诗人对于诗歌的言情功能有了更进一步的认识。首先是

---

① (唐)白居易撰,朱金城笺校:《白居易集笺校》卷四五,上海:上海古籍出版社,1988年版,第2794页。
② (唐)白居易撰,朱金城笺校:《白居易集笺校》卷四五,上海:上海古籍出版社,1988年版,第2795页。
③ (唐)元稹撰,冀勤点校:《元稹集》卷三〇,北京:中华书局,1982年版,第352页。

李商隐,他的诗学观念比较复杂,既要求诗歌有裨补政治教化的功能,同时也重视抒发日常生活中的个人情怀。他在《献相国京兆公启》中说:

>人禀五行之秀,备七情之动,必有咏叹,以通性灵。故阴惨阳舒,其途不一;安乐哀思,厥源数千。远则廊、邶、曹、齐,以扬领袖;近则苏、李、颜、谢,用极菁华。嘈嘈而钟鼓在悬,焕烂而锦绣入玩。刺时见志,各有取焉。①

文中虽然提到了"刺时见志",但实际上所主张的却是诗歌以情为主来抒写"性灵",而且强调"情"的个性特征:自然界万物的阴阳变化各不相同,人的喜怒哀乐等情感也形态各异,因而诗中所抒之情也应是各有其特点。在另一篇《献相国京兆公启》中则说起了自己的诗:"其或绮霞牵思,珪月当情,乌鹊绕枝,芙蓉出水。平子《四愁》之日,休文《八咏》之辰,纵时有斐然,终乖作者。"②

诗中这种个性化的情感,即"性灵",与所谓的圣人之"道"是相对的。圣人之道是强调同一而反对个性,李商隐不主张宗经、仿古,主张挥笔直陈,抒发内心感受,如他在《上崔华州书》中说:

>退自思曰:"夫所谓道,岂古所谓周公、孔子者独能邪?盖愚与周孔俱身之耳。"以是有行道不系今古,直挥笔为文,不爱攘取经史,讳忌时世。百经万书,异品殊流,岂又能意分其上下哉!③

---

① (唐)李商隐撰,(清)冯浩详注,钱振伦、钱振常笺注:《樊南文集》卷三,上海:上海古籍出版社,1988年版,第194~195页。
② (唐)李商隐撰,(清)冯浩详注,钱振伦、钱振常笺注:《樊南文集》卷八,上海:上海古籍出版社,1988年版,第755页。
③ (唐)李商隐撰,(清)冯浩详注,钱振伦、钱振常笺注:《樊南文集》补编卷八,上海:上海古籍出版社,1988年版,第441页。

这段文字讲的是对"道"的认识。道并不是周公、孔子所独有的,而我与周公既非同身,对道的体验又岂会相同?所以行道实在无所谓古今,只要挥笔直写出自己内心的思想就好。历史上的各种经书,异品殊流,更是难有高下之别。这种反对宗法古人的清醒认识与其对诗歌"咏叹以通性灵"的理性思考是一脉相通的,反映了李商隐敢于打破古人成见、不追求"师法"、力求"创新"、挥笔直陈的精神和对文学的独到见解。正是因为这种敢于破除古人迷信、主张抒写真性情的"叛逆"精神,才使他的创作呈现出独特面貌,而那些表现真挚爱情的诗篇也是与这种文学主张分不开的。李商隐的这种观点典型代表了晚唐诗歌向主体精神的回归、真实地抒写自我性情的抒情走向,这就为大量艳诗的产生在观念及理论上确立了合理性依据,成为大量艳体之作产生的原因之一。当然,持这种诗歌抒写性情的观点的并非李商隐一人,在晚唐至唐末,它实已汇成了一股潮流,并逐渐形成汹涌之势。这些诗歌主张给晚唐诗坛带来的美学风格的变化就是以情为尚,以艳为美。

如果说诗歌言情之说的"情"在李商隐这里还指的是多种形态的个性化之情,是内心的真实感受而并非专指男女恋情的话,那么,到韩偓这里,它已经狭隘化为男女恋情。《香奁集序》表达了韩偓的这一诗歌观念:

> 余溺于章句,信有年矣,诚知非士大夫所为,不能忘情,天所赋也。自庚辰、辛巳之际,迄己亥、庚子之间,所著歌诗不啻千首。其间以绮丽得意者,亦数百篇也。……遐思宫体,未降称庾信攻文;却诮《玉台》,何必使徐陵作序。初得捧心之态,幸无折齿之惭。柳巷青楼,未尝糠秕;金闺绣户,始预风流。咀五色之灵芝,香生九窍;咽三危之瑞露,美动七情。若有责其不经,亦望以功掩过。①

---

① (唐)韩偓撰,刘复校点:《韩致尧香奁集》,北京:北新书局,1926年版,第73~75页。

这段文字公开宣称"不能忘情,天所赋也",而且把诗歌抒写男女艳情、表现风流情趣视为理所当然的事情。与此相应,他对诗歌艺术的追求是"绮丽",而且将自己的《香奁集》中的诗与宫体诗及《玉台新咏》引为同调。可以说,韩偓这里所言之"情"已进一步单一化和俗化,专指男女之情,且更加强调诗歌带给人的感官的色味之沉醉,如"咀五色之灵芝,香生九窍;咽三危之瑞露,美动七情"。这是对传统诗学观的一大反叛,也是在理论主张上为艳体诗张目。其后,五代时期欧阳炯《花间集序》中的观点与韩偓的这种观点可谓此呼彼应:

> 镂玉雕琼,拟化工而迥巧;裁花剪叶,夺春艳以争鲜。是以唱云谣则金母词清,把霞醴则穆王心醉。名高《白雪》,声声而自合鸾歌;响遏行云,字字而偏谐凤律。《杨柳》、《大堤》之句,乐府相传;《芙蓉》、《曲渚》之篇,豪家自制。莫不争高门下,三千玳瑁之簪;竞富樽前,数十珊瑚之树。则有绮筵公子,绣幌佳人,递叶叶之花笺,文抽丽锦,举纤纤之玉指,拍按香檀。不无清绝之辞,用助娇娆之态。自南朝之宫体,扇北里之倡风,何止言之不文,所谓秀而不实。有唐以降,率土之滨,家家之香径春风,宁寻越艳;处处之红楼夜月,自锁嫦娥。①

这里所说的是词,但是其观点却与《香奁集序》一脉相通。欧阳炯认为,词不仅仅具有抒情的功能,而且具有了更多的娱心赏目的娱乐功能。他提倡以艳辞丽藻来表现"香径春风"、"红楼夜月"的艳情内容,具有了更多的俗态,由诗歌的抒发情性走向了情的泛滥和艳化,并承载了更多的市井俗趣,即所谓"扇北里之倡风"。这里所说的虽是词,但代表了欧阳炯总体上的美学追求,也代表了《花间集》的主要作者温庭筠等人的审美取向。这股兴起于中唐,兴盛于晚唐和五代的言情的文学思潮至此达到了极点。五代时徐铉的一番话则是对政教诗

---

① (唐)温庭筠等撰,(后蜀)赵崇祚辑,李一氓校:《花间集校》,北京:人民文学出版社,1981年版,第1页。

学观与言情诗学观的中和:

> 诗之旨远矣,诗之用大矣。先王所以通政教,察风俗,故有采诗之官,陈诗之职,物情上达,王泽下流。及斯道之不行也,犹足以咏性情,黼藻其身,非苟而已矣!①

诗歌旨远用大,可以用于政治教化,亦可以用来吟咏性情。从前用来"通政教,察风俗",而在晚唐政治混乱、君主不明的时代里已失却了这一功能,除了用来吟咏性情、抒发内心幽隐的情思,还能用来做什么呢?"人之所以灵者,情也;情之所以通者,言也。其或情之深,思之远,郁积乎中,不可以言尽者,则发为诗。"②

一定时期的诗学观念的变化,必然会在作家作品的题材和风格方面体现出来。或者说,这种诗学观念的变化为当时诗人们创作大量的艳体之作在理论上张目,同时也影响到这些作品的情感基调和风格特点。

其一,中晚唐艳诗的大量出现和文人对齐梁诗态度的改变这种审美心理变化相联系,使诗人在创作时也或多或少地会把齐梁艳诗作为一个参照的坐标。诸如我们前面提到的诸多追摹齐梁诗的作品,再如唐末韩偓《香奁集》中有很多作品描写闺中佳人于卧室闺帏之内的种种形态。但是这一时期的艳诗又不仅仅是对齐梁艳诗的单纯模仿。如前所述,这一时期艳诗在创作主体上与齐梁诗有了不同,后者是以南朝旧士族的贵族及其文人作为创作主体,而中晚唐则主要以庶族寒士文人为创作主体,因而,其审美情趣更具平民化色彩和强烈的主体意识。南朝宫体艳诗中,诗人往往以客观赏玩的眼光欣赏玩味女性的相思哀怨以及容貌、神情和舞姿,并对之进行细致的描

---

① (五代)徐铉:《成氏诗集序》,见(清)董诰等编《全唐文》卷八八二,北京:中华书局,1983年版,第9215页。

② (五代)徐铉:《萧庶子诗序》,见(清)董诰等编《全唐文》卷八八一,北京:中华书局,1983年版,第9214页。

写,诗中女性亦往往缺乏个性特征。而中晚唐诗人多是以诗歌来表现自己的各种恋情经历,包括对情人的美好怀恋与追忆,还包括歌舞场上与歌妓之间的追欢调笑,诗人的主体性鲜明地体现出来。

其次,诗歌观念的世俗化及诗人对言情诗学观的强化意识既使大量艳体诗歌成为一种合理的存在,一种合乎诗人主体性情的表现,也使这些诗作在总体上体现出具有纤艳轻俗和风情宛然两方面的特点。两者在不同的作家身上虽各有侧重,但很多时候是复杂地交织在一起的。在这些作品中,世俗化与言情化、表层的"欲"的表现与深层的"情"的抒发常常是复杂交织、相互并存的。

总之,中晚唐艳体诗歌的大量出现与当时诗歌观念的变化有着直接的关系。诗歌观念与时代审美趣味也在一定程度上制约和影响着文人艳诗的情感基调和风格特征。

第六章　中晚唐艳诗与道教

　　法国艺术史家丹纳在《艺术哲学》中说："自然界有它的气候,气候的变化决定这种那种植物的出现;精神方面也有它的气候,它的变化决定这种那种艺术的出现。"① 作为精神文化的一个重要方面,宗教必然对人们的精神世界产生重要的影响,同时也与文学艺术有着各种密切的联系。道教便是如此。中晚唐道教对艳诗的兴盛产生了重要影响,也使艳诗中具有了各种各样的仙道蕴涵。

第一节　中晚唐艳诗兴盛的道教文化背景

一、唐代的崇道风气及中晚唐道教的世俗化

　　道教是产生于中国本土的宗教,它在理论上与先秦道家关于道的体悟有一定的渊源,也与古代不死国、不死药等仙话传说相联系,而在实践及仪式活动方面又吸取了先秦两汉民间巫术和各种方术的内容。它集中地反映了古代中国人乐生、重生、追求长寿、成仙不死等民族心理。其宗旨不在于追求遥远虚幻的彼岸世界或者死后进入

---

① [法]丹纳著,傅雷译:《艺术哲学》,合肥:安徽文艺出版社,1998年版,第48页。

天国,而是向往着永远享受现实中的快乐。从东汉末建立,经魏晋而至隋唐,道教的影响逐渐扩大,由民间社会而进入统治阶层,地位不断提高。唐朝建立以后,为了神化自身姓氏,抬高门第,自称是老子之后裔,故一直尊崇道教。而且,除了出于政治统治的需要而尊崇道教、提高其地位外,上自帝王朝臣,下至百姓,迷信神仙、服食丹药、希望长生不死的人很多。可以说,道教已渗透到当时社会各阶层人们的日常生活中。

中唐以后,道教的世俗化倾向越来越明显。随着国家政治局势的江河日下,士人的政治理想幻灭,时代风尚也日渐奢靡,道教的神仙观念中对生命的高蹈超越意识逐渐被人间的享乐追求所代替,文人对道教大多失去了迷狂的宗教信仰,而褪变成一种世俗的生活体验。士人服食之风甚盛,李肇在《唐国史补》中说:"长安风俗,自贞元侈于游宴,其后或侈于书法、图画,或侈于博弈,或侈于卜祝,或侈于服食。"①而服食名为追求长生,实则更多地是为了纵欲享乐,就连韩愈这位大倡儒学、反对服长生药的文学家最后也因服长生药而死。后人对韩愈这一言与行相矛盾的行为也进行了质疑,如胡仔在《苕溪渔隐丛话》前集中引孔毅夫《杂说》云:"退之尝讥人不解文字饮,而自败于女妓乎?作《李博士墓志》,戒人服金石药,而自饵硫黄乎?"②可见,士人们为了追求享乐纵欲不惜千金并冒着生命危险饵硫磺。这种服食纵欲之风与道教讲求男女和合有关,即所谓的"一阴一阳之谓道"。既然士人对神仙、道教已失去了信仰观念,而褪变成如此世俗的享乐目的,那么,往日由神仙而激发的生命意识和自由精神也必然大为衰退,而代之以由纵欲引起的对各种艳情和欲望的想象。所以它往往无法作为晚唐文人的精神支柱而存在,这时的神仙世界也往往成为人间世俗世界的投影,那些仙人也染上了更多的人间世俗色

---

① (唐)李肇撰:《唐国史补》卷下,见《唐国史补 因话录》,上海:上海古籍出版社,1957年版,第60页。

② (宋)胡仔纂集,廖德明校点:《苕溪渔隐丛话》前集卷一六,北京:人民文学出版社,1962年,第103页。

彩。

　　随着道教的世俗化,人们对女仙的崇拜意识也不断增强。两汉之前那些记载女性神仙故事传说以及崇拜仪式的典籍有一些往往被道教奉为经典,而对女仙的记载与描写原本就与男女恋情融合在一起,萧史与弄玉夫妻双双成仙的故事便令文人们艳羡不已。魏晋以后,关于人仙恋爱的仙话传说更成为文人们津津乐道的话题。这种仙凡恋爱的故事大体有两种情形:一种是凡人进入仙境,得遇仙女,并结成夫妻,如干宝的《搜神记》、刘义庆的《幽明录》等记载,刘晨、阮肇入天台山采药,得遇仙女并结为夫妻。一种是仙女降临人间与凡间男子结为夫妻,据《搜神记》、《太平广记》等载,仙女杜兰香为王母之女,降临凡人张硕之所,与之结为夫妻,后因年命未合而离去。这种仙女与凡夫恋爱的故事往往让文人们心向往之,"云娥荐琼石,神妃侍衣裳"(张华《游仙诗四首》其二)的绮艳幻想也由此而生,因为与仙女恋爱成亲,既满足了对艳情、美貌的享乐追求,有时又可实现长生成仙的梦想,真是一举多得的好事。到了唐代,这种女仙崇拜意识更加强烈,平凡书生得遇仙女的故事也被想象得更加华艳,卢肇《逸史》中的《许飞琼》、《太阳夫人》、《马士良》等都有此类故事的描写,唐末还出现了杜光庭的《墉城集仙录》这本专门为女性神仙立传的书,而且书中的女仙都具有超凡脱俗、俊美绝伦的容貌和婀娜多姿的体态。因此,追求长生不老与追求美人仙眷的享乐意味更加浓厚,求仙与艳情便在世俗享乐这一总体的追求目下自然而然地联系到了一起,前代就有的仙人与凡人恋爱的故事发展到唐代往往失去了宣扬神仙道教观念的意味而转为追求女色和爱情的主题。如《广异记》中记载一位衡山的隐士,几次因卖药而寄宿在岳庙,"会乐人将女诣寺,其女有色,众欲取之,父母求五百千,莫不引退。隐者闻女嫁,邀僧往看,喜欲取之。仍将黄金两挺,正二百两……将(女)去",后来女子的父母到山间去探访她和隐者,发现那里原是"神仙之窟"。① 前代中

---

① (宋)李昉等编:《太平广记》卷四五,北京:中华书局,1961年版,第283页。

原本遗世而高蹈的神仙境界在此变成了爱情的场所,而所谓的隐士仙人也与追欢逐乐的凡夫俗子有着相同的艳情心理。在一些文人的描绘中,那些原本应该是超凡脱俗、具有仙姿道骨的西王母、姮娥、宓妃、湘妃、织女等道教中的女仙也增添了些许世俗色彩和香艳意味,仿佛与人间世俗女子一样具有诱惑力,并成为他们借以抒发情感的对象。

对女仙的崇拜意识往往与文学中对人神恋爱的抒写传统融而为一。在传统士人的观念中,"神"与"仙"往往有着相似性,都意味着一种恍惚朦胧、似真似幻、飘忽不定的形象,也都是一种美的化身。他们既具有一种飘逸超凡的美,又往往具有着凡人的情感和欲望,能够满足士人的心理需求。这些女神或女仙总是既美丽又多情,在爱情上又十分主动和大胆,不受传统礼教的束缚,往往"自荐枕席",使怯懦而又充满了色情欲望的文人有了一个充分的借口,可以理直气壮地去满足自己的艳情幻想。像宋玉在《高唐赋》序中描绘的飘逸变幻、自荐枕席的高唐神女形象,长期以来在文人心中形成一个情结,三国时的曹植"朝京师,还济洛川"时便有感于"宋玉对楚王神女之事"而写下了著名的《洛神赋》,"翩若惊鸿,婉若游龙"的洛水女神让诗人心驰神往、徘徊怅然。随着道教的发展与各种仙话传说的流传,文人心底的这一关于神女的艳情情结终于与对女仙的幻想崇拜相互融合,这个巫山神女的形象在唐末杜光庭撰的《墉城集仙录》中便被演化为道教的神仙云华夫人瑶姬。①

二、女道士的活跃

唐代的女道士十分活跃,其中有很多本出身于宫廷或贵族之家。龚自珍曾说:

> 唐之道家,最近刘向所录房中家,唐世武曌、杨玉环皆为女

---

① (唐)杜光庭撰:《墉城集仙录》,见《道藏》洞神部谱录类,上海:上海涵芬楼,1924年版。

道士;而玉真公主奉张真人为尊师。一代妃主,凡为女道士,可考于传记者四十余人;其无考者,杂见于诗人风刺之作。鱼玄机、李冶辈应之于下,韩愈所谓"云窗雾阁事窈窕"。李商隐又有"绛节飘摇空国来"一首,尤为妖冶。皆有唐一代道家支流之不可问者也。①

这段话也道出了作为"道家支流"的女道士对"妖冶"诗风的影响。唐代道观环境比较开放,女道士往往有更多的与男性交往的机会,她们往往以容色炫耀,不遵道规,盛装艳服,她们的行为举止往往较为风流放荡,形同娼妓。如谢无量在《中国妇女文学史》中说:"唐时重道,贵人名家,多出女冠。至其末流,或尚佻达而衍礼法。故唐之女冠,恒与士人往来酬答,失之流荡,盖异于娼优者鲜矣。"②

唐代有很多公主出家入道,如睿宗的金仙公主、玉真公主,玄宗的万安公主和楚国公主,代宗的华阳公主,德宗的文安公主等,也有很多宫女和妓女出家成为女道士。其中很多人并非是出于宗教信仰,而是有着各种复杂的原因,为了摆脱礼法的束缚也是原因之一,因而入道之后,往往并不潜心修道,如金仙、玉真二位公主入道后既可以继续享受人间奢侈豪华的生活,又可以自由邀集门下请客,有很多与异性交往的机会。许多女冠都姿容艳丽、多才多艺,能歌善舞,聪慧过人,据《剧谈录》卷下"老君庙画"条记载:"政平坊安国观,明皇朝玉真公主所建。……女冠多上阳退宫嫔御。其东与国学相接。咸通中,有书生云:'每清风朗月,即闻山池之内步虚笙磬之音。'卢尚书有诗云:'夕照纱窗起暗尘,青松绕殿不知春。君看白首诵经者,半是

---

① (清)龚自珍撰:《龚自珍全集》,上海:上海人民出版社,1975年版,第297~298页。
② 谢无量著:《中国妇女文学史》,郑州:中州古籍出版社,1992年版,第27页。

宫中歌舞人。'"①出家入道的这些女道士既拥有与妓女同样的才艺容貌和多情浪漫,仙道的环境与身份又使她们比妓女更多几分飘逸、脱俗、神秘、高雅之气,对文人士大夫来说更具吸引力,其中一些工诗善文、才华横溢者更为文人士子所倾慕,她们与当时的文人士子往来密切,宴饮游乐,诗词唱答。如著名女道士鱼玄机,"性聪慧,好读书,尤工韵调,情致繁缛","与李郢端公同巷,居止接近,诗筒往反。复与温庭筠交游,有相寄篇什"。②另一著名女道士李冶则与隐士陆羽、僧人皎然、文士刘长卿、朱放、韩揆、阎伯均、萧叔子等人宴集游乐,诗文往来。

女道士与文人的交往使文人们写了大量的描写女道士和赠女道士的诗,正因为唐代女冠的风流行为作派和她们作为道士的身份之间存在着矛盾,所以文人们对女道士的描写往往兼具高逸与世俗两种特征。

第二节 中晚唐艳诗中的仙道蕴涵

唐代崇道风气及道教的世俗化、女仙崇拜意识、仙凡恋爱的幻想及女道士的活跃等成为艳诗兴盛的重要文化背景,同时,这些因素又给中晚唐艳诗刻上了鲜明的烙印,使艳诗中显示出丰富的仙道蕴涵。

---

① (唐)康骈撰:《剧谈录》卷下,北京:古典文学出版社,1958年版,第46~47页。

② (元)辛文房撰,傅璇琮主编:《唐才子传校笺》第三册,北京:中华书局,1990年版,第448、450页。

一、仙人恋情的世俗化

中晚唐时期，文人们喜欢在诗中对前代仙话传说中凡人与仙女恋爱的故事进行多方面想象和敷衍。萧史与弄玉，巫山神女与楚襄王，刘晨、阮肇与仙女，以及张硕与杜兰香等仙道故事经常出现于文人们的笔下，并被不断地重复、翻新、渲染，其中的爱情、相思内涵被不断地强化，且在情感细节方面与人间恋情极为相近，仙人的恋情变得世俗化，充满了生活气息，仙人的个性也更加亲切和接近凡人。如：

> 仙洞千年一度开，等闲偷入又偷回。桃花飞尽东风起，何处消沉去不来？

> 芙蓉脂肉绿云鬟，卷画楼台青黛山。千树桃花万年药，不知何事忆人间？（元稹《刘阮妻二首》）

> 蛾眉新画觉婵娟，斗走将花阿母边。仙曲教成慵不理，玉阶相簇打金钱。

> 刘郎相约事难谐，雨散云飞自此乖。月姊殷勤留不住，碧空遗下水精钗。（司空图《游仙二首》）

这些诗中，只是将背景换成了仙洞，并以"桃花"、"药"、"碧空"等典型意象象征其为神仙世界，其中描写的感情则已完全人性化，仙女对刘晨、阮肇的留恋、思念之情如同世俗之人一样真挚缠绵、感伤哀怨。

这种表现仙人恋情的艳诗以晚唐诗人曹唐的作品为最多。《唐才子传》说他："追慕古仙子高情，往往奇遇，而己才思不减，遂作《大游仙诗》五十篇,又《小游仙诗》等,纪其悲欢离合之要,大播于时。"①可见其诗虽是写仙,而寄寓其中的却是个人的悲欢离合的感受,因而,仙人也就人间化了。其他如《织女怀牵牛》、《张硕重寄杜兰香》、《玉女杜兰香下嫁于张硕》、《萧史携弄玉上升》等都是写仙女的爱情故事而具有人间色彩者。在这些诗中,将仙界的爱情想象得多姿多彩、情真意切而又幽幻迷离,如:

  北斗西风吹白榆,穆公相笑夜投壶。花前玉女来相问,赌得青龙许赎无?(《小游仙诗九十八首》之九十二)

  绛阙夫人下北方,细环清佩响丁当。攀花笑入春风里,偷折红桃寄阮郎。(《小游仙诗九十八首》之九十八)

北斗西风吹拂着白榆树,穆公和仙女们嬉闹着玩着投壶的游戏,玉女前来问穆公,赌输了青龙还可以把它赎回来吗?这充满了天真的问话,使仙界的女子和人间的女子一样活泼可爱而且让人觉得亲切,真实得仿佛就在眼前。绛阙夫人从北方降落,她身上戴着各种环珮首饰,丁丁当当发出阵阵清响,如此装扮一新是要做什么呢?只见她含笑在春风里攀上花枝,偷偷地折取红桃想要寄给深深思念的情郎。诗的后两句显得滑稽可爱,又在情理之中。再如:

  云鹤冥冥去不分,落花流水恨空存。不知玉女无期信,道与留门却闭门。(《小游仙诗九十八首》之四十八)

四处云鹤冥冥,一片迷茫,只有落花流水依旧空存,原本得到玉女虚门以待的许诺的痴情男子满怀希望地去践约,可是没想到玉女竟然不讲信用,眼前面对的却是重门深锁,男子不禁失望至极。这些仙境

---

① (元)辛文房撰,傅璇琮主编:《唐才子传校笺》第三册,北京:中华书局,1990年版,第492页。

的爱情与人间的爱情一样被幻想、描绘得多彩多姿,充满了失落、欣喜、深情等各种复杂的情绪,充满了各种平凡琐碎而又妙趣无穷的细节。诗人在游仙诗中更倾向于对仙人恋爱故事的敷衍和艳情的想象,这些仙界人物的情思、心理,正是人间世俗享乐社会生活的投影。

二、赠女道士的诗

艳诗中的道教蕴涵还表现在,描写女道士的诗往往具有高逸超凡之气,又具有色情暗示的意味。女冠与妓女往往有着近似的形象和含义,赠女道士的诗也往往与赠妓诗一样,多描写女冠的容貌、姿态,或借刘、阮与仙子的恋情来调侃,只不过在描写女冠的容貌时往往以一些道教词语意象来修饰,如采芝、蓬莱、清箫、花冠、紫烟等,在其容颜之美中平添了几分神秘朦胧高逸之气。如下列诸诗:

> 月帔飘飘摘杏花,相邀洞口劝流霞。半酣乍奏云和曲,疑是龟山阿母家。(权德舆《戏赠张炼师》)

> 绰约小天仙,生来十六年。姑山半峰雪,瑶水一枝莲。晚院花留立,春窗月伴眠。回眸虽欲语,阿母在傍边。(白居易《玉真张观主下小女冠阿容》)

> 玄发新簪碧藕花,欲添肌雪饵红砂。世间风景那堪恋,长笑刘郎漫忆家。(施肩吾《赠女道士郑玉华二首》其一)

> 等闲何处得灵方,丹脸云鬟日月长。大罗过却三千岁,更向人间魅阮郎。(刘言史《赠成炼师四首》其三)

如刘尊明所说:"女冠的仙道服饰及其宫观环境满足了他们在'人间'寻求'仙界'的超越的虚幻心理,而女冠的艳丽容貌及其风流心性又满足了他们在'仙界'享受'人间'欢娱的世俗情欲。"①杨凭的《赠马炼师》更典型地体现了这一特点：

> 心嫌碧落更何从,月帔花冠冰雪容。行雨若迷归处路,近南惟见祝融峰。

"心嫌碧落"写出女道士并非一心向道,而是一种无可奈何的选择,"更何从"更见出一种身不由己,"月帔花冠"、"冰雪容"写出了女道士容貌的超凡脱俗之美,具有一种高雅的气质和超逸感,但接下来"行雨"一句运用巫山云雨的典故则具有色情暗示的意味,又回归到庸俗的色彩。正如孙昌武先生所说："女冠本应是超尘脱俗的出家修道者,她们的特殊地位却正好用来掩饰类似艺人或娼妓的身份。正是这种兼仙、凡的地位和面貌给她们提供了活动的空间,也使她们的生活兼有神秘和低俗、超逸和平庸的十分暧昧的色彩。"②所以,文人描写女冠的诗便也缺少了庄重色彩而多了些风流戏谑和艳情意味。

三、人间恋情的仙化

将人间的艳情故事及狎妓冶游生活设置一个仙化的背景,来表现自己的性爱感受,借以烘托欢乐的短暂和这种经历的如梦如幻之感,也是道教对中晚唐艳诗创作的影响的一个表现。

当然,这种给人间艳情设置一个仙界的背景并不始于中唐。初唐武后时进士张鷟的《游仙窟》便是借仙窟的背景来写人世间的艳情。文中叙其奉命出使河源,途经神仙窟,与女主人十娘王嫂柔情缱绻。这实际上是作者狎妓冶游生活的再现。初唐诗人宋浑在《广州朱长史座观妓》一诗中说："歌舞须连夜,神仙莫放归。"也是将歌舞妓

---

① 刘尊明:《唐五代词与道教文化》,载《社会科学战线》1997年第3期,第134页。
② 孙昌武著:《道教与唐代文学》,北京:人民文学出版社,2001年版,第381页。

与仙人联系到一起。但只有到了中唐,艳情的仙化才成为艳诗的一种常见表现方法。"这一时期,男女道士之恋,士人与女冠之恋,士人与妓女之恋、俗世中的男女之恋甚至帝妃之恋都被置于仙境来表现。"①

仙界的神秘缥缈给这种原本庸俗的艳情蒙上了一层神秘超凡的面纱。在仙界,人们可以不再受人间礼教的束缚,恣意地放纵欲望和情感,女子可以像巫山神女那样自荐枕席。同时,仙界背景的设置也有力地暗示出这种风流经历的不真实,而仙女的仙姿美貌更让文人们心醉神迷,沉浸于一种虚幻的欲望的满足之中。如康正果先生所说:"神仙境界并不完全象征着超脱尘世,它同时也象征着令人心迷神醉的地方,它向凡人显示着欲望的满足和诱惑,并启悟他认识欢乐的短暂和'风月繁华'的虚幻。"②其中最典型的便是元稹的《会真诗三十韵》,诗中以"会真"即"遇仙"为名来写与莺莺的情爱经历,对二人的情爱细节进行细腻铺陈,诗中写道:"鸳鸯交颈舞,翡翠合欢笼。眉黛羞偏聚,朱唇暖更融。气清兰蕊馥,肤润玉肌丰。"这样的性爱场面未免太赤裸裸,而将之置于仙境之中则为其披上了一层雅化的外衣,使香艳的性爱描写增添一丝恍惚迷离的意味,而不至于太坐实,而且,前代已有类似的神人之恋的文学传统,因而不至于太受指责。同时,采用仙道的背景也是把人间的艳情虚幻化,增加其不真实感,告诉自己这一切不过如春梦一场,并企图最终使自己不再沉溺于爱情之中而获得一种超脱,为自己因为现实因素与恋人分离找到几分心理安慰。在前此的巫山神女及仙凡恋爱的故事中,多表现出仙凡殊隔的倾向,仙凡虽然相恋但往往又以被迫分离为结局,这些仙女最终都杳不可寻。这种因仙凡殊隔而不得不分离的现实与元稹在《梦游春七十韵》一诗的结尾所写的心态是一致的:"梦魂良易惊,灵境难

---

① 李乃龙:《论唐代艳情游仙诗》,载《广西师范大学学报》1997年第3期,第71页。
② 康正果著:《风骚与艳情》,上海:上海文艺出版社,2001年版,第233页。

久寓。夜夜望天河,无由重沿溯。……我到看花时,但作怀仙句。浮生转经历,道性尤坚固。近作梦仙诗,亦知劳肺腑。"

狎妓冶游的生活,也往往借"遇仙"或"访仙"的形式表现出来。如施肩吾《及第后夜访月仙子》:"自喜寻幽夜,新当及第年。还将天上桂,来访月中仙。"金榜题名之后寻幽访艳,但却自称是月中访仙,狎妓、冶游的生活因而也被描绘得如梦如幻,自身则仿佛是刘晨、阮肇,也进入仙界做了一回神仙,那些妖冶艳丽的妓女也就自然被视为"仙人"、"仙子"。如"便出燕姬再倾醑,此时花下逢仙侣"(秦韬玉《吹笙歌》),"仙人龙凤风雨吹"、"仙蛾泣目清露垂"(陈陶《独摇手》)、"仙娥月浦呼龙子"(陈陶《小笛弄》)。再如《北里志》中记载崔知之赠福娘的诗"怪得清风送异香,娉婷仙子曳霓裳"①,郑休范赠天水仙哥的诗"严吹如何下太清,玉肌无奈六铢轻"②,李标的诗"洞中仙子多情态,留住刘郎不放归"③,都是把妓女称为仙人。仙界的环境、仙子的艳丽可以衬托出诗人春风得意、飘飘然的心态。

此外,艳诗中的仙道情韵还表现为艳诗中大量仙道典故的运用,如前面在论述李商隐艳诗时所提到的那样。

总而言之,道教不仅为中晚唐艳诗的兴盛提供了世俗化的背景,而且在艳诗的表现手法、风格意境等方面也都打上了鲜明的烙印,使中晚唐艳诗充满了仙道蕴涵。或者说,艳情与游仙的内容在中晚唐特定的时代文化环境中复杂地融合在一起,关于神仙世界的想象与文人的风流浪漫、世俗享乐在这些艳体诗中得到了一定程度的统一。

---

① (唐)孙棨撰,曹中孚校点:《北里志》,见《唐五代笔记小说大观》,上海:上海古籍出版社,2000年版,第1410页。
② (唐)孙棨撰,曹中孚校点:《北里志》,见《唐五代笔记小说大观》,上海:上海古籍出版社,2000年版,第1405页。
③ (唐)孙棨撰,曹中孚校点:《北里志》,见《唐五代笔记小说大观》,上海:上海古籍出版社,2000年版,第1413页。

第七章　中晚唐艳诗与士人风尚

第一节　中晚唐的士人风尚

一、声色享乐之风

安史之乱结束后,虽然国家仍充满内忧外患,但唐王朝自上而下奢侈之风极度盛行,世人大多沉溺于游玩享乐之中,重视感官的愉悦,观花、游宴、乐舞等声色之乐是其中的重要内容。《旧唐书·穆宗纪》说:"国家自天宝已后,风俗奢靡,宴席以喧哗沉湎为乐。而居重位、秉大权者,优杂倡肆于公吏之间,曾无愧耻。公私相效,渐以成俗。"①李肇《唐国史补》卷下说:"长安风俗,自贞元侈于游宴。其后或侈于书法图画,或侈于博弈,或侈于卜祝,或侈于服食,各有所蔽也。"②杜牧也在《感怀诗一首》中感叹:"至于贞元末,风流恣绮靡。"③这种奢靡享乐之风首先是由皇帝提倡的,如德宗对群臣的游宴活动便大开方便之门,贞元六年四月,"帝曰:'朕顷以四方不宁,宵衣旰食,百僚亦遑遑无暇。今兵革渐息,夏麦又登,朝官有暇日游宴

---

① （后晋）刘昫撰:《旧唐书》卷一六,北京:中华书局,1975年版,第485～486页。

② （唐）李肇撰:《唐国史补》卷下,见《唐国史补 因话录》,上海:上海古籍出版社,1957年版,第60～61页。

③ （唐）杜牧撰:《樊川文集》卷一,上海:上海古籍出版社,1978年版,第4页。

者,令京兆尹不须闻奏",①而士人们在经历了十年乱离之后,也消磨了建功立业的壮志理想,产生了苟且偷安的心理,急于补偿失去的欢乐,在世俗欲望的满足中获得慰藉。如陈寅恪先生在《元白诗笺证稿》中所说:"贞元之时,朝廷政治方面,则以藩镇暂能维持均势,德宗方以文治粉饰其苟安之局。民间社会方面,则久经乱离,略得喘息之会,故亦趋于嬉娱游乐。因此上下相应,成为一种崇尚文词、矜诩风流之风气。"②宪宗即位后虽政治上有所起色,但奢侈享乐之风未减。

到晚唐,这种奢靡享乐之风更是欲演欲烈。敬宗皇帝游戏无度,好击毬手博,长庆四年二月刚刚即位,"丁未,御中和殿击毬,赐教坊乐官绫绢三千五百匹。戊申,击毬于飞龙院。己酉,大合乐于中和殿,极欢而罢,内官颁赐有差"。③《唐语林》载:"武宗数幸教坊作乐,优倡杂进。酒酣,作技谐谑,如民间宴席";④"旧制:三二岁,必于春时内殿赐宴宰辅及百官,备太常诸乐,设鱼龙曼衍之舞,连三日,抵暮方罢。宣宗妙于音律,每赐宴前,必制新曲,俾宫婢习之。至日,出数百人,衣以珠翠缇绣,分行列队,连袂而歌";⑤"宣宗尝出内府钱帛建报圣寺,大为堂殿,金碧圬墁之丽,近所未有"。⑥ 在咸通、乾符年间,这种奢华纵乐之风达到高潮。懿宗"好音乐宴游,殿前供奉乐工常近五百人,每月宴设不减十余,水陆皆备,听乐观优,不知厌倦,赐与动及千缗。曲江、昆明、灞浐、南宫、北苑、昭应、咸阳,所欲游幸即行,不

---

① (宋)王钦若等编:《册府元龟》卷五一四,北京:中华书局,1960年版,第1314页。
② 陈寅恪著:《元白诗笺证稿》,北京:生活·读书·新知三联书店,2001年版,第90页。
③ (后晋)刘昫撰:《旧唐书》卷一七,北京:中华书局,1975年,第508页。
④ (宋)王谠撰,周勋初校证:《唐语林校证》卷三,北京:中华书局,1987年版,第209页。
⑤ (宋)王谠撰,周勋初校证:《唐语林校证》卷七,北京:中华书局1987年版,第656页。
⑥ (宋)王谠撰,周勋初校证:《唐语林校证》卷一,北京:中华书局,1987年版,第18页。

待供置,有司常具音乐、饮食、幄帟,诸王立马以备陪从。每行幸,内外诸司扈从者十余万人,所费不可胜纪"①。咸通十年(869年),懿宗女同昌公主适韦保衡,陪嫁之物极为奢华:"上特爱之,倾宫中珍玩以为资送,赐第于广化里,窗户皆饰以杂宝,井栏、药臼、槽匮亦以金银为之,编金缕以为箕筐,赐钱五百万缗,他物称是。"②同昌公主死后,"及庭祭日,百司与内官皆用金玉饰车舆服玩以焚于韦氏之庭,家人争取其灰以择金宝。及葬于西郊,上与淑妃御延兴门,出内库金玉驰马凤凰麒麟,各高数尺,以为威仪"③。懿宗还佞佛成癖,咸通十四年,"遣敕使诣法门寺迎佛骨,群臣谏者甚众,至有言宪宗迎佛骨寻晏驾者。上曰:'朕生得见之,死亦无恨!'广造浮图、宝帐、香舆、幡花、幢盖以迎之,皆饰以金玉、锦绣、珠翠。自京城至寺三百里间,道路车马,昼夜不绝"④。僖宗爱好游戏,长于词乐、鞠毬、骑马、舞剑和赌博,平日里只知游乐而不理政事,"喜斗鹅走马,数幸六王宅、兴庆池与诸王斗鹅,一鹅至五十万钱"⑤,"赏赐乐工、伎儿,所费动以万计,府藏空竭"⑥。《新唐书·礼乐志》说:"咸通诸王多习音声、倡优杂戏,天子幸其院,则迎驾奏乐。"⑦中晚唐的帝王公主是如此,文人士大夫们也毫不逊色。人们在对现实政治失望之余也沉溺于及时行乐

---

① (宋)司马光撰:《资治通鉴》卷二五〇,北京:中华书局,1956年版,第8117页。

② (宋)司马光撰:《资治通鉴》卷二五一,北京:中华书局,1956年版,第8139页。

③ (唐)苏鹗撰:《杜阳杂编》卷下,见《松窗杂录》(外二种),北京:中华书局,1958年版,第56页。

④ (宋)司马光撰:《资治通鉴》卷二五二,北京:中华书局,1956年版,第8165页。

⑤ (宋)欧阳修、宋祁撰:《新唐书》卷二〇八,北京:中华书局,1975年版,第5884页。

⑥ (宋)司马光撰:《资治通鉴》卷二五二,北京:中华书局,1956年版,第8176页。

⑦ (宋)欧阳修、宋祁撰:《新唐书》卷二二,北京:中华书局,1975年版,第478页。

之中,尽情地挥霍游玩,整个社会充满了一种纵情逸乐之风。"元载末年造芸辉堂于私第。芸辉,香草名也,出于阗国。其香洁白如玉,入土不朽烂,舂之为屑,以涂其壁,故号芸辉焉。而更构沉檀为梁栋,饰金银为户牖,内设悬黎屏风,紫绡帐。其屏风本杨国忠之宝也,屏上刻前代美女伎乐之形,外以玳瑁水犀为押,又络以真珠瑟上。精巧之妙殆非人工所及。"①"咸通中,丞相姑臧公拜端揆日,自大梁移镇淮海……以其郡无胜游之地,且风亭月榭既已荒凉,花圃钓台未惬深旨。一朝命于戏马亭西连玉钩斜道,开辟池沼,招茸亭台。挥斥既毕,萃其所芳春九旬,都人士女得以游欢。"②咸通朝宰相杨收"厅馆铺陈华焕,左右执事皆双鬟珠翠","饮馔及水陆之珍,台盘前置香一炉,烟出成楼阁之状"。③

二、蓄妓养妓、冶游狎妓之风

在中晚唐这种追求奢侈享乐的时代氛围中,文人的声色享乐之风亦达到极致。他们将关注的目光转向身边的感官世界,关注起一己世俗欲望的满足,而少了深层的人生思考。奢侈享乐的一个重要方面就是狎妓冶游和歌舞宴饮。唐代狎妓冶游成为一种普遍的社会风气,许多士大夫文人都沉湎于其中。当时妓女制度极为发达,有官妓、家妓、私妓等多种。

冶游狎妓之风首先与唐代的科举有着密切的关系。陈寅恪先生在《元白诗笺证稿》中说:"即高宗武后以来所拔起之家门,用进士词科以致身通显,由翰林学士而至宰相者。此种社会阶级重词赋而不重经学,尚才华而不尚礼法。以故唐代进士科,为浮薄放荡之徒所归

---

① (唐)苏鹗撰:《杜阳杂编》卷上,见《松窗杂录》(外二种),北京:中华书局,1958年版,第21~22页。
② (唐)冯翊子撰:《桂苑丛谈》,见《松窗杂录》(外二种),北京:中华书局,1958年版,第67~68页。
③ (宋)李昉等编:《太平广记》卷二三七,北京:中华书局,1961年版,第1825页。

聚,与倡伎文学殊有关联。"①钱穆先生在《中国历史上之考试制度》一文中说:"考试制度仅是一种选拔人才之制度,而非培养人才之制度。自经此项制度推行日久,平民社会,穷苦子弟,栖身僧寺,十年寒窗,也可跃登上第。渐渐门第衰落,整个政府转移到平民社会手里。但此等平民,在先并未有家庭传统之礼教,亦更无政治上之常识,一旦仅凭诗赋声律,崛起从政,第一是政事不谙练,第二是品德无根柢,于是进士轻薄,遂成为当时所诟病。"②《北里志序》则记载:"诸妓皆居平康里,举子、新及第进士、三司幕府但未通朝籍未直馆殿者,咸可就诣。如不吝所费,则下车水陆备矣。"③唐代科举十分重视进士科,士子们数十载寒窗苦读,一朝登第,颇有"春风得意马蹄疾,一日看尽长安花"(孟郊《登科后》)之感,而未由进士出身者即使位高爵显也终觉有所缺憾,如薛元超曾经感叹:"吾不才,富贵过人。平生有三恨:始不以进士擢第,不取五姓女,不得修国史。"④而"唐人登科之后,多作冶游,习俗相沿,以为佳话"⑤,那些或长于酒令,或能歌善舞的歌舞妓人的陪宴佐酒、歌舞表演为宴会营造出一种浪漫风流的氛围,金榜题名,再加上红粉佳人的歌舞助兴,士子们自是得意万分,有飘飘欲仙之感。

中唐以后,科举制度更盛:"唐代科举之盛,肇于高宗之时,成于玄宗之代,而极于德宗之世。"⑥同时,随着士人们声色享乐意识的增

---

① 陈寅恪著:《元白诗笺证稿》,北京:生活·读书·新知三联书店,2001年版,第89页。

② 钱穆著:《国史新论》,北京:三联出版社,2001年版,第282~283页。

③ (唐)孙棨撰,曹中孚校点:《北里志》,见《唐五代笔记小说大观》,上海:上海古籍出版社,2000年版,第1403页。

④ (宋)王谠撰,周勋初校证:《唐语林校证》卷四,北京:中华书局,1987年版,第384页。

⑤ 鲁迅著:《中国小说史略》,上海:上海古籍出版社,1998年版,第184页。

⑥ 陈寅恪著:《元白诗笺证稿》,北京:生活·读书·新知三联书店,2001年版,第2页。

强,进士狎妓之风更是长盛不衰。"自太中皇帝好儒术,特重科第。……故进士自此尤盛,旷古无俦。然率多膏粱子弟,平进岁不及三数人,由是仆马豪华,宴游崇侈。以同年俊少者为两街探花使,鼓扇轻浮,仍岁滋甚。"①进士们普遍对狎妓冶游趋之若鹜,沉溺其中。而且,中唐以后,官伎制度进一步普及,"华轩敞碧流,官妓拥诸侯"(张祜《陪范宣城北楼夜宴》)是饮宴中常见的景象。

不仅进士颇尚浮华狎游,官吏的狎妓之风也很盛,上自宰相,下至地方牧守、藩镇属吏无不热衷于此,白居易、元稹、刘禹锡、杜牧、温庭筠、张祜等中晚唐诗人都有过狎妓冶游的经历。而城市的繁华、商业经济的发展则为文人的享乐生活提供了更充分的条件,使他们的消费观念发生变化。因此文人往往纵游其间。

白居易曾写诗道:"征伶皆绝艺,选妓悉名姬。"(《代书诗一百韵寄微之》)他回忆在苏州杭州等地的冶游生活是:"修娥曼脸灯下醉,急管繁弦头上催。六七年前狂烂熳,三千里外思徘徊"(《忆旧游》);"绿藤阴下铺歌席,红藕花中泊妓船"(《西湖留别》)。元稹曾与白居易一起在长安"密携掌上乐,偷宿静坊姬"(元稹《酬翰林白学士代书一百韵》),他与余杭歌妓商玲珑、蜀中名妓薛涛等人都有往来,在浙东任职之时与歌妓刘采春交往:"廉问浙东,乃有刘采春自淮甸而来,容华莫比。"②

晚唐及唐末诗人的狎邪放浪生活更甚,且多了些狂放气质,更加放浪而无所顾忌。这一时期城市经济繁荣,当时的扬州、苏州、杭州等地商业都十分发达,也是名姬佳丽云集之地。据《太平广记》卷二七三引《唐阙史》:"扬州,胜地也,每重城向夕,倡楼之上,常有绛纱灯

---

① (唐)孙棨撰,曹中孚校点:《北里志》,见《唐五代笔记小说大观》,上海:上海古籍出版社,2000年版,第1403页。

② (宋)尤袤著:《全唐诗话》卷二,见(清)何文焕辑《历代诗话》,北京:中华书局,2004年版,第120页。

万数,辉罗耀烈空中,九里三十步街中,珠翠填咽,邈若仙境。"①"十里珠帘,二十四桥风月,其气象可知。张祜诗曰:'十里长街市井连,月明桥上看神仙。人生只合扬州死,禅智山光好墓田。'"②城市的声妓繁华,吸引了大批诗人纵游其间:"姑苏碧瓦十万户,中有楼台与歌舞。寻常倚月复眠花,莫说斜风兼细雨"(吴融《风雨吟》),"一年江海恣狂游,夜夜倡家晓上楼"(吴融《到广陵》)。《北梦琐言》卷三记载:"唐路侍中岩,风貌之美,为世所闻。镇成都日,委执政于孔目吏边咸,日以妓乐自随,宴于江津,都人士女怀掷果之羡,虽卫玠、潘岳,不足为比。……以官妓行云等十人侍宴,移镇渚宫日,于合江亭离筵赠行云等《感恩多》词,有'离魂何处断,烟雨江南岸',至今播于倡楼也。"③杜牧"恃才,喜酒色。初辟淮南牛僧孺幕,夜即游妓舍,厢虞候不敢禁"④。《唐摭言》还记载了他与张祜一起在酒席之上与歌妓饮宴调笑的情形:

> 张祜客淮南,幕中赴宴,时杜紫微为支使,南座有属意之处,索骰子赌酒,牧微吟曰:"骰子逡巡里手抛,无因得见玉纤纤。"祜应声曰:"但知报道金钗落,仿佛还应露指尖。"⑤

温庭筠则更为放肆,《旧唐书》本传说他"士行尘杂,不修边幅,能逐弦吹之音,为侧艳之词","咸通中,失意归江东……既至,与新进少年狂

---

① (宋)李昉等编:《太平广记》卷二七三,北京:中华书局,1961年版,第2151页。
② (宋)王楙撰,王文锦点校:《野客丛书》卷一五,北京:中华书局,1987年版,第166页。
③ (宋)孙光宪撰,林艾园校点:《北梦琐言》卷三,见《唐五代笔记小说大观》,上海:上海古籍出版社,2000年版,第1819~1820页。
④ (宋)王谠撰,周勋初校证:《唐语林校证》卷七,北京:中华书局,1987年版,第621页。
⑤ (五代)王定保撰:《唐摭言》卷一三,见《唐五代笔记小说大观》,上海:上海古籍出版社,2000年版,1693页。

游狭邪"。①《唐才子传》则记载:"薄行无检幅。与贵胄裴諴、令狐滈等饮博。后夜尝醉诟狭邪间,为逻卒折齿,诉不得理。"②韦庄也曾有过出入于青楼与歌妓相从的经历:"当时年少春衫薄。骑马倚斜桥,满楼红袖招。"(《菩萨蛮》其三)元人费著《岁华纪丽谱》卷下载:"成都游赏之盛甲于西蜀,盖地大物繁,而俗好娱乐,凡太守岁时宴集,骑从杂沓,车服鲜华,倡优鼓吹,出入拥导……及期则士女栉比,轻裘袨服,扶老携幼,阗道嬉游。"③

除了与官妓、营妓或市井私妓狎游之外,士大夫之家也多蓄养家妓。白居易便曾蓄养家妓。乐舞的欣赏为日常生活更增添了无限风雅的情调和乐趣。如白居易《池上篇并序》所说:"酒酣琴罢,又命乐童登中岛亭,合奏《霓裳散序》。声随风飘,或凝或散,悠扬于竹烟波月之际者久之。曲未竟而乐天陶然已醉睡于石上矣。"④

在狎妓冶游的生活中,文人们暂时抛了兼济天下的壮志宏图,忘却了男女有别、授受不亲的儒家教义和尤物牵情、红颜祸水的荒谬理论,从而彻底放松自己的感情和欲望,在温柔乡里徜徉。这种生活在一定程度上满足了士人在婚姻之外对红颜知己和内心对真挚爱情的渴求,在另一个空间中实现了他们关于才子佳人的爱情美梦。对于唐代士人来说,仕宦与婚姻是两件头等重要的大事,它们都关系到自己的政治前途和社会地位,唐代社会十分讲究门第婚姻:"唐代社会承南北朝之旧俗,通以二事评量人品之高下。此二事,一曰婚,二曰宦。凡婚而不娶名家女,与仕而不由清望官,俱为社会所不齿。"⑤

---

① (后晋)刘昫撰:《旧唐书》卷一九〇,北京:中华书局,1975年版,第5079页。

② (元)辛文房撰,傅璇琮主编:《唐才子传校笺》第三册,北京:中华书局1990年版,第435页。

③ (元)费著撰:《岁华纪丽谱》,文渊阁四库全书本,第1页。

④ (唐)白居易撰,朱金城笺校:《白居易集笺校》卷六九,上海:上海古籍出版社,1988年版,第3706页。

⑤ 陈寅恪著:《元白诗笺证稿》,北京:生活·读书·新知三联书店,2001年版,第116页。

因此,"舍弃寒女,而别婚高门,当日社会所公认之正当行为也"①。士人们婚姻主要是出于政治前途和功利目的考虑,婚姻家庭生活的不如意在所难免,所以在婚姻之外与妓人的交往可以弥补他们在实际的婚姻生活中的缺憾。歌妓们不仅容貌姣好,而且歌舞兼擅,工诗能文,很容易与文人产生心灵的共鸣和惺惺相惜的知音之感。唐代的士人们大都极重视妓女的才艺和谈吐,相比之下,容貌反倒显得不是那么重要了,《北里志》中所记载的当时受士人欢迎的妓人大多如此:"楚儿,字润娘,素为三曲之尤,而辩慧,往往有诗句可称"②,颜令宾"事笔砚,有词句"③,绛真"善谈谑,能歌令……其姿亦常常,但蕴藉不恶,时贤雅尚之"④。张住住"少而敏慧,能辨音律"⑤,王团儿次妓福娘,"谈论风雅,且有体裁"⑥。此外,文人与歌妓之间还有一种相互倚重的关系,文人的作品往往由于歌妓的传唱和吟诵而得到更广泛的传播,影响扩大,声誉提高,而诗人对此也是颇为看重的。元稹、白居易便曾对"马上递唱艳曲,十余里不绝"的盛况十分自得,津津乐道。另一方面,歌妓也往往会因文人的赞美诗作而身价倍增,相反若是贬抑之作则会使其"门前冷落",如白居易《与元九书》中自述:"及再来长安,又闻有军使高霞寓者,欲娉倡妓。妓大夸曰:'我诵得白学士《长恨歌》,岂同他妓哉?'由是增价。……又昨过汉南日,适遇

---

① 陈寅恪著:《元白诗笺证稿》,北京:生活·读书·新知三联书店,2001年版,第116页。

② (唐)孙棨撰,曹中孚校点:《北里志》,见《唐五代笔记小说大观》,上海:上海古籍出版社,2000年版,第1405页。

③ (唐)孙棨撰,曹中孚校点:《北里志》,见《唐五代笔记小说大观》,上海:上海古籍出版社,2000年版,第1408页。

④ (唐)孙棨撰,曹中孚校点:《北里志》,见《唐五代笔记小说大观》,上海:上海古籍出版社,2000年版,第1405页。

⑤ (唐)孙棨撰,曹中孚校点:《北里志》,见《唐五代笔记小说大观》,上海:上海古籍出版社,2000年版,第1405页。

⑥ (唐)孙棨撰,曹中孚校点:《北里志》,见《唐五代笔记小说大观》,上海:上海古籍出版社,2000年版,第1406页。

主人集众乐娱他宾。诸妓见仆来,指而相顾曰:'此是《秦中吟》、《长恨歌》主耳。'"①另据《唐才子传》卷六记载,崔涯"亦工诗,与祜齐名,颇自放行乐,或乘兴北里,每题诗倡肆,誉之则声价顿增,毁之则车马扫迹"。② 可见文人士子对妓女的评价会直接影响她们的声名和生意的好坏。

另一方面,狎妓冶游一定程度上也是士人逃避现实、放纵佯狂、自我沉醉的一种手段,就像魏晋之际的士人以服药和饮酒之放纵佯狂来显示他们对礼教的蔑视和对现实的抗拒。

第二节 士人风尚对艳诗创作的影响

生活是艺术创作的源泉,士人的宴饮享乐与狎妓冶游风尚为创作艳诗提供了适宜的环境和土壤。如前面所述,许多艳诗往往都有着艳情的本事,是在听歌观舞的绮艳环境中即时创作的。宴饮狎妓生活也为诗人们提供了更多的情感体验,正是在这种温软香艳的环境中,在依红偎翠抑或与歌妓知音相赏的情感体验中,诗人获得了丰富的创作灵感,同时也更加近距离地了解了那些美丽而不幸的歌妓的内心哀怨并形之于诗篇,这就形成了艳体诗兴盛的局面。

一、率意为之的赠妓诗与嘲妓诗

狎妓冶游往往与诗和酒是分不开的。在酒宴歌席之上,面对莺

---

① (唐)白居易撰,朱金城笺校:《白居易集笺校》卷四五,上海:上海古籍出版社,1988年版,第2793页。

② (元)辛文房撰,傅璇琮主编:《唐才子传校笺》第三册,北京:中华书局,1990年版,第175页。

歌燕舞的红粉佳人，一向喜欢以诗才风流自诩的文人往往会兴致颇高地写诗咏叹，以显示诗才和文人风雅，而在这样的场合作些严肃的所谓的"言志"之作来抒发壮志情怀显然与眼前的笙歌奏乐、佳人起舞的情景不合，也有些大煞风景、不解风情的意味，而即景生情、描写眼前妓人宛转的歌声、曼妙的舞姿、娇媚的神情、美艳的姿容等应该是情理中事。因而诗人们往往以丰富的想象将妓人的才艺表现得形神毕肖、异彩纷呈、魅力无穷，描绘出一个个容颜娇美、歌舞精湛、感情丰富的歌妓形象，从而使其成为美的化身，成为一种理想的寄托。

在六朝及初盛唐的艳诗中，与妓女相关的诗题多为"观舞"、"观妓"之类，而中唐以后，"赠妓"、"嘲妓"之类的诗明显增多。所谓"观"，是隔着一段距离欣赏，双方之间还没有密切的交往，而"赠"则是以妓为赠与对象和读者，双方有了近距离的接触和情感上的交流。在南朝及初盛唐艳诗中，关于妓女的诗较少出现歌妓的真实姓名，而在中晚唐的士人赠妓诗中，歌妓的姓名大量出现。这不仅意味着诗人与歌妓的关系更加密切，熟悉其名字，而且也在一定程度上证明歌妓在诗人心目中的地位有所提高，不再以简单的"妓"称之，而是呼其名字。白居易的诗中提及到名字的妓女便有30余位，如《醉歌》题下自注"示妓人商玲珑"，再如《代谢好妓答崔员外》、《寄李苏州兼示杨琼》，诗题中即出现了歌妓的名字，《小庭亦有月》一诗中"菱角执笙簧，谷儿抹琵琶。红绡信手舞，紫绡随意歌"名下注："菱、谷、紫、红，皆小臧获名也。"①

以诗歌来赞美歌妓的才艺不管是出于内心的真诚，还是出于久已形成的文字上的惯例而具有夸张的成分，都会为宴席增添无限美妙的亮色，或许还会博得佳人的嫣然一笑。同时，宴席之上，戏谑调侃也是必不可少的，它往往会为宴饮增添轻松热闹的气氛。这种戏谑当然并无明显的恶意，但也缺少深刻的理解和同情，它只是在一种逢场作戏的场合说的调侃玩笑之言，嬉戏笑闹的气氛中博众人一笑

---

① （唐）白居易撰，朱金城笺校：《白居易集笺校》卷二九，上海：上海古籍出版社，1988年版，第2002页。

而已,谁也不会当真。文人们常以"戏赠"或"嘲"某妓人为题来作诗,所赠之妓可能是官妓,也可能是某位官员的家妓。如《全唐诗话》卷二载:"元载末年纳薛瑶英为姬,处以金丝帐、却尘褥,衣以龙绡衣。载以瑶英体轻,不胜重衣,于异国求此服也。惟贾至与杨炎雅与载善,往往时见其歌舞。至赠诗曰:'舞怯铢衣重,笑疑桃脸开。方知汉成帝,空筑避风台。'"①同卷亦载:"翱在潭州,席上有舞《柘枝》者,颜色忧悴,殷尧藩侍御当筵赠诗曰:'姑苏太守青娥女,流落长河舞柘枝。满座绣衣皆不识,可怜红脸泪双垂。'"②再如白居易有《醉戏诸妓》、《谕妓》、《同诸客嘲雪中马上妓》,李群玉有《同郑相并歌妓小饮戏赠》、《戏赠魏十四》,冯衮有《戏酒妓》,吴融有《戏》等。

艳诗的写作点缀又往往使诗人们的狎妓冶游生活更富浪漫色彩和风流情调,也更易在文人圈中被传为佳话。所以,这些充满戏谑意味的艳诗常常是与艳情本事共同流传的,显露出作者风流不羁的个性特征。据《本事诗》记载:"刘尚书禹锡罢和州,为主客郎中、集贤学士。李司空罢镇在京,慕刘名,尝邀至第中,厚设饮馔。酒酣,命妙妓歌以送之。刘于席上赋诗曰:'鬌髻梳头宫样妆,春风一曲杜韦娘。司空见惯浑闲事,断尽江南刺史肠。'李因以妓赠之。"③刘禹锡的《梦扬州乐妓和诗》的序中则说:"禹锡于扬州杜鸿渐席上,见二乐妓侑觞,醉吟一绝。后二年,之京,宿邸中,二妓和前诗,执板歌云。"与刘禹锡相似,杜牧也有过公开问妓的放诞之举。这种行为非但不被人指责反倒被传为佳话,可见当时的社会风气本是如此。罗虬与营妓杜红儿的故事更曾轰动一时,也导致他作了百首《比红儿诗》。据《唐才子传》记载:

---

① (宋)尤袤著:《全唐诗话》卷二,见(清)何文焕辑《历代诗话》,北京:中华书局,2004年版,第108~109页。

② (宋)尤袤著:《全唐诗话》,见(清)何文焕辑《历代诗话》,北京:中华书局,2004年版,第114页。

③ (唐)孙棨撰,李学颖校点:《本事诗》,见(清)丁福保辑《历代诗话续编》,北京:中华书局,1983年版,第10页。

虬狂宕无检束,时雕阴籍中有妓杜红儿,善歌舞,姿色殊绝,尝为副戎属意。会副戎聘邻道,虬久慕之,至是请红儿歌,赠以缯彩。孝恭以为副戎所贮,从事则非礼,勿令受贶。虬不称意,怒拂衣起,诘旦,手刃杀之。孝恭以虬激己,坐之。顷会赦,虬追其冤,于是取古之美女有姿艳才德者,作绝句一百首,以比红儿,当时盛传。……《序》曰:"红儿美貌年少,机智慧悟,不与群妓等。余知红者,择古灼然美色,优劣于章句间。"①

艳诗中的调侃和戏谑多从妓女的身份上联想,进行色情的暗示,多以巫山神女旦为朝云、暮为行雨的传说及其与楚襄王之间的故事暗示出性的内涵,或以卓文君夜奔相如的典故来作比喻。如:"好似文君还对酒,胜于神女不归云。梦中哪及觉时见,宋玉荆王应羡君"(白居易《卢侍御小妓乞诗座上留赠》)、"看看舞罢轻云起,却赴襄王梦里期"(张祜《观杨瑗柘枝》)"长恐舞时残拍尽,却思云雨更无因"(张祜《李家柘枝》)、"无因得荐阳台梦,愿拂余香到缊袍"(薛逢《夜宴观妓》)、"淡云轻雨拂高唐,玉殿秋来夜正长。料得也应怜宋玉,一生唯事楚襄王"(李商隐《席上作》)、"曾留宋玉旧衣裳,惹得巫山梦里香。云雨无情难管领,任他别嫁楚襄王"(李群玉《赠人》)、"从教水溅罗裙湿,还道朝来行雨归"(裴虔余《柳枝词咏篙水溅妓衣》)、"伴雨聊过楚,归云定占秦"(吴融《即席》)、"何事谒云翻不定,自缘踪迹爱行云"(吴融《荆南席上闻歌者》)、"风柳摇摇无定枝,阳台云雨梦中归"(韩熙载《书歌妓泥金带》)。这些诗中,都是以妓女的性事来调侃,甚至形成了一种程式化的倾向,凡是赠妓之作,便会自然地联想到男女性爱,联想到为楚襄王自荐枕席的巫山神女,在玩笑之中满足了文人潜在的艳情心理。还有一些文人于宴席之上赠主人家妓的诗往往含有自嘲的意味,赞叹妓人的仙姿妙艺,感叹其杳若仙人,可望而不可即,自己只能是徒自多情,暗地相思而已,如李商隐的《赠歌妓》、《题

---

① (元)辛文房撰,傅璇琮主编:《唐才子传校笺》第四册,北京:中华书局,1990年版,第133～135页。

二首后重有戏赠任秀才》、《和令狐八戏题二首》等。

文人在狎妓宴游生活中所作的赠妓、嘲妓等艳体之作由于多是即席所作,即兴发挥,往往脱口而出、秉笔而就,有时缺乏严肃认真的态度,表现出太多的随意性和游戏性,缺少深思和艺术上的雕琢,语言用典不多,多通俗易懂,具有口语化的特征,也有些流于平庸低劣和猥亵色情。前人对此曾提出过批评,如鲖阳居士在《复雅歌词序》中说:"温、李之徒,率然抒一时情致,流为淫艳猥亵不可闻之语。"①

二、诗酒风流,此唱彼和

由于文人的宴饮冶游往往是一种集体性的活动,所以,他们的赠妓诗不是一种寂寞的吟唱,往往可以助兴和增添文采风流,而且一作既出,常常有其他文人来酬和,借一个题目频频吟咏。如李商隐有《和郑愚赠汝阳王孙家筝妓二十韵》,显然是对郑愚赠妓诗的和作。李讷《命妓盛小丛歌饯崔侍御还阙》一诗有多首和作,崔元范作有《李尚书命妓歌饯有作奉酬》,杨知至作有《和李尚书命妓歌饯崔侍御》,卢邺作有《和李尚书命妓饯崔侍御》,封彦卿作有《和李尚书命妓饯崔侍御》,关于这些唱和的艳诗,李讷在《纪崔侍御遗事》中作了记载:

> 李尚书夜登越城楼,闻歌曰:"雁门山上雁初飞。"其声激切。召至,曰:"去籍之妓盛小丛也。""汝歌何善乎?"曰:"小丛是黎园供奉南不嫌女甥也。所唱之音,乃不嫌之授也。今老且废矣。"时察院崔侍御自府幕而拜,李公连夕饯崔君于镜湖之光候亭,屡命小丛歌饯。在座各为赋一绝句赠送之。②

文人经常在一起宴游聚饮,狎妓生活更加公开化与合理化,某个

---

① (宋)鲖阳居士:《复雅歌词序》,见金启华等编《唐宋词集序跋汇编》,南京:江苏教育出版社,1990年版,第364页。

② (唐)李讷:《纪崔侍御遗事》,见(清)董诰等编《全唐文》卷四三八,北京:中华书局,1983年版,第4470页。

文人与妓女之间的风流韵事也就往往被其他文人所熟知,所以以此为题材相互作诗取笑便也就不足为奇了。段成式有《嘲飞卿七首》嘲戏温庭筠的狎妓生活,另有《柔卿解籍戏呈飞卿三首》,段成式还有《戏高侍御三首》。宴席之上,文人间拿这些风流韵事相互调侃取笑则更是常事,因为其中未必有多少真情的成分,所以这种调笑往往无伤大雅,也不会伤及被戏谑者的感情,双方都会把这视为一种可以接受的玩笑。如白居易《代诸妓赠送周判官》、杨汝士《贺筵占赠营妓》。李贺《谢秀才有妾缟练改从于人秀才引留之不得后生感忆座人制诗嘲诮贺复继四首》,都是想象性地描写其妾别后的相思心理,均为艳体之作,"座人制诗嘲诮"说明当时宴席之间对这一风流艳事进行戏谑的远不止李贺一人。随着放诞士风的增浓,文人间这种以艳诗相互调侃唱和的现象更多。李群玉有《同郑相并歌妓小饮戏赠》、《戏赠魏十四》等,后者是嘲谑魏十四与某妓之间的艳情:"兰浦秋来烟雨深,几多情思在琴心。知君调得东家子,早晚和鸣入锦衾。"李商隐有《饮席戏赠同舍》、《饮席代官妓赠两从事》,也是借某文人与歌妓的艳情来调侃。

有时,某一位文人与歌妓之间的真挚恋情也会感动一些人,使他们作诗咏叹或酬和。如白居易有《和杨师皋伤小妓英英》,刘禹锡也作有《和杨皋给事伤小妓英英》,赵嘏作有《代人赠杜牧侍御》,杜牧有《池州李使君殁后十一日处州命始到后见归妓感而成诗》,还有《见刘秀才与池州妓别》、《代吴兴妓春初寄薛军事》等。与宴席上的戏谑调侃之作相比,这些诗中往往多些真挚的感情和感慨,读来令人感动唏嘘。妓女关盼盼与张尚书的故事便曾使诗人张仲素和白居易感慨不已,为之作诗咏叹。据白居易《燕子楼序》记载:

> 徐州故张尚书有爱妓曰盼盼,善歌舞,雅多风态。予为校书郎时,游徐泗间,张尚书宴予。酒酣,出盼盼以佐欢,欢甚。予因赠诗云:"醉娇胜不得,风嫋牡丹花。"尽欢而去。尔后绝不相闻,迨兹仅一纪矣。昨日,司勋员外郎张仲素缋之访予,因吟新诗,有《燕子楼》三首,词甚婉丽。诘其由,为盼盼作也。缋之从

事武宁军累年,颇知盼盼始末,云尚书既殁,归葬东洛,而彭城有张氏旧第,第中有小楼名燕子,盼盼念旧爱而不嫁,居是楼十余年,幽独块然,于今尚在。予爱绩之新咏,感彭城旧游,因同其题作三绝句。①

盼盼(后人误作"盼盼")与张尚书之间的感情不仅感动了张仲素作《燕子楼》三首,而且这个故事及张仲素的诗作又使白居易感而赋诗。张、白二人的诗写得颇为动人,表现了盼盼"燕子楼中霜月夜,秋来只为一人长"(白居易《燕子楼三首》其一)的绵长思念、"自埋剑履歌尘散,红袖香消已十年"(张仲素《燕子楼三首》其二)的黯淡凄凉以及"见说白杨堪作柱,争教红粉不成灰"(白居易《燕子楼三首》其三)的怀旧感今之意。

三、才子佳人,知音相赏

歌妓之中有很多人工诗善文,颖悟聪慧,士人们与其诗文唱和更能获得心灵的共鸣。这些唱和之诗显然与单纯的逢场作戏之作不同,它们在表达相互思念、爱慕等感情时更多了些真挚,且有彼此欣赏、心灵相通的意味。如李群玉有《赠魏三十七》,是赠妓之作;还有一首《酬魏三十七》,显然是收到此妓的诗之后的酬作,诗中说:"静里寒香触思初,开缄忽见二琼琚。一吟丽可风流极,没得弘文李校书。"对魏的诗才十分赞赏。再如薛涛,是一才华横溢的官妓,一些大诗人如白居易、元稹都有与其唱和之作,这些诗也不可与普通的赠妓之作同日而语。如元稹的《寄赠薛涛》:

> 锦江滑腻蛾眉秀,幻出文君与薛涛。言语巧偷鹦鹉舌,文章分得凤皇毛。纷纷辞客多停笔,个个公卿欲梦刀。别后相思隔烟水,菖蒲花发五云高。

---

① (唐)白居易撰,朱金城笺校:《白居易集笺校》卷一五,上海:上海古籍出版社,1988年版,第926页。

诗中表现出对薛涛诗才的由衷赞赏,而抒发的相思之情也含有了更多真实感人的因素。一生风流自负的杜牧曾有过"十载飘然绳检外,樽前自献自为酬"(《念惜游》)的狂放生活,也曾与歌妓结下很深的感情。其与歌妓之间"蜡烛有心还惜别,替人垂泪到天明"(《赠别》)的离别之悲是发自肺腑的吟唱,"不用镜前空有泪,蔷薇花谢即归来"(《留赠》)的劝慰中也含着体贴与怜惜。有时候,文人与歌妓之间的真挚感情也表现为沉痛的伤悼。中晚唐艳诗中,以"怀妓"、"悼妓"等为题的诗作为数不少。如刘禹锡的《怀妓》:

> 三山不见海沉沉,岂有仙踪更可寻。青鸟去时云路断,姮娥归处月宫深。纱窗遥想春相忆,书幌谁怜夜独吟。料得夜来天上镜,只应偏照两人心。

诗作抒发了别后对妓人的相思之情,十分真挚感人。

丽质佳人的香消玉殒本就让人易生伤感,而如果这佳人又是自己真心所恋之人,那伤感又会更加强烈。如杨虞卿的《过小妓英英墓》:

> 萧晨骑马出皇都,闻说埋冤在路隅。别我已为泉下土,思君犹似掌中珠。四弦品柱声初绝,三尺孤坟草已枯。兰质蕙心何所在,焉知过者是狂夫。

逝者长已矣,而其美艳风姿、兰质蕙心却依然让人难以忘怀。还有如前所述的罗虬在杀死歌妓杜红儿之后,也作诗百首缅怀,诗中亦不无伤感之情。

妓女们虽然看上去风情万种,千娇百媚,但内心却有着无法言说的辛酸。"虽然日逐笙歌乐,长羡荆钗与布裙"(徐月英《叙怀》),不管曾经生活得多么奢华,都难以摆脱晚景凄凉的命运。低下的身份地位决定了她们难以找到自己的归宿,即使才艺卓绝的薛涛也终身未嫁,并感慨"风花日将老,佳期尤渺渺。不结同心人,空结同心草"

(《春望词四首》之三)。唐代的婚姻极重视门第,因为这直接影响到士人的仕途顺利与否。"不少士子虽与妓女发生恋爱,这种爱情也不能说不真实、不热烈,但一谈到嫁娶之事,情况往往就变得复杂起来,许多人就不能不顾忌家庭的阻力、仕宦的前途乃至个人的名声等等。在爱情与这些现实利害问题的矛盾冲突中,失败的常常是富于理想和浪漫色彩的爱情,常常是士子甘愿或不甘愿地放弃爱情,而把妓女一方置于被抛弃的地位。"①因而妓女的命运常常是很悲凉的,文人在与妓女长期的接触中,会更深入地体会到她们强颜欢笑背后的痛苦与无奈,了解到她们内心细腻复杂的情感,并在诗中表现出来。

而文人在仕途中也多坎坷失意,即使曾经风光一时,少年得志,一旦被贬谪,也会备尝流落之苦。这种自身经历的起伏变化往往使他们更易找到自身命运与妓女命运的契合点,他们的被贬遭弃就像白居易《琵琶行》中描写的那位长安故妓那样"门前冷落车马稀",诗人对妓女不幸的身世命运的悲歌因蕴含了自身悲剧经历的体验而具有了深沉的内涵,如刘禹锡的《泰娘歌》就是对妓女凄凉身世的咏叹,诗人在诗的序中说:

泰娘本韦尚书家主讴者。初,尚书为吴郡得之,命乐工诲之琵琶,使之歌且舞。无几何,尽得其术。居一二岁,携之以归京师。京师多新声善工,于是又捐去故伎,以新声度曲,而泰娘名字往往见称于贵游之间。元和初,尚书薨于东京,泰娘出居民间。久之为蕲州刺史张愻所得。其后愻坐事谪居武陵郡,愻卒,泰娘无所归,地荒且远,无有能知其容与艺者。故日抱乐器而哭,其音燋杀以悲。洛客闻之,为歌其事,以足乎乐府云。②

---

① 程蔷、董乃斌著:《唐帝国的精神文明》,北京:中国社会科学出版社,1996年版,第337页。

② (唐)刘禹锡撰,瞿蜕园笺证:《刘禹锡集笺证》卷二七,上海:上海古籍出版社,1989年版,第830页。

曾经经历过繁华生活的泰娘几经辗转,最终身处荒远之地,无人欣赏其才艺,只能抱乐器而悲,所以诗人对此十分感慨并作诗咏叹。诗人在诗中感叹"繁华一旦有消歇,题剑无光履声绝","举目风烟非旧时,梦寻归路多参差",这实际上已超出了对妓女命运本身的悲叹,而融入了对世事人生的多重思考,融入了自己仕途失意所体验到的世态炎凉之感。

  总之,中晚唐艳诗的兴盛与狎妓冶游之风的盛行有着密切的关系。狎妓的生活为他们提供了更多的情感体验和创作灵感,提供了写作艳诗的场景和空间,也使他们更多地了解了歌妓的生活与内心情感。而艳诗的写作又赋予了狎妓生活以更多的诗意和风流情调,以及一定的追忆和内省意识。另一方面,狎妓、冶游生活的游戏享乐性质也在一定程度上限定了艳诗的情感深度和艺术成就,使这些诗多谐谑、调笑的意味,缺乏深厚的情感蕴涵。由于有许多作品是即席而作,来不及推敲锤炼,加之赠与对象的原因,这些作品虽有情韵而略显轻艳,其总体的特质是轻、是浅,这一点与后来的词有许多相同之处。

第八章 中晚唐艳诗与词

第一节 中晚唐艳诗题材对词的影响

中晚唐许多艳诗在表现特点及风格上已与传统的诗歌大相径庭,而与后来的婉约词极为相近。如清代田同之在《西圃词说》中说:"诗词风气,正自相循。贞观、开元之诗,多尚淡远。大历、元和后,温、李、韦、杜渐入香奁,遂启词端。"①明代许学夷在《诗源辩体》卷二一中也说:"韩(翃)七言古,艳冶婉媚,乃诗余之渐。……下流至李贺、李商隐、温庭筠,则尽入诗余矣。"②中晚唐艳诗自元、白、李贺至温庭筠、李商隐、杜牧诸人,词化倾向越来越明显,到韩偓的《香奁集》已经与词相去无几了,正所谓"《香奁集》命义,去词近,去诗却远"③。"《香奁集》虽属歌诗,然其中有音节格调宛然如曲子词者,且集中诸诗,造意抒情,已多用词家手法。"④这些都说明了中晚唐艳诗与词之间的关系。

---

① (清)田同之撰:《西圃词说》,见唐圭璋编《词话丛编》,北京:中华书局,1986年版,第1452页。

② (明)许学夷撰:《诗源辩体》卷二一,北京:人民文学出版社,1998年版,第231页。

③ (清)震钧:《香奁集发微》,转引自施蛰存《读韩偓词札记》,见朱东润、李俊民、罗竹风主编《中华文史论丛》1979年第四辑,上海:上海古籍出版社,1979年版,第274页。

④ 施蛰存:《读韩偓词札记》,见朱东润、李俊民、罗竹风主编《中华文史论丛》1979年第四辑,上海:上海古籍出版社,1979年版,第274页。

文人词的大量出现始于晚唐五代,以《花间集》、《尊前集》为代表,而这些词作主要是表现男女艳情,且词中充满了绮词艳藻,这正与中晚唐富有幽艳婉香之美的艳诗的大量兴起有关。艳诗的兴起使诗歌的表现内容从盛唐的边塞征战、政治理想、自然山川等阔大意象和事物转入注重抒写人物内心的情感意绪、细微感受,描写身边琐碎的小事物小场景,尤其是表现男女之间的恋情及其所带来的复杂体验。正如刘熙载在《艺概》中所说:"齐梁小赋,唐末小诗,五代小词,虽小却好,虽好却小,盖所谓'儿女情多,风云气少'也。"①这种"艳"的内容对兴起于晚唐的文人词产生了无形的影响,并逐渐使之向"艳科"发展。

　　首先,晚唐和唐末重要的词作者,往往同时也是艳诗的重要作家(以花间词人为代表),如温庭筠、韦庄、张泌等,因而他们在创作词的时候可能不自觉地会将自己艳诗中的内容和手法运用到词中。以温庭筠为例,他是文学史上第一个大力创作词的文人,对词的格式、音律、表现手法等方面都做出了开拓性的贡献。他同时又是艳诗的重要作家,他蔑视礼法、风流不羁,以狂游狭邪来自我麻醉,出入于歌楼妓院的经历使他对女性更为熟悉和了解,有助于在诗中对她们进行细致的刻绘,而在他创作词的时候,这种他所熟悉的男女恋情与离愁别恨又自然地成为其词作表现的重要内容,使词的表现内容与艳诗逐渐趋同,并在无形中为词的发展确立了一个固定的模式,使词朝着表现男女恋情的方向发展。韦庄也是晚唐五代一个重要的词作家,与温庭筠并称"温韦",而他同时也创作了许多充满清词丽句的艳诗,如《伤灼灼》、《捣练篇》、《上春词》、《闺月》、《闺怨》、《春愁》、《春陌二首》、《悼亡姬》等,其艳情的内容也与其在词中表现的内容是一致的。韩偓也作有一些词,对于其词的辑录情况,各辑录者因所执标准不同而取舍不一,有的录2首,有的录5首,王国维则录13首。可见,在其作品中,诗与词之间的差别已十分微小,后世所谓的词的特质及手

---

①　(清)刘熙载撰,王气中笺注:《艺概笺注》卷四,贵阳:贵州人民出版社,1986年版,第361页。

法在其《香奁集》中均已表现出来,以致诗词难辨了。韩偓有一首《浣溪沙》词:

　　拢鬓新收玉步摇,背灯初解绣裙腰,枕寒衾冷异香焦。　深院下关春寂寂,落花和雨夜迢迢,恨情残醉却无聊。

词作通过拢鬓、背灯、解绣裙等小小的动作细节和枕寒衾冷、深院空寂、落花和雨等细小景物来渲染出主人公寂寞无聊的心境,意象小巧纤柔,词境迷离隐约而又狭窄深细。这首词的意境和所表现的情思与《香奁集》中的作品十分相近,写女子内心的寂寞无聊,情绪曲折幽微,试与其《闺情》一诗比较:

　　轻风滴砾动帘钩,宿酒犹酣懒卸头。但觉夜深花有露,不知人静月当楼。何郎烛暗谁能咏,韩寿香焦亦任偷。敲折玉钗歌转咽,一声声作两眉愁。

诗与词一样,同是写夜深酒后无眠的落寞孤凄之情,以花、露、月等小巧景物和人物的敲钗独歌的动作细节来侧面衬托,人静月明,一切好像披上了一层朦胧柔和的外衣。从这里我们可以看出艳诗与词的表现手法极为相近。再如《花间集》中的另一位词人张泌,他曾有歌诗18首被收入后蜀韦縠编的《才调集》,其中大部分是艳诗,如《寄人》其一和《春晚谣》二诗:

　　别梦依依到谢家,小廊回合曲阑斜。多情只有春庭月,犹为离人照落花。(《寄人》其一)

　　雨微微,烟霏霏,小庭半拆红蔷薇。钿筝斜倚画屏曲,零落几行金雁飞。萧关梦断无寻处,万叠春波起南浦。凌乱杨花扑绣帘,晚窗时有流莺语。(《春晚谣》)

这些艳诗皆与他的词在内容和风格上一脉相通。如《雨村词话》卷一所说:"张舍人泌词如其诗,《花间集》所载皆可入选。"①《花间集》中所收他的 27 首词全是艳情的内容,其诗词的一体化表现得十分明显。同时,由于艳情大多与酒宴歌席、深闺绣户、夜月红楼、春风香径等香软柔媚的环境相联系,这样也促进了词的婉约香软风格的形成。

其次,词从一开始就与音乐紧密相联,是配合乐曲演唱的歌词,因此具有更多的酒宴歌席上即兴创作、即席演唱的性质。在唐代,有很多诗歌也是可能配乐进行演唱的。如《新唐书·李贺传》所说:"乐府数十篇,云韶诸工皆合之弦管。"②而在当时,从事歌唱的主要是歌妓,显然,那些表现艳情和女性细腻心理情绪的作品更适合于由诸妓演唱,所以,艳诗比其他题材的作品在配乐演唱方面更具优势。事实上,有很多艳诗也是在酒宴歌席上由文人写出并交由歌妓即席演唱的,而有些艳诗作品同样被谱曲传唱且颇受文人及市民的欢迎,这样,艳诗与词在与音乐结合且具有娱乐佐酒功能这一点上便取得了统一,逐渐趋于同化。白居易在《醉戏诸妓》中说:"席上争飞使君酒,歌中多唱舍人诗。"他在另一首诗中还说:"十五年前似梦游,曾将诗句结风流。偶助笑歌嘲阿软,可知传诵到通州。昔教红袖佳人唱,今遣青衫司马愁。"(《微之到通州日援馆未安见尘壁间有数行读之即仆旧诗其落句云绿水红莲一朵开千花百草无颜色然不知题者何人也微之吟叹不足因缀一章兼录仆诗本同寄省其诗乃是十五年前初及第时赠长安妓人阿软绝句缅思往事杳若梦中怀旧感今因酬长句》)可见,是诗人在冶游宴饮的过程中写了一首戏谑歌妓阿软的艳诗,而这首诗在当时又由"红袖佳人"阿软来即席演唱,以助酒兴。李贺作《花游曲》也是用来即席演唱的,他在序中说:"寒食诸王妓游。贺入座,

---

① (清)李调元撰:《雨村词话》卷一,见唐圭璋编《词话丛编》,北京:中华书局,1986 年版,第 1386 页。

② (宋)欧阳修、宋祁撰:《新唐书》卷二〇三,北京:中华书局,1975 年版,第 5788 页。

因采梁简文诗调赋花游曲,与妓弹唱。"①"诸王妓游"是作诗的环境和场合,"与妓弹唱"则是作诗的目的。梁简文帝萧纲是宫体诗人的典型代表,李贺这首《花游曲》所作亦是艳诗。这种与乐曲配合来演唱的艳诗在中晚唐并不是个别现象。唐末的黄滔在《答陈磻隐论诗书》中说:"咸通、乾符之际,斯道陵明,郑卫之声鼎沸,号之曰'今体才调歌诗'。"②可见当时艳诗被传唱的浩大声势。韩偓的《香奁集》在当时也是被广泛传唱的,他在《香奁集序》中明确说明:"所著歌诗不啻千首,其间以绮丽得意者,亦数百篇,往往在士大夫口,或乐官配入声律,粉墙椒壁,斜行小字,窃咏者不可胜纪。"③在这种盛行艳诗传唱的风气之下,同是作为酒宴歌席之上由歌妓演唱的曲子词与艳体歌诗之间的界限便不是很分明了。有时候,曲子词往往会被视为与被传唱的艳诗一样的类型,如韩偓在编《香奁集》时便把词也收了进去。而很多原本是诗的题目如《杨柳枝》、《竹枝词》等,多描写艳情的内容,且可以入乐歌唱,而渐渐也变成了词牌名,这类作品既可以收入诗中,也可以收入词中。这样一来,在文人的艳情趣味下,词的抒写男女艳情便几乎成了一种定势。因而,虽然词在民间初起时表现内容比较丰富,比如现存的敦煌民间曲子词(多为盛中唐作品),"有边客游子之呻吟,忠臣义士之壮语,隐君子之怡情悦志;少年学子之热望与失望,以及佛子之赞颂,医生之歌诀,莫不入调。其言闺情与花柳者,尚不及半"④,但到了温庭筠以后的文人手中,却大半用来抒写艳情,题材内容渐趋狭窄,至《花间集》中更是"扇北里之倡风",成为一片艳情的歌唱。由五代而至北宋时期,"艳"的题材在诗中逐渐消减,而大部分转入词中,遂逐渐形成了"词为艳科"的思想,诗词的

---

① (唐)李贺撰,(清)王琦汇解:《李长吉歌诗王琦汇解》,见《三家平李长吉歌诗》,上海:上海古籍出版社,1998年版,第117页。
② (唐)黄滔:《答陈磻隐论诗书》,见(清)董诰等编《全唐文》卷八二三,北京:中华书局,1983年版,第8672页。
③ (唐)韩偓撰,刘复校点:《韩致尧香奁集》,北京:北新书局,1926年版,第73~75页。
④ 王重民辑:《敦煌曲子词集》,北京:商务印书馆,1956年版,第16页。

分工也变得逐步明确起来。如钱钟书先生在《宋诗选注序》中说:"宋人在恋爱生活里的悲欢离合不反映在他们的诗里,而常常出现在他们的词里。"①

第二节 中晚唐艳诗的艺术特点对词的影响

一、暗示烘托的艺术手法对词的影响

词在初起时以小令为主,且主要是用来抒情的一种诗体。在《花间集》这部文人词集中,许多作品并不直接抒发人物内心的感情,而是以富有特征的景物画面来渲染氛围,暗示出主人公幽微哀怨的内心情绪。尤其在温庭筠的词中更是喜欢以客观的色彩浓丽物象精美的画面来暗示、烘托女主人公哀怨的心情和独处深闺的寂寞无聊,如袁行霈先生在《温词艺术研究》中所说:"温庭筠善用暗示的手法,造成含蓄的效果。温词里暗示的大多是人物的心理状态,用来暗示的媒介则是经过选择加工的色彩缤纷的景或物。"②因为是以景或物组成的画面来暗示和烘托,所以词中的画面往往具有静态化和客观化的效果。如《菩萨蛮》:

玉楼明月长相忆,柳丝袅娜春无力。门外草萋萋,送君闻马

---

① 钱钟书选:《宋诗选注》,北京:人民文学出版社,1989年版,第8页。
② 袁行霈著:《中国诗歌艺术研究》,北京:北京大学出版社,1987年版,第325页。

嘶。　　画罗金翡翠,香烛销成泪。花落子规啼,绿窗残梦迷。

全词写相思和离情。首二句以玉楼明月和春日袅娜无力的柳丝等自然景物来渲染,春之"无力"暗示出闺中人的寂寞与慵倦;三、四句以门外的萋萋芳草引出送别时的情景;五、六句以室内景象进一步烘托离愁,香烛有情,不禁为离别而流泪;七、八句则进一步铺写晚春景物而将闺中人的幽怨之情融入其中。全词充满了画面感,好似一幅凄迷艳丽的春景图:袅娜无力的柳枝、萋萋的芳草、满地的落花、子规的哀啼以及室内的翡翠香烛等,仿佛是一个个静态的画面不断转换组合而成,而每个画面都是在渲染一种"相忆"的心情和无所适从的惆怅情绪。所以说温庭筠的艳诗与词已在一定程度上达到了一体化,诗与词之间的界限已经很小。另一首《更漏子》同样具有这样的特点:

水精帘里颇黎枕,暖香惹梦鸳鸯锦。江上柳如烟,雁飞残月天。　　藕丝秋色浅,人胜参差剪。双鬓隔香红,玉钗头上风。

全词由三组静态的画面组成,先是闺房之内、绣帷之中;接着是室外之景:杨柳如烟、雁儿飞过挂着一弯残月的天空;接着画面一跳跃又回到闺中,写佳人之美。词中表现的是女主人公内心的情绪,作者没有直接抒情,而只是以第三者的视角进行较为冷静客观的描绘,女主人公的心绪是从这些景物中细微地传达出来的。

这种以浓丽景物画面来烘托暗示人物的婉曲心情的手法便是受到了艳诗的影响。在李贺艳诗中,这种手法已广泛运用,诗中多选取充满色彩感和味感的华美物象来烘托渲染,诗歌表面给人以强烈的感官印象和画面感,如《湖中曲》、《春怀引》、《江楼曲》等皆是如此。在温庭筠的艳诗中,这种手法更是被经常使用,如我们在前面论述温庭筠的艳诗时所说,他的艳诗常常是由一幅幅跳跃变换的画面组成,物象华美而色彩浓丽,将人物感情的脉络深隐于画面的背后,有时候内心的一个细小的情绪可以通过几个画面来暗示。可以说,艳诗与词的这一表现手法几乎毫无二致。试比较温庭筠的《菩萨蛮》(凤凰相对盘金缕)一词与他的《照影曲》一诗：

　　凤凰相对盘金缕,牡丹一夜经微雨。明镜照新妆,鬓轻双脸长。　　画楼相望久,栏外垂丝柳。音信不归来,社前双燕回。(《菩萨蛮》)

　　景阳妆罢琼窗暖,欲照澄明香步懒。桥上衣多抱彩云,金鲜不动春塘满。黄印额山轻为尘,翠鳞红穉俱含嚬。桃花百媚如欲语,曾为无双今两身。(《照影曲》)

诗与词同是写春闺中的女子盛妆丽服,期盼情人归来,都写了妆后照"镜"、顾影自怜的情形,且诗与词都不是直接抒写佳人内心的寂寞和百无聊赖,而是通过景物画面暗示出来的。词中的"镜"使女主人公的艳丽姿容与镜中之像交相辉映,更增加了画面的效果。"双脸长"则暗示出佳人因默默地、长久地苦苦思念心上人而形容消瘦的情形,艳丽的服饰妆扮掩饰不住她内心隐忍的痛苦,而下片的栏外垂柳和春风中飞翔的燕子更衬托出女子内心的孤独、凄楚和企盼。《照影曲》中"澄明"的"春塘"同样起到了镜子的作用,水中倒影与岸上佳人相互映照,艳丽的桃花与娇媚的美人相互衬托,然而艳妆丽服的佳人却是一副慵倦之态,虽然姿容如"桃花"般娇媚,却是寂寞而无人欣赏的,一种哀怨的情怀于美丽的画面中暗示出来。诗与词中都仿佛是由几个跳跃的镜头组成的连续画面,围绕着女子的内心情绪层层渲染。

二、幽深细腻的意境对词的影响

　　词作为一种新的诗体,有它自身的特质,意境惝恍、深微细腻是它的一个重要特点。王国维在《人间词话》中说:"词之为体,要眇宜修,能言诗之所不能言,而不能尽言诗之所能言。"①相对于诗体来说,词的意境往往表现为更加狭而深、狭而细,杨海明先生也认为"词所表现的感情常是一种比一般的情更为细腻深约的'心态'"②,就是说词之抒情造境更加幽约细腻具体,更加内向化、心灵化,常常能捕捉住一个飘忽而过、转瞬即逝、不易被察觉的情思绪,构造出一种惝恍迷离隐约的意境。正因为词所表现的是一种幽微细腻的莫名的哀怨和惆怅情绪,难以说清又思绪万端,瞬息万变而难以捕捉,所以它在抒情上往往更加婉约含蓄。张炎说:"簸弄风月,陶写性情,词婉于诗。"③缪钺先生也说:"故自其疏阔者言之,词与诗为同类,而与文殊异;自其精细者言之,词与诗又不同。诗显而词隐,诗直而词婉,诗有时质言而词更多比兴,诗尚能敷畅而词尤贵蕴藉。"④并说:"若夫词人,率皆灵心善感,酒边花下,一往情深,其感触于中者,往往凄迷怅惘,哀乐交融,于是借此要眇宜修之体,发其幽约难言之思,临渊窥鱼,若隐若显,泛海望山,时远时近,作者既非专为一人一事而发,读者又安能凿实以求,亦惟有就己见之所能及者,高下深浅,各有领会。"⑤可见,以含蓄细腻、余味隽永的语言,传递出内心深处的幽微意绪和细小的涟漪,留给读者无穷的回味,这是唐宋婉约词的一个重要特质。如下面的作品:

花映柳条。闲向绿萍池上。凭栏干,窥细浪。雨萧萧。
近来音信两疏索。洞房空寂寞。掩银屏,垂翠箔。度春宵。
(温庭筠《酒泉子》)

---

① 王国维撰:《人间词话》,上海:上海古籍出版社,1998年版,第19页。
② 杨海明著:《唐宋词风格论》,上海:上海社会科学院出版社,1986年版,第22页。
③ (宋)张炎撰,夏承焘校注:《词源注》,见《词源注 乐府指迷笺释》,北京:人民文学出版社,1963年版,第23页。
④ 缪钺著:《诗词散论》,上海:上海古籍出版社,1982年版,第55~56页。
⑤ 缪钺著:《诗词散论》,上海:上海古籍出版社,1982年版,第60页。

马上凝情忆旧游。照花淹竹小溪流。钿筝罗幕玉搔头。

　　早是出门长带月,可堪分袂又经秋。晚风斜日不胜愁。(张泌《浣溪沙》)

　　春来阶砌,春雨如丝细。春地满飘红杏蒂,春燕舞随风势。春幡细镂春缯,春闺一点春灯。自是春心缭乱,非干春梦无凭。(欧阳炯《清平乐》)

词中所抒发的情绪是朦胧细腻、隐约幽深的,惆怅万端而又难以言传,句中选用的字词也倾向于柔、软、细、小、轻,如"细浪"、"春雨如丝细"、"春幡细缕"、"一点春灯"等,宛若人心头泛起的层层细微的涟漪,词中抒情则极为含蓄蕴藉,婉曲朦胧,点到即止。词的这一表现特点也受到了中晚唐艳诗的影响。早在文人词兴盛之先,在元稹、白居易、温庭筠、李商隐、韩偓等人的艳诗中,这种幽约细腻的内向化抒情和小巧深细的诗歌意境便已成为一种特征,俯拾即是。如李商隐《日射》一诗:

　　日射纱窗风撼扉,香罗拭手春事违。回廊四合掩寂寞,碧鹦鹉对红蔷薇。

诗表现的是女主人公内心因春光逝去而勾起的无限惆怅,诗中捕捉了一些细小的不易被注意到的景物来透露出这份情思:明媚的阳光静静地照在纱窗上,偶尔有微风吹动门扉,女主人公置身于空寂的庭园中,孤寂寥落、百无聊赖地揉搓着手中的罗帕,看着一年的春光又尽,韶华静静流逝,窗外,回廊四合,绿色的鹦鹉与红色的蔷薇相对无言,到处是一片静谧,又于这静谧无言中蕴含无限心曲。再如温庭筠的《瑶瑟怨》:

　　冰簟银床梦不成,碧天如水夜云轻。雁声远过潇湘去,十二楼中月自明。

诗借深细寂静之景表现了抒情主人公内心的细微波澜,仿佛人的某一丝很敏锐的感觉在寂静的夜晚延伸到很遥远的地方,这份情思微妙而又空灵,如俞陛云所评:"首句'梦不成'三字略露闺情,以下由云天而闻雁而南及潇湘,渐推渐远,怀人者亦随之神往。四句仍归到秋闺,雁书莫寄,胜有亭亭孤月,留伴妆楼,不言愁而愁与秋宵俱永矣。飞卿以诗人而兼词手。此诗高浑秀丽,作词境论,亦五代冯、韦之先河也。"①这个评说是很有道理的。在韩偓的《香奁集》中,这样的作品就更多了。

三、轻灵悠扬的韵调对词的影响

清人田同之在《西圃词说》中引清代词家顾璟芳的话说:"词之小令,犹诗之绝句,字句虽少,音节虽短,而风情神韵,正自悠长,作者须有一唱三叹之致,淡而艳,浅而深,近而远,方是胜场。"②缪钺先生在《论词》一文中说:"陈子龙论词曰:'其为体也纤弱,明珠翠羽,犹嫌其重,何况龙鸾。'盖其文小,则其质轻,亦自然之势也。诗词非实物,固不能以权衡称量,然吟讽玩味之,其质之轻重,较然有别。且所谓质轻者,非谓其意浮浅也,极沈挚之思,表达于词,亦出之以轻灵,盖其体然也。"又说:"惟其轻灵,故回环宕折,如蜻蜓点水空际回翔,如平湖受风,微波荡漾,反更多妍美之致,此又词之特长。"③这里说的主要是词中的小令,因为它的乐曲短小,所以在表现上往往更重视余韵,讲究含蓄蕴藉,以收到余音袅袅、不绝如缕的效果,同时,词中的意象多为轻柔纤软之类,词境也在整体上具有一种飘逸悠扬之感,而非滞重下沉。如秦观的《浣溪沙五首》其一:

漠漠轻寒上小楼,晓阴无赖似穷秋,淡烟流水画屏幽。自在

---

① 俞陛云著:《诗境浅说》,上海:上海书店,1984年,第135~136页。
② 田同之撰:《西圃词说》,见唐圭璋编《词话丛编》,北京:中华书局,1986年版,第1467页。
③ 缪钺著:《诗词散论》,上海:上海古籍出版社,1982年版,第58页。

> 飞花轻似梦,无边丝雨细如愁,宝帘闲挂小银钩。

词只有短短的六句,在具有轻小细闲特点的意境中,流露出一种淡淡的寂寞与淡淡的哀愁。"飞花"本就是轻盈的,又加以"轻似梦"来形容,更显其轻灵飘逸;"丝雨"本是极细极轻的,又加以"细如愁",更见其绵密轻柔。所以,整首词的韵调是轻柔细腻、闲逸悠扬的。

中晚唐的艳诗同样具有这一特点。如明代的陆时雍曾评价温庭筠诗"如飞絮飘扬,莫知指适"①,也说的就是这种轻灵飘逸的特点。实际上,轻盈流丽、清新明快、淡语含情,以浅切之词表达出内心深处的微婉情思,这在元、白艳体的"小碎篇章"中就已表现出来,其中有很大一部分采用篇幅短小的绝句体。晚唐杜牧等人的艳诗更加短小轻灵、精细,其中大部分艳体诗已与后来的婉约词相差无几,被吴可评为"晚唐诗失之太巧,只务外华,而气弱格卑,流为词体耳"②。到了唐末的韩偓,这种倾向发展到了极致,《香奁集》中大量采用绝句体,诗中的意象都趋向于细小纤柔,飘忽轻灵,多为细雨薄烟、莺草虫蝶、红巾翠袖、屏风帷帐、更漏炉香等意象,或情思细密风格深婉,或意蕴空灵而境界轻浅,其境界的总体特点是狭、小、细、窄、轻。如:

> 风流大抵是伥伥,此际相思必断肠。云薄月昏寒食夜,隔帘微雨杏花香。(韩偓《寒食夜有寄》)

> 浓烟隔帘香漏泄,斜灯映竹光参差。绕廊倚柱堪惆怅,细雨轻寒花落时。(韩偓《绕廊》)

诗中或表现凄迷惆怅的女性心绪,或抒发一己低回细腻的别恨离愁,或渲染幽闺香阁的温馨旖旎,或刻绘闺中佳人的娇媚慵倦,都达到了

---

① (明)陆时雍撰:《诗镜总论》,见(清)丁福保辑《历代诗话续编》,北京:中华书局,1983年版,第1422页。
② (宋)吴可撰:《藏海诗话》,见(清)丁福保辑《历代诗话续编》,北京:中华书局,1983年版,第331页。

隐约微妙、欲罢难休的境界,有时还具有一种如烟似雾的飘动感,隐隐约约,若有若无。韦庄的艳体小诗也多用绝句体,写得情思缥缈,柔婉飘逸,有的与其词相差无几。如《丙辰年鄜州遇寒食城外醉吟七言五首》其二:

  雕阴寒食足游人,金凤罗衣湿麝薰。肠断入城芳草路,淡红香白一群群。

诗纯用白描手法写成,流丽轻巧,与他后来的词实有着相同的格调和韵味,或者不妨说,他是以写作这类艳诗的手法来作词的。此外,如杜牧的《秋夕》、《赠别》、韦庄的《春愁》、韩偓的《夜深》、《寒食夜》等艳诗都是以短小轻灵的形式表现出风情远韵,蕴藉含蓄,与后来的婉约词极为相似,可以看出前者对后者影响的痕迹。

四、绮艳精美的语言对词的影响

  词在语言方面也有其自身的特质,大体说来,词的语言更注重华美、婉约、精细,而忌直露浅白。张炎曾说:"句法中有字面,盖词中一个生硬字用不得,须是深加锻炼,字字敲打得响,歌诵妥溜,方为本色语。"①在唐代《花间集》及宋代婉约词中,往往采用李贺、温庭筠、李商隐、韩偓等人的艳诗之语,如沈义父《乐府指迷》中所说:"要求字面,当看温飞卿、李长吉、李商隐及唐人诸家诗句中字面好而不俗者,采摘用之。"②北宋词人贺铸说:"吾笔端驱使李商隐、温飞卿常奔命不暇。"③缪钺先生也说:"宋代词人多用李长吉、李商隐、温庭筠诗,

---

  ① （宋）张炎撰,夏承焘校点:《词源注》,见《词源注 乐府指迷笺释》,北京:人民文学出版社,1963年版,第15页。
  ② （宋）沈义父撰,蔡嵩云笺释:《乐府指迷笺释》,见《词源注 乐府指迷笺释》,北京:人民文学出版社,1963年版,第59页。
  ③ （元）脱脱撰:《宋史》,北京:中华书局,1977年版,第13103页。

盖长吉、温、李之诗，秾丽精美，运化于词中恰合也。"①在词中，经常出现的词语意象往往是华丽精美、色彩浓艳的，即便是一些平常的事物，也不以平常的名称来呼，而以一个具有视觉或嗅觉美感的词语来指代，如以兰舟、画舸等来代指船。在婉约词人笔下，锦幄、画栏、象床、香雾、银钩、金阶、帘幕等词语经常出现，而这些词语也是中晚唐李贺、温庭筠、李商隐等人艳诗中经常出现的词汇，充满富贵华丽之气，雕金镂玉，精美无比。另一方面，在周邦彦、柳永、姜夔、吴文英等人的婉约词中，经常喜欢将表示触觉与表示视觉或嗅觉的词连用，增加词的多重感觉，如冷红、寒香、甘碧、湿红、冷香、香红、闹红、附红、软红、润红、流红，或者将色彩词与表示感情的词连用，如愁红、啼红、怨红，而这一语言特点在李贺、温庭筠、李商隐等人的艳诗中已有所表现，诗人将主观的想象和内心的强烈感觉融入到客观物象之中，从而使物象具有了更多感觉特征和诗人的独特审美。如李贺艳诗中便有"寒香解夜醉"（《石城晓》）、"椒花坠红湿云间"（《巫山高》）等句子，温庭筠艳诗中也有"粉痕零落愁红浅"（《张静婉采莲曲》）、"愁红带露空迢迢"（《惜春词》）、"恨紫愁红满平野"（《懊恼曲》）、"小苑丛丛入寒翠"（《晓仙谣》）等诗句。宋词中那些或清新隽永、或蕴涵深厚的名句有不少是从中晚唐艳诗中化出，如贺铸"当年不肯嫁春风"之句化用韩偓"莲花不肯嫁春风"（《寄恨》）；姜夔《扬州慢》中"春风十里"、"豆蔻词工"之句化用杜牧"娉娉袅袅十三余，豆蔻梢头二月初。春风十里扬州路，卷上珠帘总不如"（《赠别》）一诗；秦观"金风玉露一相逢，便胜却人间无数"之句与李商隐"由来碧落银河畔，可要金风玉露时"（《辛未七夕》）语意相似；周邦彦"尽日恻恻轻寒"（《荔枝香》）化用韩偓"恻恻轻寒翦翦风"（《夜深》）诗句。

中晚唐艳诗中还有一些诗意被宋词化用，如李清照的《如梦令》："昨夜雨疏风骤，浓睡不消残酒。试问卷帘人，却道海棠依旧。知否，知否，应是绿肥红瘦。"与韩偓《懒起》一诗的诗意极为相似："昨夜三更雨，今朝一阵寒。海棠花在否，侧卧卷帘看。"而韩诗中的《偶见》：

---

① 缪钺著：《缪钺说词》，上海：上海古籍出版社，1999年版，第97页。

"秋千打困解罗裙,指点醍醐索一尊。见客入来和笑走,手搓梅子映中门。"也被李清照巧妙化用,成了《点绛唇》中清新隽永、富有情趣的画面:"蹴罢秋千,起来慵整纤纤手。露浓花瘦,薄汗轻衣透。见客入来,袜划金钗溜。和羞走,倚门回首,却把青梅嗅。"

在词的发展史上,"诗词有别"是后来之人对词的体式特征及发展状况的总结,也是对词作为一种新的不同于诗的文学样式之独立性的一种确认。而艳诗的词化与词的艳情化则是中晚唐的文学创作中体现出来的事实。至五代,以诗言志、以词抒情、诗庄词媚的观念逐渐形成。

余 论

中晚唐艳诗对后代文人诗的影响

中晚唐艳诗在文人诗歌领域产生了很大影响,在其后的宋、元、明、清各代,这种影响都鲜明地体现出来,并掀起艳诗创作之余波。

一、对宋代文人诗的影响

宋初的西昆体主要是学习李商隐的用典对偶、精工典丽等艺术手法,但也有一些作品是表现爱情内容,如杨亿的《无题》:

> 巫阳归梦隔千峰,辟恶香销翠被空。桂魄渐亏愁晓月,蕉心不展怨春风。遥山黯黯眉长敛,一水盈盈语未通。漫托鹍弦传恨意,云鬟日夕似飞蓬。

这首诗写的是因与情人阻隔而引起的绵长思念,诗中用典较多,"蕉心不展怨春风"一句化用李商隐"芭蕉不展丁香结,同向春风各自愁"(《代赠》)之句,"一水盈盈语未通"化用李商隐"车走雷声语未通"(《无题二首》其一)诗句,还有化用《诗经》和汉乐府中的句子。总之,因袭、拼凑的成分多而创新的成分少。此外,《西昆酬唱集》中还有杨亿的《无题三首》、杨亿等人的《代意》,都是表现艳情之作,诗中所表现的文人与歌妓之间的调笑及体现出的风流情调与中晚唐的元、白等人都有相似之处。

南宋后期的江湖诗派的诗歌作品中出现了多首"香奁体"之作,如陈允平《香奁体》、张至龙《拟韩偓体》、何应龙《效香奁体》、叶茵《香奁体五首》。《江湖集》的编选者陈起也留存下一首《分得春禽效香奁体》，从这一题目可看出，诗人们可能进行过香奁体的分题赋诗。这些诗在内容和表现手法上也往往极似韩偓的《香奁集》，多采用纤细的意象，或者以人物的细微的动作细节来表现内心对情人的相思哀怨等幽微细腻的情绪。如张至龙《拟韩偓体》、叶茵《香奁体五首》其三：

一声阿鹊颤鸾双，学调新词未得腔。拜了夜香郎唤睡，旋收针线背银缸。（张至龙《拟韩偓体》）

千里相思两寂寥，东阳应减旧时腰。书中喜有归来字，携傍红窗把笔描。（叶茵《香奁体五首》其三）

二诗与韩偓《香奁集》中的艳诗十分相似。

也有一些艳诗虽未在题目中标明学习中晚唐艳诗，但其风格却与后者一脉相通。如下面的两首诗：

花外风来夹腻香，片云谁遣下巫阳。不须回首频相顾，彼此伤春易断肠。（武衍《春日舟中书所见》其二）

画舸相移柳线迎，侈此清游逢道韫。铢衣飘飘凌绿波，翡翠压领描新荷。雍容肯就文字饮，乌丝细染还轻哦。一杯绝类阳关酒，流水高山意何厚。曲未终兮袂已扬，一目归鸦噪栖柳。（陈起《泛湖纪所遇》）

这与元稹、白居易的那些表现风情的"艳体小律"颇为神似，武诗含有文人自作多情的风流情调，陈诗则不无一种与邂逅女子"相逢何必曾相识"的知音相赏的情意，而二诗都流露出一点真实的惆怅和感伤情思，"鸦噪栖柳"的景物渲染更见出内心情绪的复杂怅惘。

再如无题诗，本创自晚唐诗人李商隐，同时，唐彦谦、吴融、韩偓等也有效仿之作。无题诗的情感内蕴一直有争议，但其表层都是写爱情。李商隐诗中,在爱情之外往往有复杂的寄托,而到了吴融、唐彦谦等人的笔下,无题诗已成为专咏艳情而别无寄托的题目。在江湖诗派的诗作中,仿效无题者亦很多,但他们所仿效的无题诗多是韩偓、唐彦谦等的风格,而非李商隐的风格。

二、对元、明、清文人诗的影响

元代的杨维桢创作了大量的艳诗,他的乐府体艳诗受到了李贺和温庭筠的影响,鲁九皋在《诗学源流考》中说:"至杨铁崖以淹博艳丽之才,专学飞卿、长吉。"①杨维桢自己在《红牙板歌序》中说:"长吉于梨园乐伴,歌之欲尽,而于乐句之作,独缺如也。吴下缪才子遗余以红牙板一具,故为作歌,补长吉之遗。"②他集中还有模仿韩偓的作品《香奁八咏》、《续奁集》二十首。他在《续奁集序》中说:"陶元亮赋《闲情》,出赘御之词,不害其为处士节也。余赋韩偓《续奁》,亦作娟丽语,又何捐吾铁石心也哉!"③他还有《无题效商隐体四首》,是模仿李商隐的爱情诗。

明、清两代,艳诗的创作再次呈现兴盛的局面,更出现了《疑云集》、《疑雨集》这样的艳体诗集,其中明显可见中晚唐艳诗的影响,甚至可以说,明、清艳诗在一定程度上正是中晚唐艳诗在文人诗歌领域的余波与回响。明初的杨基有《无题和李义山商隐》五首,他集中还附有沈通理次韵无题五首。此外,谢榛《四溟诗话》录邺下杜约夫所拟四首,徐燉《熳亭集》中也录了他的两首《无题和李义山》。明末的王彦泓是一个创作了大量艳诗的诗人,编成了《疑云集》、《疑雨集》。贺裳在《皱水轩词筌》中曾说:"王次回喜作小艳诗,最多而工。《疑雨

---

① (清)鲁九皋撰:《诗学源流考》,见郭绍虞编选、富寿荪校点《清诗话续编》,上海:上海古籍出版社,1983年版,第1357页。

② (元)杨维桢撰,邹志方点校:《杨维桢诗集》,杭州:浙江古籍出版社,1994年版,第29页。

③ (元)杨维桢撰,邹志方点校:《杨维桢诗集》,杭州:浙江古籍出版社,1994年版,第402页。

集》二卷,见者沁入肝脾,里俗为之一变,几于小元、白云。"① 严绳孙在《疑雨集序》中则说:"诗发乎情,而王风之变,桑中洧外列在三百,为艳歌之始。其后读曲,子夜寂寥促节,在唐则玉溪惝恍,旨近楚骚,韩相《香奁》,言犹微婉。于是金坛王先生彦泓,以闳肆之才,写宕往之致,穷情尽态,刻露深永。"② 贺、严二人都道出了王彦泓艳诗受中晚唐艳诗影响的事实。王彦泓自己在《疑云集》中有《集年来所作艳体诗得二百五十余首录成一册赋此题之》一诗:

  清狂不让玉溪先,读曲如弹锦瑟前。杨柳丝多难见性,鸳鸯梦煖已登仙。情根我亦蚕缠紧,诗骨谁真玉琢圆。昨夜星辰看不定,桂堂东畔欲摇鞭。

这首诗借李商隐艳诗中常见的意象来比喻自己艳诗所表现的男女恋情,并有与李商隐一比高下之意。他集中有多首《无题》诗,朱彝尊在《静志居诗话》中曾说:"风怀之作,段柯古《红楼集》不可得见矣,存者玉谿生最擅场,韩冬郎次之。由其缄情不露,用事艳逸,造语新柔,令读之者唤奈何,所以擅绝也。后之为艳体者,言之惟恐不尽,诗焉得工?故必琴瑟钟鼓之乐少,而痦寐反侧之情多,然后可以追韩轶李。金沙王次回结撰,深得唐人遗意。"③ 实际上,王彦泓的大部分艳诗并没有学得李商隐艳诗之精髓,而只是简单地杂取拼凑了些李诗中的意象和诗句,如"玉壶传点出花丛,青鸟衔笺尚未通。……蜡照渐微香炧冷,珮声才达画堂东。"(《无题》)一些具有色情暗示意味、风格柔婉妩媚、纤巧轻艳之作倒是与韩偓的"香奁体"艳诗十分相近,如"脸晕犹呈灭烛羞"(《杂记》之八)、"想杀昨宵灯暗后"(《问答词》之五)。他还有仿效元稹的《效元相体》:

---

 ① (清)贺裳撰:《皱水轩词筌》,见唐圭璋编《词话丛编》,北京:中华书局,1986年版,第713页。
 ② (明)王彦泓撰:《疑雨集》,上海:上海启智书店,1934年版,序一。
 ③ (清)朱彝尊撰:《静志居诗话》卷一九,扶荔山房藏板,第7~8页。

> 梨花淡淡玉亭亭,忆得双文绡素晶。最是镜前欢喜处,断红蛾绿越分明。香丝压枕落玫瑰,忆得双文睡脸回。底事沉吟又如笑,与君刚在梦中来。

他还有《拟会真三十六韵》,详细描写情爱内容。再如《代赠》一诗:

> 绛树休嗟结子迟,惜花人更惜空枝。紫薇得到重来日,宛是深红未落时。

这首诗与杜牧的《叹花》一诗内容有联系,或者说是对杜诗内容的翻新。

清代的艳体诗人主要有钱谦益、吴伟业和黄景仁。钱谦益有《次韵茅孝若无题二首》,表现的是"旧恩新宠故依然,桃叶杨枝尽可怜"的荡子情怀。他还有《惆怅词》三首,与唐末王涣《惆怅诗十二首》有些相近。另一位诗人吴伟业的艳诗则"声律妍秀,风怀恻怆,于歌禾赋麦之时,为题柳看桃之作,旁皇吟赏,窃有义山、致光(尧)之遗感焉"[①]。他有《无题四首》,其三说:

> 错认微之共牧之,误他举举与师师。疏狂诗酒随同伴,细腻风光异旧时。画里绿杨堪赠别,曲中红豆是相思。年华老大心情减,辜负萧娘数首诗。

此诗表现的是与歌妓之间的感情,与李商隐无题诗并不相近,他把自己比作元稹和杜牧,而诗中情感基调则类似杜牧的"赢得青楼薄幸名"。

可以说,元、明、清诗人笔下这些对中晚唐艳诗的模仿之作和同题之作有些并不成功,尤其是模仿李商隐的无题诗的作品。李商隐的爱情诗表现了执著无悔、痛苦缠绵、哀艳无望而又与生命相伴随的

---

① (清)吴伟业撰:《梅村诗话》,见(清)丁福保辑《清诗话》,上海:上海古籍出版社,1978年版,第72页。

爱情,有时,这种情感与人生忧患和身世悲哀交织在一起,具有情感内省的视角,不仅带给人丰富的想象和联想,而且使爱情超越了一时一地的真实细节和感受而深化为一种执著深刻的普遍性的人生体验。而这些模仿之作多只是对其诗句的刻意模仿或拼凑,如杨维桢的"到死春蚕始绝丝"(《绣床凝思》)是对李商隐"春蚕到死丝方尽"的模仿;有很多诗句着意于感官的描绘,在意蕴方面更近于韩偓的艳诗,如杨基的"眉晕浅鬘横晓绿,脸销残缬腻春红"、"薄施朱粉妾偏媚,倒插花枝态更浓"(《无题和李义山商隐》)。清代中期诗人黄景仁的艳诗则是受李商隐影响而又颇得其神韵,他的《绮怀》十六首表现爱情,其中有的诗句化用了李商隐爱情诗中的句子,却能意绪连贯,用明白晓畅的语言创造出缠绵感人的意境,含有较真挚的感情。如《绮怀》之十五:

> 几回花下坐吹箫,银汉红墙入望遥。似此星辰非昨夜,为谁风露立中宵?缠绵丝尽抽残茧,宛转心伤剥后蕉。三五年时三五月,可怜杯酒不曾消。

全诗格调较高,诗情真挚,缠绵宛转,诗语清丽,风神摇曳。再如其《感旧》其四:

> 从此音尘各悄然,春山如黛草如烟。泪添吴苑三更雨,恨惹邮亭一夜眠。讵有青鸟缄别句,聊将锦瑟记流年。他时脱便微之过,百转千回只自怜。

诗作表现了多年之后对恋情的追忆,虽然双方已不通音信,自己却依旧是百转千回,虽然眼前是春光美景,自己却是满腹愁肠,泪下如雨,辗转难眠,全诗充满了沉痛而真挚的感情。

总之,中晚唐艳诗对后代的艳诗创作产生了重要的影响,而明、清艳诗的兴盛也是与对元稹、白居易、李商隐、韩偓等人的艳诗的模仿分不开的。

参考文献

高亨注.诗经今注[M].上海:上海古籍出版社,1980.

(汉)许慎著.说文解字[M].北京:中华书局,1963.

(清)段玉裁注.说文解字注[M].北京:商务印书馆,据万有文库版本印行.

(汉)班固撰.汉书[M].北京:中华书局,1962.

(晋)陈寿撰.三国志[M].北京:中华书局,1959.

(后晋)刘昫撰.旧唐书[M].北京:中华书局,1975.

(唐)魏徵、令狐德棻撰.隋书[M].北京:中华书局,1973.

(唐)李百药等撰.北齐书[M].北京:中华书局,1972.

(宋)欧阳修、宋祁撰.新唐书[M].北京:中华书局,1975.

(宋)薛居正等撰.旧五代史[M].北京:中华书局,1976.

(宋)欧阳修撰.新五代史[M].北京:中华书局,1974.

(宋)司马光撰.资治通鉴[M].北京:中华书局,1956.

(元)脱脱撰.宋史[M].北京:中华书局,1975.

(汉)王充撰,黄晖校释.论衡校释[M].北京:中华书局,1990.

(唐)李肇撰.唐国史补[M].上海:上海古籍出版社,1957.

(唐)刘肃撰,许德楠、李鼎霞点校.大唐新语[M].北京:中华书局,1984.

(唐)赵璘撰.因话录[M].上海:上海古籍出版社,1957.

(唐)苏鹗撰.杜阳杂编[M].北京:中华书局,1958.

(唐)冯翊子撰.桂苑丛谈[M].北京:中华书局,1958.

(唐)范摅撰.云溪友议[M].北京:古典文学出版社,1957.

(唐)康骈撰.剧谈录[M].北京:古典文学出版社,1958.

（唐）孙棨撰.北里志[M].唐五代笔记小说大观[M].上海:上海古籍出版社,2000.

（唐）高彦休撰.唐阙史[M].唐五代笔记小说大观[M].上海:上海古籍出版社,2000.

（唐）阙名撰.玉泉子[M].上海:上海古籍出版社,1958.

（唐）徐坚等撰.初学记[M].北京:中华书局,1962.

（五代）王定保撰,姜汉椿校注.唐摭言校注[M].上海:上海社会科学院出版社,2003.

（五代）孙光宪撰,林艾园校点.北梦琐言[M].上海:上海古籍出版社,1981.

（宋）李昉等编.太平广记[M].北京:中华书局,1961.

（宋）钱易撰.南部新书[M].北京:中华书局,1958.

（宋）陈振孙撰.直斋书录解题[M].上海:上海古籍出版社,1987.

（宋）王楙撰,王文锦点校.野客丛书[M].北京:中华书局,1987.

（宋）邵博撰,刘德权、李剑雄点校.邵氏闻见后录[M].北京:中华书局,1983.

（宋）计有功撰,王仲镛校笺.唐诗纪事校笺[M].成都:巴蜀书社,1989.

（宋）江少虞撰.宋朝事实类苑[M].上海:上海古籍出版社,1981.

（宋）孙甫撰.唐史论断[M].上海:商务印书馆,1939.

（宋）王钦若等编.册府元龟[M].北京:中华书局,1960.

（宋）王谠撰,周勋初校正.唐语林校正[M].北京:中华书局,1987.

（元）辛文房撰,傅璇琮主编.唐才子传校笺[M].北京:中华书局,1987—1995.

逯钦立辑.先秦汉魏晋南北朝诗[M].北京:中华书局,1983.

严可均辑校.全上古三代秦汉三国六朝文[M].北京:中华书局,1958.

费振刚、胡双宝、宗明华辑校.全汉赋[M].北京:北京大学出版社,1993.

(陈)徐陵编,(清)吴兆宜注,程琰删补,穆克宏点校.玉台新咏笺注[M].北京:中华书局,1985.

(清)彭定求等编.全唐诗[M].北京:中华书局,1960.

陈尚君辑校.全唐诗补编[M].北京:中华书局,1992.

(清)董诰等编.全唐文[M].北京:中华书局,1983.

张璋、黄畲编.全唐五代词[M].上海:上海古籍出版社,1986.

(清)李调元编,何光清点校.全五代诗[M].成都:巴蜀书社,1988.

北京大学古文献研究所编.全宋诗[M].北京:北京大学出版社,1991.

(唐)殷璠等选.唐人选唐诗(十种)[M].上海:上海古籍出版社,1958.

(唐)温庭筠等撰,(后蜀)赵崇祚辑,李一氓校.花间集校[M].北京:人民文学出版社,1981.

(唐)戴服撰,方诗铭辑校.广异记[M].北京:中华书局,1992.

(宋)杨亿等撰,王仲荦注.西昆酬唱集[M].北京:中华书局,1980.

(宋)郭茂倩编.乐府诗集[M].北京:中华书局,1979.

(元)方回选评,(清)李庆甲集评校点.瀛奎律髓汇评[M].上海:上海古籍出版社,1986.

(元)方回编.瀛奎律髓汇评[M].合肥:黄山书社,1994.

(清)沈德潜编.古诗源[M].北京:中华书局,1963.

(清)沈德潜编.唐诗别裁集[M].长沙:岳麓书社,1998.

高步瀛选.唐宋诗举要[M].上海:上海古籍出版社,1959.

(清)赵臣瑗笺注.山满楼笺注唐诗七言律[M].山满楼藏本.

王重民辑.敦煌曲子词集[M].上海:商务印书馆,1956.

(明)陆时雍选编.唐诗镜[M].明刻本.

汪辟疆校录.唐人小说[M].上海:上海古籍出版社,1978年.

陈伯海主编.唐诗汇评[M].杭州:浙江教育出版社,1995.

钱钟书选.宋诗选注[M].北京:人民文学出版社,1989.

(战国)屈原等撰,(汉)王逸注,(宋)洪兴祖补注.楚辞章句补注[M].长春:吉林人民出版社,1999.

(战国)屈原等撰,(宋)朱熹集注.楚辞集注[M].上海:上海古籍出版社,1979.

(战国)宋玉撰,吴广平编注.宋玉集[M].长沙:岳麓书社,2001.

(汉)司马相如著,朱一清、孙以昭校注.司马相如集校注[M].北京:人民文学出版社,1996.

(唐)杜甫撰,(清)仇兆鳌注.杜诗详注[M].北京:中华书局,1979.

(唐)刘禹锡撰,瞿蜕园笺证.刘禹锡集笺证[M].上海:上海古籍出版社,1989.

(唐)孟郊撰,华忱之、喻学才校注.孟郊诗集校注[M].北京:人民文学出版社,1995.

(唐)白居易撰,朱金城笺校.白居易集笺校[M].上海:上海古籍出版社,1988.

(唐)李贺撰,(清)王琦等注.三家评注李长吉歌诗[M].上海:上海古籍出版社,1998.

(唐)元稹撰,冀勤点校.元稹集[M].北京:中华书局,1982.

(唐)元稹撰,杨军笺注.元稹集编年笺注[M].西安:三秦出版社,2002.

(唐)韩愈撰,钱仲联集释.韩昌黎诗系年集释[M].上海:上海古籍出版社,1984.

(唐)张祜撰,严寿澂校编.张祜诗集[M].南昌:江西人民出版社,1983.

(唐)杜牧撰,(清)冯集梧注.樊川诗集注[M].上海:上海古籍出版社,1962.

(唐)杜牧撰.樊川文集[M].上海:上海古籍出版社,1978.

(唐)李商隐撰,刘学锴等集解.李商隐诗歌集解[M].北京:中华书局,1988.

（唐）李商隐撰.樊南文集[M].上海:上海古籍出版社,1988.

（唐）温庭筠撰,（清）曾益等笺注,王国安标点.温飞卿诗集笺注[M].上海:上海古籍出版社,1998.

（唐）温庭筠撰,郑文补注.温飞卿诗集笺注补[M].兰州:甘肃文化出版社,2002.

（唐）皮日休撰,萧涤非、郑庆笃整理.皮子文薮[M].上海:上海古籍出版社,1981.

（唐）曹唐撰,陈继明注.曹唐诗注[M].上海:上海古籍出版社,1996.

（唐）韦庄撰,李谊校注.韦庄集校注[M].成都:四川省社会科学院出版社,1986.

（唐）韩偓撰,陈继龙注.韩偓诗注[M].上海:学林出版社,2001.

（唐）韩偓撰,刘复校点.韩致尧香奁集[M].北京:北新书局,1926.

（元）杨维桢撰,邹志方点校.杨维桢诗集[M].杭州:浙江古籍出版社,1994.

（明）杨基撰,杨世明、杨隽校点.眉庵集[M].成都:巴蜀书社,2005.

（明）王彦泓撰.疑雨集[M].上海:上海启智书店,1934.

（清）钱谦益撰,钱曾、钱仲联笺注.钱牧斋全集[M].上海:上海古籍出版社,2003.

（清）吴伟业撰,程穆衡笺注.吴梅村诗集笺注[M].上海:上海古籍出版社,1983.

（清）黄景仁撰,李国章标点.两当轩集[M].上海:上海古籍出版社,1983.

（清）袁枚撰,周本淳标校.小仓山房诗文集[M].上海:上海古籍出版社,1988.

（清）龚自珍撰.龚自珍全集[M].上海:上海人民出版社,1975.

（梁）刘勰撰,周振甫注释.文心雕龙注释[M].人民文学出版社,

1981.

（唐）释皎然撰,李壮鹰校注.诗式校注[M].北京:人民文学出版社,2003.

（唐）孟棨撰.本事诗[M].历代诗话续编本.

（宋）严羽撰,郭绍虞校释.沧浪诗话校释[M].北京:人民文学出版社,1983.

（宋）魏庆之编.诗人玉屑[M].上海:上海古籍出版社,1959.

（宋）罗大经撰.鹤林玉露[M].北京:中华书局,1983.

（宋）葛立方撰.韵语阳秋[M].历代诗话本.

（宋）张戒撰,陈应鸾校笺.岁寒堂诗话校笺[M].成都:巴蜀书社2000.

（宋）张炎撰,夏承焘校注.词源[M].北京:人民文学出版社,1963.

（宋）沈义父撰,蔡嵩云笺释.乐府指迷笺释[M].北京:人民文学出版社,1963.

（明）许学夷撰.诗源辩体[M].北京:人民文学出版社,1998.

（明）陆时雍撰.诗镜总论[M].历代诗话续编本.

（明）胡震亨撰.唐音癸签[M].上海:上海古籍出版社,1981.

（明）胡应麟撰.诗薮[M].上海:上海古籍出版社,1979.

（明）高棅撰.唐诗品汇[M].上海:上海古籍出版社,1988.

（明）杨慎撰.升庵诗话[M].历代诗话续编本.

（明）王世贞撰.艺苑卮言[M].历代诗话续编本.

（明）谢榛撰.四溟诗话[M].历代诗话续编本.

（清）李慈铭撰,由云龙辑.越缦堂读书记[M].上海:商务印书馆,1959.

（清）贺裳撰.载酒园诗话[M].清诗话续编本.

（清）吴乔撰.围炉诗话[M].清诗话续编本.

（清）叶燮撰.原诗[M].清诗话本.

（清）赵翼撰,霍松林、胡主佑校点.瓯北诗话[M].北京:人民文学出版社,1963.

（清）吴伟业撰.梅村诗话[M].清诗话本.

（清）王夫之撰,戴鸿森注.姜斋诗话笺注[M].北京:人民文学出版社,1981.

（清）刘熙载撰,王气中笺注.艺概笺注[M].贵阳:贵州人民出版社,1986.

（清）田同之撰.西圃词说[M].词话丛编本.

（清）朱彝尊撰.静志居诗话[M].扶荔山房藏本.

（清）沈德潜撰.说诗晬语[M].清诗话本.

（清）黄子云撰.野鸿诗的[M].清诗话本.

（清）纪昀等撰.四库全书总目提要[M].北京:中华书局,1965.

常振国撰.历代诗话论作家[M].长沙:湖南人民出版社,1984.

鲁迅著.中国小说史略[M].上海:上海古籍出版社,1998.

闻一多著.唐诗杂论[M].上海:上海古籍出版社,1998.

施蛰存著.唐诗百话[M].上海:华东师范大学出版社,1996.

钱钟书著.谈艺录[M].北京:生活读书新知三联书店2001.

康正果著.风骚与艳情[M].上海:上海文艺出版社,2001.

王运熙著.乐府诗述论[M].上海:上海古籍出版社,1996.

石观海著.宫体诗派研究[M].武汉:武汉大学出版社,2003.

胡大雷著.宫体诗研究[M].北京:商务印书馆,2004.

归青著.南朝宫体诗研究[M].上海:上海古籍出版社,2006.

孙昌武著.道教与唐代文学[M].北京:人民文学出版社,2001.

李泽厚著.美学三书[M].天津:天津社会科学院出版社,2003.

俞陛云著.诗境浅说[M].上海:上海书店1984.

朱光潜著.诗论[M].上海:上海古籍出版社,2001.

苏雪林著.唐诗概论[M].上海:上海书店1992.

任半塘著.唐声诗[M].上海:上海古籍出版社,1982.

陈贻焮著.唐诗论丛[M].长沙:湖南人民出版社,1980.

程千帆著.唐代进士行卷与文学[M].上海:上海古籍出版社,1980.

傅璇琮著.唐代科举与文学[M].西安:陕西人民出版社,1986.

霍然著.唐代美学思潮[M].长春:长春出版社,1997.
毕宝魁著.韩孟诗派研究[M].沈阳:辽宁大学出版社,2000.
葛晓音著.汉唐文学的嬗变[M].北京:北京大学出版社,1990.
葛晓音著.唐诗宋词十五讲[M].北京:北京大学出版社,2003.
程蔷、董乃斌著.唐帝国的精神文明[M].北京:中国社会科学出版社,1996.
房日晰著.唐诗比较论[M].西安:陕西人民教育出版社,1992.
王明居著.唐诗风格美新探[M].北京:中国文联出版公司1987.
余恕诚著.唐诗风貌[M].合肥:安徽大学出版社,2000.
罗时进著.唐诗演进论[M].南京:江苏古籍出版社,2001.
刘宁著.唐宋之际诗歌演变研究[M].北京:北京师范大学出版社,2002.
吴相洲著.唐诗创作与歌诗传唱关系研究[M].北京:北京大学出版社,2004.
吴相洲著.唐代歌诗与诗歌[M].北京:北京大学出版社,2000.
田耕宇著.唐音余韵[M].成都:巴蜀书社,2001.
蒋寅著.大历诗风[M].上海:上海古籍出版社,1992.
蒋寅著.大历诗人研究[M].北京:中华书局,1995.
刘航著.中唐诗歌嬗变的民俗观照[M].北京:学苑出版社,2004.
孟二冬著.中唐诗歌之开拓与新变[M].北京:北京大学出版社,1998
赵荣蔚著.晚唐士风与诗风[M].上海:上海古籍出版社,2004.
淡江大学中文系主编.晚唐的社会与文化[M].台北:学生书局,1990.
张兴武著.五代作家的人格与诗格[M].北京:人民文学出版社,2000.
黄仕忠著.婚变、道德与文学[M].北京:人民文学出版社,2000.
方瑜著.中晚唐三家诗析论[M].台北:牧童出版社,1975.

杨荫浏著.中国古代音乐史稿[M].北京:人民音乐出版社,1981.

杨海明著.唐宋词风格论[M].上海:上海社会科学院出版社,1986.

缪钺著.诗词散论[M].上海:上海古籍出版社,1982.

缪钺著.缪钺说词[M].上海:上海古籍出版社,1999.

陈寅恪著.元白诗笺证稿[M].上海:上海古籍出版社,1978.

陈寅恪著.唐代政治史述论稿[M].上海:上海古籍出版社,1997.

刘维治著.元白研究[M].沈阳:辽宁大学出版社,1999.

王拾遗著.元稹论稿[M].西安:陕西人民出版社,1994.

许总著.元稹与崔莺莺[M].北京:中华书局,2004.

王汝弼选.白居易选集[M].上海:上海古籍出版社,1980.

谢思炜著.白居易集综论[M].北京:中国社会科学出版社,1997.

董乃斌著.李商隐的心灵世界[M].上海:上海古籍出版社,1992.

刘学锴著.李商隐诗歌研究[M].合肥:安徽大学出版社,1998.

刘学锴著.李商隐诗歌接受史[M].合肥:安徽大学出版社,

吴调公著.李商隐研究[M].上海:上海古籍出版社,1982.

王永宽、尚立仁主编.李商隐与中晚唐文学研究[M].郑州:中州古籍出版社,2003.

陈继龙著.韩偓事迹考略[M].上海:上海古籍出版社,2004.

郭绍虞辑.中国历代文论选[M].上海:上海古籍出版社,1980.

陆侃如、冯沅君著.中国诗史[M].天津:百花文艺出版社,1999.

郑振铎著.插图本中国文学史[M].上海:世纪出版集团 上海人民出版社,2005.

谢无量著.中国妇女文学史[M].郑州:中州古籍出版社,1992.

陈东原著.中国妇女生活史[M].上海:上海商务印书馆,1928.

萧涤非著.汉魏六朝乐府文学史[M].北京:人民文学出版社,

1984.

王运熙、顾易生著.隋唐五代文学批评史[M].上海:上海古籍出版社,1994.

罗宗强著.隋唐五代文学思想史[M].北京:中华书局,1999.

傅璇琮、陶敏等著.唐五代文学编年史[M].沈阳:辽海出版社,1998.

阮忠著.唐宋诗风流别史[M].武汉:武汉出版社,1997.

许总著.唐诗史[M].南京:江苏教育出版社,1994.

杨世明著.唐诗史[M].重庆:重庆出版社,1996.

莫林虎著.中国诗歌源流史[M].北京:中国社会科学出版社,2001.

卞孝萱著.元稹年谱[M].济南:齐鲁书社1986.

钱仲联著.李贺年谱会笺[M].北京:中国社会科学出版社,1984.

缪钺著.杜牧年谱[M].北京:人民文学出版社,1980.

张采田著.玉溪生年谱会笺[M].上海:上海古籍出版社,1963.

范文澜著.中国通史[M].北京:人民出版社,1978.

陈寅恪著.唐代政治史述论稿[M].上海:上海古籍出版社,1997.

[英]崔瑞德编.剑桥中国隋唐史[M].北京:中国社会科学出版社,1990.

[保]瓦西列夫著,赵永穆、范国恩、陈行慧译.情爱论[M].北京:三联书店1984.

[法]丹纳著,傅雷译.艺术哲学[M].合肥:安徽文艺出版社,1998.

[美]宇文所安著,程章灿译.迷楼[M].北京:三联书店2003.

任海天.晚唐诗风研究[D].陕西师范大学,1996.

尹楚彬.唐末诗人群体研究[D].南京师范大学,1997.

张俊宁.唐末诗歌研究——自咸通至天祐[D].南京大学,1999.

陶庆梅.唐末诗歌专题研究[D].北京师范大学,2003.

李定广.国家不幸诗家幸——唐末五代乱世文学研究[D].复旦大学,2003.

蒋晓城.流变与审美视域中的唐宋艳情词[D].苏州大学,2004.

刘万川.唐末艳诗平议[D].厦门大学,2002.

段双喜.杜牧轻艳诗风研究[D].安徽大学,2004.

迟宝东.词"别是一家":古典诗词美学特质异趣论[J].天津社会科学,1999(5).

陈向春、丁戈.躲闪与放肆—传统艳情文学的心态特征[J].社会科学辑刊,1994(3).

王秀鹏.试论"艳"内涵的发展及其文学表现[J].苏州职业大学学报,2003(4).

石观海."艳歌"新论[J].武汉大学学报(人文科学版),2002(5).

胡大雷.宫体诗与南朝乐府[J].文学遗产,2001(6).

钟来因.唐朝道教与李商隐的爱情诗[J].文学遗产,1985(3).

孙菊园.唐代文人和妓女的交往及其与诗歌的关系[J].文学遗产,1989(3).

黄景韩.唐人恋情诗试论[J].温州师范学院学报,2002(1).

李小梅.论唐代爱情诗的特色[J].唐代文学研究,第四辑.

石志明.试论唐代爱情诗[J].宁波大学学报(人文科学版),1999(1).

李乃龙.论唐代艳情游仙诗[J].广西师范大学学报,1997(3).

刘宁.论唐末的香艳诗人[J].唐代文学研究,第九辑.

李中华、韩樱.晚唐温李诗风评译[J].武汉大学学报(人文社科版),2002(2).

贺中复.五代十国的温李、姚贾诗风[J].阴山学刊,1996(1).

蒋晓城.晚唐艳情诗与艳情词[J].云梦学刊,2003(1).

张明非.论中唐艳情诗的勃兴[J].辽宁大学学报,1990(1).

张艳玲.论中晚唐爱情诗的兴盛[J].山西高等学校社会科学学报,2002(5).

黄世中.论中晚唐文人恋情诗的仙道情韵[J].文学遗产,2002(5).

蒋寅.权德舆与唐代赠内诗[J].山西大学师范学院学报,1999(1).

成松柳."诗词有别"与"诗词一体"——温庭筠诗歌与词的联系初探[J].长沙水电师院学报,1991(4).

罗时进.咸乾士风及其才调歌诗[J].文学评论,2003(2).

尹楚彬.咸乾士风与艳情诗风[J].文学遗产,2002(6).

[日]斋藤茂.关于《北里志》—唐代文学与妓馆[J].唐代文学研究,第三辑.

石明庆.元白风情诗产生原因及其文化心理研究[J].廊坊师范学院学报,2002(1).

刘尊明.唐五代词与道教文化[J].社会科学战线,1997(3).

袁行霈.温词艺术研究[J].学术月刊,1986(2).

黄世中.论元稹"莺莺诗"的创作心态[J].唐代文学研究,第五辑.

吴伟斌.元稹的早恋及其艳诗[J].聊城大学学报,2002(4).

袁梅、孙鸿亮.元稹"艳诗"考论[J].唐都学刊,2000(4).

廖明君.论李贺的爱情诗[J].学术论坛,1992(1).

傅谷.鬼才风情—从李贺笔下的女性世界看其女性观[J].江淮论坛,2003(5).

郭其云.杜牧艳诗析[J].学术论坛,1980(1).

张学忠、白锐.对杜牧艳情诗的反思[J].唐都学刊,2003(2).

周国林.论杜牧的女性观[J].长沙电力学院学报(社会科学版),2000(2).

徐伯鸿.试论杜牧妇女题材诗[J].信阳师范学院学报(哲社版),1987(2).

刘尊明.温庭筠笔下的女性形象及其审美意义[J].湖北大学学报,1989(9).

慈波.温庭筠绮艳诗刍议[J].重庆邮电学院学报(社会科学版),2004(2).

蒋长栋.李商隐及晚唐缘情诗派[J].阴山学刊,1999(1).

胡遂.论义山诗之"隔"[J].文艺研究,2004(4).

汤春华.李商隐爱情诗的朦胧美[J].天津科技大学学报,2004(1).

蔡燕、张西虎.李商隐爱情诗女性形象神化倾向及其对诗风的影响[J].汉中师范学院学报,2003(4).

蔡燕.李商隐诗歌女性形象两极化倾向及其对诗风的影响[J].曲靖师范学院学报,2001(4).

周先民.李商隐无题诗构思特点[J].文学评论,1984(2).

刘学锴.李义山诗与唐宋婉约词[J].安徽师范大学学报,1988(3).

蔡燕.刘郎已恨蓬山远,更隔蓬山一万重——论李商隐爱情诗的"间阻之慨"[J].北京大学学报(国内访问学者、进修教师论文专刊),2001.

郑训佐.论李商隐爱情诗中的忧患意识[J].东岳论丛,1986(2).

罗锡诗.论李商隐的爱情诗及其朦胧美[J].中山大学学报,1993(1).

蔡振雄.略论李商隐爱情诗中的缺失性体验[J].广西社会科学,2003(5).

吴肃森.谈李商隐爱情诗与温庭筠爱情词艺术风格亲缘关系[J].贵州社会科学,1982(5).

苏涵.一个弱者的爱情世界—李商隐爱情诗的人格阐释[J].山西师大学报,1993(3).

白爱萍.韩偓词与《香奁集》管窥[J].宁夏大学学报,2002(4).

林伟星.韩偓《香奁集》情感脉络的文本分析[J].井冈山师范学院学报,2002(SI).

袁曙霞.香奁诗探微[J].贵州教育学院学报,1995(4).

陈允吉.李贺与汉魏六朝乐府[N].光明日报,2003年10月8日B2.

后　记

　　盛夏的古都洛阳,窗外一片郁郁葱葱。望着眼前桌上一叠薄薄的书稿,我的思绪又回到了往昔的岁月。

　　我对古典文学的挚爱是从少年时代背诵古典诗词开始的,那些或优美缠绵或激昂壮丽的诗篇曾丰富了我最初的关于人生的想象,也在我年少的心中深深植下了关于文学的梦想。但是,高中毕业后,我的求学之路却历经坎坷。在命运的考验与生活的磨砺中,我也曾无数次地彷徨、辗转、犹疑,不知何去何从。幸运的是,一直有许多亲人和朋友在我身边,给予我无私的帮助和鼓励,使我能够不断努力前行,虽历尽艰辛,心头却总是充满了希望和阳光。而文学作品中那些或悲或喜的人生际遇,那些至真至美的艺术境界,以及诗人们那种饱含悲悯与执著的用世情怀,无数次地使我受到感动和感染。

　　2003年我硕士研究生毕业之时,有幸考入了北京师范大学文学院,师从赵仁珪教授,攻读中国古典文学的博士学位。对我,这意味着一个崭新的开始。三年的学习与求知的过程是苦乐参半的,我体验到了从事学术研究需要付出的勤奋与艰辛,也在其中获得了难以言表的快乐与欣慰。这本小书便是我三年求学与思考的一份小小总结,是在我的博士论文基础上加以修改校订的。

　　在三年的求学生活中,我在学业上得到了恩师赵仁珪先生的严格而耐心的指导。先生学识丰富,温文儒雅,平易近人,诲人不倦,每次听先生授业都让我受益良多,每当我有疑难,经先生点拨,常常能豁然开朗。学位论文从确定选题到成文定稿,其间的每一步都凝聚着恩师的心血与鼓励,这份师恩,我将永远铭记于心。不仅如此,先生潜心学术、超然达观、真诚质朴的品格也时时昭示着我,并将激励我在今后的路上扎扎实实地为人为学。

在论文写作过程中,我还得到了硕士导师刘维治先生的帮助,先生一直关注我的论文写作情况,并提出了一些有益的建议和意见。先生赴日期间,还特意为我复印了在国内难以查到的日本京都大学山本和义先生的《关于元稹的艳诗及悼亡诗》一文,并将各部分内容译成中文寄给我以供参考,其殷殷关切之情,令我感激不尽,难以忘怀。

在论文开题之时,蒙北京师范大学的张海明、李真瑜、刘宁等几位老师提出中肯的意见,使我受益匪浅,对我论文的写作有很大帮助。论文答辩之时,蒋寅、刘石、诸葛忆兵、柴剑虹、张海明等几位先生都分别对论文提出了宝贵意见,使我受益良多,并在论文修改过程中尽可能地予以采纳吸收。在此,谨对各位老师致以诚挚的谢意!这本小书能够顺利出版,还要感谢河南大学的张自然先生和河南大学出版社的薛巧玲女士,他们对本书的出版给予了热情的支持,为书稿的进一步完善付出了辛劳。

最后,要感谢我的先生李建华,他的理解、宽容与支持将激励我在生活与学术的道路上不断进取。

刘艳萍
2011年夏于洛阳